精准扶贫中多元利益诉求及包容性治理研究

杜建勇 著

中国财经出版传媒集团
中国财政经济出版社

图书在版编目（CIP）数据

精准扶贫中多元利益诉求及包容性治理研究／杜建勇著．—北京：中国财政经济出版社，2023.6

ISBN 978−7−5223−2201−8

Ⅰ.①精… Ⅱ.①杜… Ⅲ.①扶贫－研究－中国 Ⅳ.①F126

中国国家版本馆 CIP 数据核字（2023）第 084489 号

责任编辑：彭　波　　　　　　责任印制：史大鹏
封面设计：卜建辰　　　　　　责任校对：徐艳丽

中国财政经济出版社 出版

URL：http://www.cfeph.cn

E−mail：cfeph@cfeph.cn

（版权所有　翻印必究）

社址：北京市海淀区阜成路甲 28 号　邮政编码：100142
营销中心电话：010−88191522
天猫网店：中国财政经济出版社旗舰店
网址：https://zgczjjcbs.tmall.com
北京财经印刷厂印刷　各地新华书店经销
成品尺寸：170mm×240mm　16 开　15 印张　218 000 字
2023 年 6 月第 1 版　2023 年 6 月北京第 1 次印刷
定价：68.00 元
ISBN 978−7−5223−2201−8
（图书出现印装问题，本社负责调换，电话：010−88190548）
本社质量投诉电话：010−88190744
打击盗版举报热线：010−88191661　QQ：2242791300

PREFACE 前 言

精准扶贫是政府实施大规模"以工哺农"政策的重大举措，精准扶贫以扶持、救助和帮扶贫困地区、贫困村和贫困人口为主要对象，以识别对象精准、扶贫施策精准、扶贫资金精准、扶贫派人精准、扶贫项目精准、扶贫成效精准为政策预期目标，以协调多元主体利益诉求差异、平衡主体利益诉求的满足、建构多元主体主动参与的激励机制，最后形成贫困地区、贫困村和贫困人口提升脱贫致富的内生性能力，实现政府主体、市场主体、非贫困主体和贫困主体等多元主体，在主体关系层面、利益诉求层面和机制建构层面的包容性治理格局。

精准扶贫的包容性治理涵盖主体包容、利益包容和机制包容，既包括生存性扶贫层面政府对于贫困主体的包容，又包括市场主体和社会主体对于贫困主体的包容，还包括贫困主体对于扶贫主体的包容，因而主体包容层面包容性治理是双向包容，不是单向包容。在利益包容层面，精准扶贫的包容性治理，既包括对于个体的生存性利益和发展性利益包容，又包括对于宏观整体性利益的包容。在机制层面，精准扶贫的包容性治理，既包括政府与贫困居民的双向包容，又涵盖社会主体与贫困主体的双向包容，还包括市场主体与贫困主体的双向包容。包容性治理是"善治"的前提，其特点是主体在权利地位上是平等的，在参与治理上是主动和积极的，在规则制定上是机会均等的，在参与过程上是全员和全程的，在利益分配上是共享和公正的，在主体关系上是和谐共赢的格局。

精准扶贫政策实施最为关键的因素是政策的政策导向作用和功能，那么，对于贫困村不同的贫困人口采取的不同的扶贫方式，背后所隐含的扶贫主体行为逻辑、价值导向和成效精准保障机制，同样也会表现出较大的差异性，政府同样是对这些主体差异性的区别对待和扶贫长效机制建构，才得以显示出精准扶贫治理中的包容性特征和丰富内涵。精准扶贫治理中主要有三种扶贫对象、体现为三种精准扶贫施策方式、建构起三种不同的激励和保障机制。即生存性扶贫对象、发展性扶贫对象和共享性扶贫对象。对于生存性扶贫对象或者说是特困性对象，主要采取生存性扶贫方式，保证生存利益诉求的实现，实现反哺机制包容；对于发展性贫困人口或者是发展性扶贫对象，主要采取发展性扶贫政策，保证生存和发展利益诉求的实现，实现激励机制包容；对于整体性扶贫对象，采取共享性扶贫方式，建立长效扶贫机制，实现组织机制包容，从而达到贫困村脱贫致富和治理有效的目标。

从主体、利益和机制角度，分析和探讨精准扶贫政策实施中的包容性治理问题，就在于通过对精准扶贫政策施之于不同贫困人口过程中，呈现出来的在主体关系、利益关系和机制建构层面上所具有的普遍性和规律性的因素，最后所呈现出全新的精准扶贫中的包容性治理关系。其所隐含的内在逻辑在于精准扶贫政策实施和推进过程中，多元主体关系、多元利益关系、多种激励机制重塑和建构过程中,最终生成精准扶贫包容性治理格局,实现扶贫成效精准的目标。而扶贫成效精准的保障机制,就是激活乡村集体组织内在活力和治理主体地位和功能。富裕乡村不只是美丽乡村,同时,也是产业兴旺、村民富裕、治理有效的乡村,而治理有效必然是乡村集体组织地位和功能回归和发挥的结果。

作者

2023 年 1 月

CONTENTS 目 录

第一章　绪论 / 1

一、选题来源和研究意义 / 1
二、国内外研究现状及发展前瞻 / 4
三、研究方法及创新之处 / 43
四、本书研究的理论框架 / 46

第二章　身份差异与主体包容 / 55

一、贫困村概况介绍 / 55
二、身份包容：精准识别中多元利益诉求协调 / 58
三、共识生成：精准识别治理的包容性 / 88
四、本章小结 / 99

第三章　诉求差异与利益包容 / 103

一、贫困人口的生存利益包容 / 104
二、发展利益包容：市场引领下产业开发政策 / 118

三、反哺利益包容：政策推动下资源外在嵌入 / 142

四、本章小结 / 156

第四章 路径差异与机制包容 / 160

一、反哺机制包容：助推贫困村要素资源增值 / 161

二、激励机制包容：政策与市场主体互动 / 177

三、组织机制包容：村民与集体组织关系嬗变 / 190

四、本章小结 / 201

第五章 理论回应和研究发现 / 204

一、对研究问题域的理论回应 / 205

二、对本书研究的理论发现 / 211

参考文献 / 218

后记 / 231

第一章

绪 论

一、选题来源和研究意义

(一) 选题来源

精准扶贫是习近平总书记在 2013 年 11 月，到湖南湘西考察时提出的重要思想，精准扶贫的指导思想是"实事求是、因地制宜、分类指导、精准扶贫"，精准扶贫的实施措施是"五个坚持""六个精准"和"五个一批"。精准扶贫作为全面建设小康社会的重要环节，作为新时代建设中国特色社会主义新农村的重大举措，作为党的十八大以来以习近平同志为核心的党中央治国理政的重要思想，对于落后地区的贫困县、贫困乡和贫困村实现精准扶贫、精准脱贫和精准施策，从精准扶贫理念、精准扶贫步骤、精准扶贫路径和精准扶贫成效等方面提供了整体性的指导和规划。如果说中国共产党在革命年代通过在广大农村区域集聚强大的政治和军事力量，最后取得革命的成功，那么，在新中国成立以来同样是广大农村社会为工业化发展和城市化的稳步推进作出了重大贡献。无论是从农业原料还是农村人力资源投入，无论是从农民税负支持还是农村生态贡献等，我国农村社会和广大农民，对于中国特色社会主义建设的顺利推进，始终都承载着"蓄水池"的功能。党和政府在推进建设和发展的同时，同样，也把农村社会的发展和稳定作为主要议题和施政目标，民主革命年代农民问题是基本问题，建设时期农村问题同样是基本问题。"三农"问题概念的提出和传播以及全方位研究赋予农村问题以重要地位和丰富内涵。

在党和政府关注、研究和逐步解决"三农"问题过程中，农村区域的扶贫政策实施，成为推动农村社会协调发展的关键环节。我国农村社会扶贫政策实施尽管解决了大量贫困人口脱贫，不过在广大农村区域依然存在贫困县和贫困村，还有相当数量的贫困人口没有摆脱贫困。当然，从中央到地方全面实施的城乡一体化战略、新农村建设规划和每年度中央出台的一号文件，都标志着中共中央在政策上对"三农"问题的关注。不过，农村社会贫困人口问题是世界性和持久性的问题，尤其是我国农村人口存在大量因病致贫、因残致贫、因教致贫等多种原因导致的贫困情况，这些贫困县、贫困村涵盖的贫困人口因货币压力带来的生存困窘，因资源不足带来的发展动力缺失，因社会资本缺位带来的身份认知模糊等，对于"三农"问题的解决形成障碍和阻力。而党中央实施精准扶贫战略，旨在消除农村贫困人口的生存压力，改变农村贫困居民面临的发展困境，最终实现农村贫困人员的扶贫成效精准。尤其是中共中央提出扶贫工作模式的顶层设计，保证精准扶贫落地生根。坚持分人分类、因地因人、因原因、因类型的精准对待，体现出精准扶贫政策实施的差异性、分类性和层次性。如果说改革开放首先在农村区域获得突破，主要是在思想和理念上突破穷与富的已有认识，突破单干与集体的认知框架，那么精准扶贫则要突破生存与发展的既有界限，突破整体性与差异性的已有格局，突破过程性与成效性的原有倾向。扶贫成效的精准在于改变贫困人口的原有生存状态，使贫困人口保证生存需求满足，能够为发展提供有效的平台支撑；能够使贫困人口摆脱原有被排斥的身份认知，真正参与到贫困环境改变的场域中；能够使扶贫精准化措施改变短期效应，成为长效性的脱贫机制，实现贫困县、贫困村和贫困人口在脱贫成效上精准。这种精准包括政策、措施、资金、人员、项目等方面的长效性精准。总之，精准扶贫涉及贫困的人本身，政府主体具有扶贫的责任，贫困人口在扶贫成效上具有脱贫的长效能力。这种扶贫过程离不开精准扶贫各个环节的展开，重点是农村贫困人口对于扶贫政策和措施的接受和承接的程度和能力。本书选择精准扶贫为论题，以分析和探讨贫困人口在政策实施中行为逻辑为核心，目的就是探讨扶贫精准的各项政策和措施，如何实现最终的成效精准脱贫问题。

（二）研究意义

1. 实践价值

精准扶贫不同于以往的农村扶贫，精准扶贫贵在精准、重在精准以及成败在精准，不只是对象精准、措施精准，而且成效精准，整体而言，精准扶贫旨在从长时段上对农村不同类别贫困人口实施根本上脱贫政策，实现长效脱贫和成效精准。精准扶贫既针对农村贫困人口，又针对农村在不同地域的差异性；既针对贫困的具体原因，又针对实施脱贫的路径选择。因此，精准扶贫是针对农村地域贫困人口的差异性政策嵌入和资源植入的过程。无论是对于农村治理的调适，还是对治理主体的重塑；无论是对农村资源的整合，还是对农村经济文化结构的打造，精准扶贫都具有推进农村社会整体性变迁的功能。当前，我国正在推进城乡公共服务一体化，建设新型美丽乡村，全面建设小康社会，农村精准扶贫的理念、政策和措施，对农村贫困人口面临的各种脱贫问题，进行实务性介入和解构，在推进农村社会整体性变迁的同时，精准扶贫的实践操作对于农村社会治理和新农村建设将提供有效的切入点，同时，农村精准扶贫战略对于全面建设小康社会和推进城乡一体化，解决农村处于边缘化的贫困人口共享社会发展成果问题，提供有效的路径和渠道。因此，精准扶贫是全面深化改革进程中在农村实施的又一重大政策突破，精准扶贫所具有的由粗放转向精细、从宏观转向微观、从"漫灌性"扶贫转向扶贫成效精准等鲜明特性，对于如何实现社会主义新农村条件下的农民共同富裕，以及建设社会主义新农村具有较高的实践价值和时代内涵。

2. 理论价值

精准扶贫的重大决策体现出党在理论与实践、思想与现实、历史与逻辑内在统一的理论品质和丰富内涵。中国共产党在革命时期通过政党下乡，有效整合乡村资源和动员农民群众，形成对农村的国家性建构和农民对政党和国家认同度的提升，最后，在实现对社会政治经济整体改造的同时，提炼出中国化的马克思主义理论成果。改革开放新时期，农村社会利益主体和文化的多元化格局，为农村社会政治治理提出许多全新的课题。随着政府从农村经济领域中退出，农村社会治理层面的集体组织角色和功能出现严重弱化局面，究其原因关键在于农村基层党组织和自治组织，对农村社会资源整合能力和动员能力受到弱化。精准扶贫再次通过政策下乡方式，整合农村各种资源、动员农村贫困人口参与扶贫治理，使在农村中处于极度边缘化的贫困群体，重新回归乡村治理视域，并通过实现扶贫政策、项目、资金等各项措施精准到户的方式，对乡村社会进行动员和资源整合，这就要求乡村社会治理从治理理念到治理主体，从治理意识到治理行为，从治理制度体系建构到治理关系的重塑等方面实现根本性的变革。而上述各种治理内容和目标的实现，都需要依据农村边缘化治理主体——贫困人口广泛参与和治理能力的提升。农村贫困居民治理主体能力的提升，关键是脱贫能力的提升，当然，也包括乡村基层政府和自治组织扶贫责任能力的提升。这种双向提升需要通过乡村治理体系和结构功能发挥才能实现，同时，乡村治理能力提升和治理体系的建构，又为乡村贫困人口实现脱贫成效精准，提供外在的组织和制度保障。因此，研究精准扶贫中乡村贫困人口治理主体的行为逻辑，以及在精准扶贫中呈现出来的治理模式，对于丰富乡村治理理论有着较大的理论借鉴价值。

二、国内外研究现状及发展前瞻

（一）国内研究成果综述

1. 核心概念内涵的界定

（1）包容性治理概念内涵。

精准扶贫要求精准到户，扶贫的精准主要体现在要对农村贫困户进行具体区分，厘清贫困的原因，要求因地、因人、因原因针对性施策。这就体现出贫困户本身所具有的差异性，贫困原因存在因病致贫、因学致贫、因残致贫、因经营致贫以及因地区条件致贫等。无论贫困户因何种因素导致贫困，扶贫施策针对不同类型的贫困户选择不同的扶贫措施，扶贫本身就是政府自上而下的福利性政策和措施。但是，这种福利性政策和措施，针对贫困户所具有的扶贫方式选择，在具体操作层面，同样显示出明显的差异性。贫困户不是隔离于社会之外的贫困户，而是置身于整个社会性场域之中，贫困户所具有的贫困差异，本身首先植根于差异性的社会。所谓差异性社会是指居民无法践行个人利益与社区利益相一致的社会，是资本逻辑被规制的社会，社会中的人的意识不是被外在控制的社会，人与人之间的关系属于非利益性关系的社会。① 差异性社会本身隐含着差异性的社会主体，如果差异性的主体不被资本逻辑所规制，只能显示出差异性社会没有固有属性和规定。但是，差异性社会不能脱离主体的身份认同，如果没有文化和社会意义上的身份认同，差异性社会只能是主体相互隔离和离散的社会结构。

差异性社会场域中的多元主体，主要表现为主体的身份差异，英国学者斯图亚特·霍尔认为："身份认同建立在共同的起源或共享的特点的认知基础之上，这些起源和特点是与另一个人或团体，或和一个理念，和建立在这个基础之上的自然的圈子共同具有或共享的"，"身份一直是通过标记差异规定身份的关系产生的一种暂时的和不稳定的影响"，"现代性将所有身份之间的关系转化为差异之间的关系，现代性所包含的并非是由差异所衍生的身份，而是身份产生了差异。所以，现代性的基础结构就无疑是由差异所制造而得的。"② 承载着不同社会身份的多元主体，往往在主体关系层面并没有"直接的利益冲突"，但是，多元主体之间事实上却存在机会、社会、身份和利益方面，因差异性衍生的相互排斥的倾向。这种"非直接利益冲突"的相互排斥关系格局，展示出社会排斥的特征。所谓社会

---

① 曹典顺.论差异性社会的社会逻辑 [J].江海学刊，2011（2）.
② [英] 斯图亚特·霍尔，保罗·杜盖伊.文化身份问题研究 [M].庞璃译.开封：河南大学出版社，2010：3，112，116.

排斥即是居于社会主导地位的强势群体,对于弱势群体在资源占用、规则制定、参与方式和利益共享层面的拒绝共享的价值和行为趋向。①

差异性社会不排斥现代性和主体性,规避资本逻辑约束和规制的差异性社会,恰恰是在尊重差异条件下社会主体具有现代性和主体性的社会。现代性具有共识性、多元性和世界性等特征,现代性作为现代人类社会的一种生存方式和进步状态,既具有文明的特征,又具有世界性的内涵。作为现代社会主体的多元性呈现出差异性,而主体性的实现体现为差异性的共存和能动性的发挥。但是,差异性个体确是呈现出主体关系层面的相互排斥特征,差异性个体共存和发展构成差异性社会,差异性社会的客观存在容纳差异性个体之间的各种排斥关系。因而,这种差异性社会里的差异性主体存在的现实就为社会治理提出现实要求和实践课题。

在政府扶贫政策与贫困户之间,呈现的关系更具有差异性社会的特征,政府与贫困户之间不属于市场条件下的利益关系,不属于资本逻辑作用下逐利性的主体行为,更不属于要求个人利益与集体(社区)利益完全一致,同样,作为扶贫对象的贫困户,意识到不受外在强制力量的控制和约束。处于差异性社会场域中的贫困主体和扶贫主体,呈现出来的社会关系同样是差异性关系,扶贫主体在对贫困户进行施策扶贫时,面临的同样是具有较大差异性的群体,因此,扶贫主体所进行的扶贫治理展开,呈现出来的扶贫治理同样具有差异性治理的特征。正是政府对贫困户的差异性扶贫治理,才能避免社会因为贫富原因可能带来的对抗性行为,正是政府扶贫的福利化政策导向才得以规避市场主体追求收益最大化的资本逻辑支配。

因为差异性社会不是同质性社会,不是对抗性阶级分化社会,不是追求彻底的个体特殊性而完全忽视统一性的社会,差异性社会场域中所要求的政治治理,在体现差异性的同时,还要求和谐共存的特征。正因为治理中对多元社会主体差异性的尊重,而选择差异性治理方式和路径,才体现出差异性社会要求的治理的差异性和和谐性。社会中出现的多元主体利益诉求差异性、利益主体表达差异性、利益实现渠道和路径差异性,决定着

---

① 黄刚.论"无直接利益冲突"的包容性治理[J].福州大学学报(哲学社会科学版),2014(4).

社会治理不能采取同一性的无差别方式和路径,更不能采取阶级对抗式的严酷斗争方式去消解。这就意味着差异性政治本身涵盖着对治理主体多元化的认同和尊重,对治理意识的转型和重塑,对治理关系的调适和疏导,对治理行为的规范和引导。多元主体利益诉求的差异化并不排斥合法化,只能是在治理中选择在"差异中求共识,共识中存差异,各方平等协商、合作共赢"①。

本质上,尊重多元主体差异性特征的和谐政治就是包容差异性的治理,包容差异性治理是在包容不同利益主体利益诉求和表现以及实现方式差异前提下的差异化协商合作的过程。如何实现差异性既有条件下的包容差异性治理,"差异性社会的差异根本上指的是物质利益关系的差异,而不是指自然的差异(如性别差异、自然分工的差异等)。"② 这种在人的社会层面上物质利益关系的差异是差异性社会的本质特征,而包容差异性治理要实现多元利益主体的"和而不同",最根本的是要通过有效的方式和路径,实现多元主体在根本利益相一致条件下的合作共赢格局。社会的差异性首先表现为个体的差异性,"个体总是存在差异性的个体。如果说个体发展的历史是一部差异化发展史的话,那么,我们也可以说人类社会的发展史同样是一部差异化发展的历史。"③ 基于个体差异所表现出来的差异性社会,在人类历史发展的各个阶段都存在,但是,在阶级对抗的社会尽管政府"采取某些社会主义公平政策来消除绝对贫困化现象的做法,取得了一定的社会和谐效果,但是仍难以解除根本矛盾"④。因为在阶级对抗社会里人在物质利益上的关系,本质上是对抗性无法调和的,在我国社会主义初级阶段,社会表现出了的人在物质利益上的差异性,既不是对抗性也不是同质性的,而是存在于对抗性与同一性之间的状态⑤。

---

① 王建明. 差异性社会与和谐政治:当代中国政治哲学的基本向度 [J]. 马克思主义与现实, 2009 (4).
② 张天勇. 差异性社会与差异的正义:和谐社会的现实基础与价值维度 [J]. 江海学刊, 2009 (6).
③ 邱耕田. 差异性原理与科学发展 [J]. 中国社会科学, 2013 (4).
④ 任平. 论差异性社会的正义逻辑 [J]. 江海学刊, 2011 (2).
⑤ 任平, 王建明. 论差异性社会与中国特色社会主义民主政治的未来 [J]. 马克思主义研究, 2010 (5).

这种差异的非对抗性与非同一性特征，决定着社会治理既不能采取对抗性的群众性斗争式治理模式，又不能采取同一性的无差别治理路径，只能选择认同和遵从根本利益一致条件下的包容差异性治理模式。包容差异性的治理不是多元利益主体各自进行利益表达和诉求的离散型政治，而是稳定权威支配下以有序化、规范化和程序化为特征的政治，没有稳定权威存在的多元主体离散型表达，只能使多元利益主体走向对抗和冲突，最终无法完成包容性治理治理目标。因此，包容性治理"一方面指包括弱势群体等在内的所有社会成员都能够实质性地参与治理过程，并影响与自身相关的决策；另一方面，指治理制度和政策是包容全体社会成员自由发展的，能够保护弱势群体的利益，并提供均等的公共服务机会"。①

英国学者斯图亚特·霍尔认为："主体性意即虽然每个人在社会阶层中有不同的主体性，但他们个人的经验和对经验的诠释也会对个体的主体性造成影响。用蒂洛奇的观点来看，自我其实是差异化机制下的产物"，"因为每个人都从自己独特的位置来体验世界，所以主体性的空间符号相当清楚"，而主体性的实现体现为主体的能动性，"能动性涉及参与和透过此位置行使权力的方式等"，"能动性所构化的空间位置，赋予了特定群体移出移入的方式，联系了主体性和身份的意义、快乐、欲望、力量。"②

协调利益主体利益诉求、表达差异性和主体能动性的治理，本质上是包容性治理，是在协调多元利益主体各自利益诉求实现的政治，是通过不同利益主体的协商对话实现合作共赢的政治，是协调、平衡和整合社会纵向层面富裕阶层与贫困阶层、资源占有优势阶层与资源占有弱势阶层、个体能力素质较强与个人能力素质较弱阶层之间的利益差异和失衡的治理，是在横向层面协调和平衡多元社会主体利益诉求、利益表达和利益实现差异性的治理。

国内有学者认为我国改革开放衍生的社会结构差异，需要政治制度的顶层设计调整和设计来实现包容性治理，他们指出制度互动和制度的有效

---

① 徐倩. 包容性治理：社会治理的新思路 [J]. 江苏社会科学，2015（4）.
② [英] 斯图亚特·霍尔，保罗·杜盖伊. 文化身份问题研究 [M]. 庞璃译. 开封：河南大学出版社，2010：119–120.

性以及制度的协同来实现包容性治理①。政治本质上是围绕利益分配协调利益主体关系的过程和制度建构过程，包容性治理所展示的政治理念、过程和目标显示出多元利益主体的利益诉求、表达和实现具有制度保障的过程。包容性治理是为推进发展为目标，并且呈现出发展的包容性要求。有学者认为包容性发展的行动机制可以通过积极包容与消极包容、分享包容与参与包容、身份包容与财富包容、金融包容与财政包容等来具体实施②。要实现包容性发展就要求在制度层面实现相应机制的包容，其中，共享参与和身份等各方面的包容是包容性治理的特征。其中，包容性发展和增长集中表现为机会平等的增长和发展，其中包容性发展和增长体现出政府的政治认同和伦理要求③。因此，包容性增长主要是要求政府强化科学发展理念，完善相关体制，培育社会组织，促进政府职能的根本转变④。有学者认为包容性治理是指各种利益相关者能参与、影响治理主体结构和决策过程，公平分享政策结果、治理收益和社会资源，各种利益相关者的权益能得到尊重和保障的公共治理⑤。

学界对包容性治理的内涵分析主要指向政府在理念、制度和机制的包容性建构，或者是社会公共治理追求的和谐状态。学界对包容性治理概念的分析和界定，主要倾向于针对政府主体建构包容性治理体系，应对的多是多元主体的直接利益冲突。本书提出的包容性治理概念在主体层面，不只指向政府主体，还涵盖市场主体和农民主体以及其他社会多元主体；在内容层面，既包括扶贫主体与贫困主体之间的身份包容，又涵盖市场主体、社会主体与贫困主体的利益包容；在机制层面，涵盖政府主体、农民主体、市场主体、社会其他主体在机制建构上的包容；在利益层面，包容性治理不仅要协调主体直接利益冲突，还要协调主体之间的非直接利益冲突。包容性核心内涵是包含着公平正义、机会均等、利益共享、广泛参与等

---

① 刘述良. 中国"包容性治理"顶层政治制度设计——制度群的视角 [J]. 学海，2013（1）.
② 单飞跃，王泽群. 包容性发展：政治理念及其行动机 [J]. 理论探讨，2014（1）.
③ 陈翔. 包容性发展：政治理念及其行动机 [J]. 东南学术，2012（1）.
④ 胡洪斌. "包容性增长"的政治逻辑分析 [J]. 实事求是，2011（2）.
⑤ 李春城. 包容性治理：善治的一个重要向度 [J]. 领导科学，2011（7）.

内涵①。

从包容性内涵出发分析精准扶贫中的包容性治理内涵，精准扶贫的包容性治理包括主体包容、利益包容和机制包容，既包括生存性扶贫层面政府对于贫困主体的包容，又包括市场主体和社会主体对于贫困主体的包容，还包括贫困主体对于扶贫主体的包容，因而主体包容层面包容性治理是双向包容，不是单向包容。在利益包容层面，精准扶贫的包容性治理，既包括对于个体的生存性利益和发展性利益包容，又包括对于宏观整体性利益的包容。在机制层面，精准扶贫的包容性治理，既包括政府与贫困居民的双向包容，又涵盖社会主体与贫困主体的双向包容，还包括市场主体与贫困主体的双向包容。包容性治理是"善治"的前提，其特点是：主体在权利地位上是平等的，在参与治理上是主动和积极的，在规则制定上是机会均等的，在参与过程上是全员和全程的，在利益分配上是共享和公正的，在主体关系上是和谐共赢的格局。

（2）贫困概念的内涵界定。

精准扶贫的核心是精准，关键是精准，成败也在于精准。要厘清精准扶贫的内涵，首先要梳理贫困的内涵，贫困是世界性的问题，对于贫困内涵的界定多是从个人所具有的资源占有和供给能力进行分析，如1899年英国学者朗特里认为，"如果一个家庭的总收入不足以维持家庭人口的最基本生存要求，那么这个家庭就陷入贫困之中"；从这个意义出发进行分析界定，英国学者奥本海默认为，"贫困是指物质上、社会上和情感上的匮乏，它意味着在食物、保暖和衣着方面的开支要少于平均水平"，贫困"悄悄夺去了人们享有生命不受疾病侵害、有体面的教育、有安全的住宅和长时间的退休生涯的机会"②。英国学者汤森认为，"那些缺乏获得各种食物、参加社会活动及最起码的生活于社交条件资源的个人、家庭、群体即是所谓贫困的"③。

还有从人的内在能力视角来界定贫困内涵，如印度经济学家阿玛蒂

---

① 林琼. 包容性治理：生态公共治理变革新向度 [J]. 江西社会科学, 2013 (12).
② 范鹏. 反贫困与精准扶贫——甘肃模式探索 [M]. 兰州：甘肃人民出版社, 2017：21-22.
③ 叶普万. 贫困经济学研究 [M]. 北京：中国社会科学出版社, 2003：4.

亚·森认为，贫困是指"人们获取收入的能力有限而导致机会的丧失"，世界银行沿用阿玛蒂亚的思想将贫困定义为"缺乏达到最低生活水平的能力"①。2001年，世界银行在《世界发展报告》中扩展了贫困的内涵，指出"贫困不仅仅指收入低微和人力发展不足，它还包括人对外部冲击的脆弱性，包括缺少发言权、权利被社会排斥在外"②。贫困针对具体的人或人群阶层而言，不仅是人的能力的低微，还包括在社会关系体系中的边缘化和对外部事务冲击的反应脆弱性，尽管还是植根于人的能力，不过也反映出贫困的人的社会地位和生存状态。因此，有学者认为，"贫困是人的一种生存状态，在这种生存状态中，人由于不能合法地获得基本的物质生活条件和参与基本的社会活动的机会，以至于不能维持一种个人生理和社会文化可以接受的生活水准"③。贫困的生存状态主要是不能获得一定条件、资源和机会，以至于导致不能维系社会可以接受的并且能够满足个人生存需要的生活水准，这种生活水准一方面是社会可接受的，另一方面是用来维系生活需要的，如果贫困人口不能维系社会接受的生活水平，就意味着贫困人口本身的生活需求不能得到最低水准的满足。

2003年，亚太经合会第59届会议将贫困定义为："贫穷是一包含多种内容的概念。贫穷的多种方面可以归结为：缺钱、缺少机会以及缺乏权利。进一步来讲，缺少财源严重限制了选择及获取任何形式的物品和服务的机会，包括食物、住房、教育和卫生服务，它反过来又限制了穷人的创收机会；穷人常常缺乏参与发展所需的人力和社会资本；穷人常常无法积极参与决策过程"。贫穷的主要特征是缺少财源，没有财源就会出现社会资本和人力资源的匮乏，就不能积极参与决策过程，因为生活水准低下受到社会排斥的状态导致参与决策机会的缺失，这就说明生活层面物质需求的满足直接影响人的社会参与能力和积极性。因此，单纯从经济层面的收入或财源不足来理解贫困还不够，财源不足和收入不够是贫困人口的状态，与

---

① 王礼敬.民族地区特色资源产业精准扶贫研究——以湖北恩施州为例[M].北京：科学出版社，2017：19.
② 范鹏.反贫困与精准扶贫——甘肃模式探索[M].兰州：甘肃人民出版社，2017：22.
③ 唐晓光.中国贫困与反贫困理论[M].南宁：广西人民出版社，1995：2-3.

经济资源不足相伴生并互为表里的是健康、机会、教育、住房、能力、权利不足或不受到尊重。

本书认为，所谓贫困是指特定的人和群体因为经济收入，不足以维系生存生活达到社会可接受水准条件下，伴随着机会和权利的严重不足和不被尊重所呈现出来的一种生存状态。贫穷是一种人的主体的生存状态，从时间角度划分，贫困可以分为暂时性贫困、阶段性贫困和长期性贫困。从空间上划分，贫困可以分为城市贫困、乡村贫困、地缘性贫困等。从程度上，贫困可以划分为生存性贫困、发展性贫困和资源性贫困。从贫困根源上划分，贫困可以分为经济收入性贫困、能力性贫困和多维性贫困。按照联合国发布的贫困线划分，贫困可以分为绝对贫困、基本贫困和相对贫困。有学者认为绝对贫困属于不能解决温饱，基本贫困是基本解决温饱，相对贫困能够巩固温饱①。

（3）精准扶贫概念的内涵界定。

所谓精准扶贫的概念内涵，核心在于对象、措施、目标、成效的精准，学界对于精准扶贫概念内涵的界定多是从这些角度展开分析的。有学者认为精准扶贫就是遵循有效的标准和程序，因时因地对贫困区域、贫困村和贫困户进行精确识别，按照当地的实际连片联动帮扶和分类管理，并引入动态的准入和退出机制开展精准考核的过程，目标是帮助实现贫困人口彻底脱贫致富②。对象精准、方式措施精准、脱贫成效精准以及评估考核精准是精准扶贫的内在要求和规定，还有学者把精准扶贫内涵更加具体化，即精准扶贫是粗放扶贫的对称，是指针对不同贫困区域环境、不同贫困农户状况，运用科学有效程序对扶贫对象实施精确识别、精确帮扶、精确管理的治贫方式。一般来说，精准扶贫主要是就贫困居民而言的，谁贫困就扶持谁，谁的贫困程度深对谁的扶持就应多③。精准扶贫解决和针对的是贫困对象，包括环境、贫困户和贫困人口，但是，对于贫困程度的界定并

---

① 范鹏. 反贫困与精准扶贫——甘肃模式探索 [M]. 兰州：甘肃人民出版社，2017：27.
② 王礼敬. 民族地区特色资源产业精准扶贫研究——以湖北恩施州为例 [M]. 北京：科学出版社，2017：27-28.
③ 王思铁. 精准扶贫：改"漫灌"为"滴灌" [J]. 四川党的建设（农村版），2014年4月号.

不清晰，有学者指出："精准扶贫是解决扶贫开发工作中底数不清、目标不准、效果不佳等问题的重要途径。在实际工作中，应对贫困村、贫困户进行精准化识别、针对性扶持、动态化管理。扶真贫、真扶贫。"① 精准扶贫相对于往常的扶贫方式有着明显的区别和特征，这种特征首先是对扶贫对象进行精准化识别，然后进行针对性帮扶，最后进行动态性管理。如何进行动态性管理，有学者认为精准扶贫关键是要真正锁定扶贫对象，目的就是要实现"精准滴灌"，将扶贫落实到户到人。其主要内容是通过为扶贫对象建档立卡和实施信息化管理，以做到对扶贫对象的精准识别，深入分析扶贫对象的致贫原因，明确落实帮扶主体的责任，驻村逐户采取针对性的扶持政策，确保达到稳定脱贫的目标②。这种动态管理的本质是要对贫困户进行长时段的跟踪，确保扶贫的成效精准。因为有些贫困户会出现暂时脱贫然后又回归贫困，有些不是贫困户同样会有各种原因导致贫困，动态管理就是对贫困人口的动态把握，尤其是对于贫困边缘的脆弱性群体和阶层，精准扶贫动态管理保证扶贫对象和措施的精准。

因此，有学者提出精准扶贫意在通过对贫困户和贫困村精准识别、精准帮扶、精准管理和精准考核，引导各类扶贫资源优化配置，实现扶贫到村到户，即通过"靶向疗法"定位定向扶贫，总攻绝对贫困③。相对于过去粗放型扶贫，精准扶贫是现实提出的一个更加符合客观实际，更加符合科学发展的扶贫新概念。这个新概念是针对不同贫困区域环境、不同贫困农户状态，运用科学有效程序对扶贫对象实施精准识别、精准帮扶、精准管理的治贫方式，一般来说，精准扶贫就是帮助贫困农民脱贫致富，谁贫困就扶持谁④。扶贫精准的效能就是保证贫困农民脱贫致富，永远摆脱贫困，从效能上分析精准扶贫内涵，有学者提出所谓"精准扶贫"，意指立足对贫困问题成因的科学研判，通过不断优化贫困治理的体制机制，增强

---

① 范鹏. 反贫困与精准扶贫——甘肃模式探索 [M]. 兰州：甘肃人民出版社，2017：52-53.
② 邓小海. 旅游精准扶贫理论与实践 [M]. 北京：知识产权出版社，2016：33.
③ 熊娜. 精准扶贫战略下贫困地区新型农业社会服务体系建设研究——以广西为例 [M]. 北京：经济管理出版社，2015：1-2.
④ 胡应南. 创新之路——湖南省怀化市"四跟四走"精准扶贫的实践与探索 [M]. 北京：人民出版社，2016：7.

国家减贫行动对于贫困地区、贫困社区和贫困农户减贫与发展需求的回应能力，从而提升其内生发展能力①。

在具体的精准扶贫操作路径和程序以及方式上，精准扶贫就是"扶贫对象精准、项目安排精准、资金使用精准、措施到户精准、因村派人精准、脱贫成效精准"；其基本的工作思路是：以县为单位，根据分级负责、层层指导、规模控制、动态管理的原则，建立全国扶贫信息网络系统，并建档立卡的贫困村、贫困户，逐村逐户制定帮扶措施②。2017年以来，随着脱贫攻坚战深入推进，习近平进一步指出：在扶持谁、谁来扶、怎么扶、如何退，全过程都要精准，有的需要下一番"绣花"工夫。精准扶贫是一项系统工程，对象精准是前提和基础，项目、资金、措施、派人精准是措施和手段，成效精准是目标和落脚点。通过建档立卡摸清贫困人口底数，实行动态调整；通过政策举措，国家出台财政、土地、金融等一系列超常规的政策，打出组合拳，因村因户因人施策；通过构建科学的体制机制，保障扶贫政策和措施落地生根。③

上述对精准扶贫概念内涵的各种界定和阐释，都离不开精准扶贫的目标、主体、对象、方式、资源配置和成效考核几个要素，本书就从这几个视角界定精准扶贫的内涵：从扶贫目标上看，精准扶贫就是针对贫困区域和贫困人口采取精准扶贫措施，保证贫困居民和地区摆脱贫困实现致富；从主体上看，精准扶贫就是政府主导下多元社会主体，共同参与形成的多元扶贫精准治理主体；从对象上看，精准扶贫主要针对贫困地区、贫困户和贫困人口；从方式上看，精准扶贫方式包括对象精准识别、资源精准配置、派人精准帮扶、脱贫成效精准；从扶贫资源发挥的成效看，精准扶贫的核心特色是扶贫成效精准，成效精准还是针对差异性的扶贫对象。

其中，对于因病因残没有劳动能力导致的贫困，只能实现生存性脱贫成效的目标，不能提升扶贫对象的能力，这属于扶贫对象中的特困无助贫困人口；对于具有劳动能力但是因为环境、地区、条件和收入陷入贫困的

---

① 吕方，梅琳. 精准扶贫不是什么[J]. 新视野，2017（2）.
② 范和生，唐惠敏. 农村贫困治理与精准扶贫的政策改进[J]. 中国特色社会主义，2017（1）.
③ 曹立，石霞. 小康路上一个不能少：精准扶贫案例[M]. 北京：人民出版社，2017：3

对象，应该实现发展性扶贫成效的精准目标，对于这类贫困户应着力提高生存发展、脱贫致富的能力，而不是单纯实行资源的福利性补贴，福利性补贴扶贫反而会增加扶贫对象的依赖性，并不能改变贫困对象的收入结果和能力素质；对于落后地区出现的整村贫困人口来说更需要实现扶贫成效的精准，这种层次的扶贫成效精准，就兼具生存性脱贫成效与发展性脱贫成效的双重特征。因为贫困地区的贫困县和贫困村，都存在两种类型的贫困人口，即没有劳动能力和有劳动能力两种群体阶层，因此，扶贫成效精准更需要精准识别和精准施策，以建构扶贫成效精准的长效机制。

2. 扶贫政策与乡村治理研究

贫困问题是世界性的超越时空难题，国家对贫困人口进行帮扶救助以及实施公正性的福利政策，对贫困人口进行政策照顾和社会支持，成为全球范围内发达国家和发展中国家社会治理的重要政策内容。当然，扶持和帮助以及救助贫困人口，不只是政府主体起到主导的角色和职能，社会主体和市场主体同样以慈善和产业开发以及各种扶贫项目等方式，在全社会范围内实施扶贫行动。这种扶贫政策、措施和行动，在彰显社会公平和正义支撑下社会性人文关怀的同时，更凸显政府和社会对于弱势贫困人口的包容性支持。长期以来，学界对于贫困人口形成的原因、扶贫的方式和措施、政府和社会主体的角色和功能，扶贫政策对于农村社会治理影响等方面都进行分析和探讨。无论从哪个方面进行探讨，都离不开扶贫场域和体系中多元主体的主导或参与，都离不开在治理层面上的协商、合作和协同，扶贫作为一种社会性广泛动员和参与的福利性政策，在扶贫实施过程中所显示出来的多元主体协商合作的治理效能，始终是学界研究扶贫论题时主要关注的研究对象。

（1）对于扶贫主体与扶贫治理关系的研究。

扶贫主体是推进扶贫过程和保证扶贫效能的主导者和行动者，在我国社会主义初级阶段，扶贫主体首先表现为政府主体的主导和推动，但是，政府主导下全国性扶贫政策实施离不开社会层面多元主体的参与，因此，学界提出扶贫工作由政府主导、社会参与的扶贫主体格局。有学者认为，农村贫困人口的解决必须由政府采取自上而下的方式解决，单纯依靠农民提高自主能力的努力，不能够解决农村社会贫困人口脱贫问题，扶贫不只是在经济层面上让扶贫对象脱离贫困的生存困扰，更重要的是扶持贫困的人的问题，在政府不能完全扶持所有贫困人口的情况下，必须提供制度安排激励和支持社会主体参与扶贫行动①。扶贫工作成为地方县乡政府日常工作后，极有可能成为日常性的行政管理工作，这就不可避免形成行政体系扶贫活动游离于精准扶贫之外的内在要求，最后出现扶贫成效不明显的结果，因此必须发挥政府、社会和市场三种调节和激励机制，使扶贫对象形成具有内生性脱贫能力和动力才是扶贫的关键②。

不过，社会主体对于扶贫活动的参与和发挥应有的角色和功能，更多地表现出隐性的特征，而不是显性的特征，有学者认为现实中政府扶贫政策的实施在对象脱贫层面上并不明显，政府尽管在行政权力上能够扩张和渗透到乡村社会的各个方面，但是，政府扶贫一般并不能实现政策的预期目标，而社会力量参与扶贫效果限制，当前政府与隐性社会形成互动协同格局是扶贫政策实施的方向③。因此，有学者提出非政府组织的扶贫效能比较显著，主要方式是以点对点展开扶贫，主要在于提高农民脱贫能力，相对于政府扶贫来说，非政府办组织扶贫主要在扶贫对象的选择、扶贫资源投入、扶贫项目监管和扶贫效果评估等方面具有独特的运行逻辑，这种运行逻辑主要体现在对扶贫各个环节的全程监管和跟踪④。单纯政府扶贫或者是单纯社会非政府组织扶贫，都不能完全实现对贫困问题的有效治理，只能是政府与社会主体结合起来形成良好的互动协同格局，才能保证扶贫效能达到预期目标。

因为单纯政府扶贫会面临财政压力，有学者认为在政府财政能力与扶

---

① 乐章. 反贫困与社会发展：关于农村扶贫开发的一个实证分析［J］. 中南财经政法大学学报，2005（1）.
② 吕方，梅琳. "精准扶贫"不是什么？——农村转型视阈下的中国农村贫困治理［J］. 新视野，2017（2）.
③ 许源源，邹丽. "行政国家"与"隐形社会"：农村扶贫中的国家与社会关系［J］. 社会主义研究，2010（3）.
④ 许源源，邹丽. 非政府组织农村扶贫制度优势与运行逻辑［J］. 经济与管理研究，2009（1）.

贫资金之间始终存在较大的张力，同时政府主导扶贫使用资金面临使用效率不高、贫困人口依赖性强、小额贷款流失、贫困人口被动参与、企业与贫困人口衔接机制补偿等矛盾，要提高政府扶贫效能必须从扶贫目标设定上强调贫困人口生计能力提升为重点①。提高贫困人口的生计能力实际上是提高贫困人口的脱贫能力，形象地说就是既要对贫困人口"输血"还要进行"造血"，形成"输血"与"造血"相互协同的格局，只有在两者协同的条件下，强化政府扶贫的主体责任，完善农村扶贫的保障和救助体系，建立有效的扶贫瞄准机制，才能有效推动脱贫内生能力的提升②。

但是，扶贫本身主要是针对贫困人口，人口素质和能力的提升应该是扶贫社会效益所在，有学者认为要突破了原有"输血式"扶贫与"造血式"扶贫的框架，开拓了造人或树人的扶贫新路；建立社会科学研究试验地，把社会科学放在可实验的层次上，这在社会科学研究的方法论上是有开拓意义的；另外，政府决策模式上创造智力与权力相结合的典范③。政府主导下的扶贫治理本质上就是改变贫困人口在社会关系层面被排斥的边缘化地位，使贫困人口有意识、有能力和有动力参与社会市场资源的配置，能够在社会关系层面摆脱边缘化的角色和地位，因为现实中贫困主体的人的素质和能力展开呈现不可持续是贫困人口长期难以脱贫的根本原因，包括人的健康、思想观念、教育水平和文化技能等方面不具备提高的基础和条件，这既是束缚贫困地区经济发展，也是导致脱贫人口又重返贫困的内在根源。有学者认为，推进和实施扶贫政策和资源的是扶贫供体，而扶贫供体同样是不可持续的，这取决于扶贫地区环境，如农村制度环境、扶贫资源不足和农村基础设施和公共服务滞后等因素；载体是指承载贫困人口的地区，地区差异和环境的恶劣等因素导致脱贫速度缓慢，主体素质不可持续，供体资源供给不可持续，载体承载的资源禀赋较弱等因素制约贫困

---

① 孙文中. 创新中国农村扶贫模式的路径选择——基于新发展主义的视角 [J]. 广东社会科学, 2013 (6).

② 谭贤楚. "输血"与"造血"的协同——中国农村扶贫模式的演进趋势 [J]. 甘肃社会科学, 2011 (3).

③ 辛秋水. 建设新农村！改造贫困地区人文环境——文化扶贫之路是怎样开拓出来的 [J]. 福建论坛·人文社会科学版, 2006 (6).

地区和贫困人口摆脱贫困①。

这就对政府贫困治理提出新的问题，即政府如何在扶贫中解决贫困主体、贫困载体与扶贫供体之间的协调问题，供体提供的资源施之于载体，载体环境中的贫困人口要实现素质和能力提升的可持续发展，就必须因地、因人、因原因和因条件进行扶贫施策，让贫困地区和贫困人口的发展环境和生态条件以及制度环境都得到改善，并成为可持续发展的态势，保证贫困人口在长时段上能力和素质提升的可持续发展，才是政府扶贫治理的关键。

而政府在扶贫政策实施中缺乏制度的相应约束，扶贫的程度、扶贫效能的评估和扶贫方式有效性的检测等，长期以来政府扶贫多是处于行政日常工作的需要，而没有形成长效性的扶贫体系。在现有制度框架下，对地方政府的制度性约束很难从地方政府自身产生，上级政府的制度提供、村民和非政府组织的参与是改变这一状况的主要途径②。贫困人口在农村来说是属于部分村民，贫困县和贫困村同样是部分区域和乡村，扶贫政策的施策对象不是全部农村居民，只是部分贫困人口，政府扶贫措施不能做到全员对待，这就在客观上限制了政府扶贫治理的范围和深度。或者说，政府主体在实施扶贫政策时追求的是贫困个体的脱贫状态和贫困地区扶贫资源的供给，在现实中往往出现扶贫政策实施过程中存在的瞄准偏差，是导致"益贫困地区"大于"益贫困户"的原因之一，未来的农村扶贫政策需要在加强扶贫资金投入的同时提高扶贫资金的瞄准效率③。

（2）政府扶贫瞄准与扶贫效能的研究。

扶贫瞄准就是指政府主导的扶贫对象和扶贫面临问题以及扶贫施策具有较强的针对性和有效性，但是，扶贫并没有建构长效机制改变贫困地区和贫困人口的现状。有学者从扶贫瞄准的理念、对象、方式和目标上分析扶贫瞄准的问题。例如，扶贫目标上片面强调效率；扶贫对象的参与程度上过分强调贫困人口素质低下；对扶贫主体的"道德人"特征强调过多，

---

① 丁军，陈标平. 构建可持续扶贫模式治理农村返贫顽疾 [J]. 社会科学，2010（1）.
② 唐睿，肖唐镖. 农村扶贫中的政府行为分析 [J]. 学术论坛，2009（3）.
③ 张伟宾，汪三贵. 扶贫政策、收入分配与中国农村减贫 [J]. 农业经济问题，2013（2）.

忽视其"经济人"的特性和倾向；扶贫方式上以扶贫地区发展替代贫困人口个体发展等，这种偏差和错位实际上忽视了扶贫主体、扶贫对象、扶贫方式之间的和谐①。也就是说，贫困人口实际上被隔离于扶贫主体和扶贫方式以及扶贫资源配置之外，单纯是对贫困人口的福利性救助，并不能真正解决扶贫目标实现问题。

本质上还是政府主体对扶贫目标的设定和界定问题，有学者认为当前我国的扶贫目标调整主要体现在以下三个方面，扶贫开发瞄准单元从以贫困县为主向贫困村和县并进，再转向特困地区与贫困县村并举的转变，扶贫对象从以农场贫困人口为主转向贫困线以下全部人口；扶贫开发方式和路径从以开发自然资源为主转向开发自然资源和人力资源为主②。扶贫开发注重开发贫困地区人力资源，增加贫困人口就业率和提升贫困人口人力资源质量等，都是扶贫目标的核心内容。贫困人口往往是素质和能力，存在事实上的滞后和落后的现实问题。农民以农业为主要收入来源，尽管随着农民从事非农产业后带来收益的提升，但是，农业本身经营收入往往是贫困人口的主要收入来源。因此有学者提出，对贫困地区首先是增加人力资源的投资，其次是加大对农村基础设施如基本农田建设、人畜饮水工程和交通道路的投入等，这些是影响农村贫困人口收入的重要因素③。

而在农村贫困人口中主要存在地缘性贫困人口，即由于地理条件和生态自然条件的限制带来的农村普遍贫困人群。扶贫开发主要是就地投入物质资源，从而偏离地缘性贫困人口，地缘性贫困主要根源于地理条件，投资人力资源开发和安排贫困人口就业是出路，但是难以持续性改变地缘贫困的先天性状态和格局④。因此，政府扶贫并不能采取单一的扶贫开发、资源注入和人力资源投资等形式，而是必须根据贫困的前提条件实行差异

---

① 许源源，苏中英. 和谐理念的缺失：农村扶贫瞄准偏离的重要原因 [J]. 贵州社会科学，2007 (5).
② 韩广富，李万荣. 当代中国农村扶贫开发瞄准目标的调整 [J]. 社会科学战线，2012 (10).
③ 翟彬，杨向飞. 基于灰色关联的我国农村扶贫资金投向分析——以 2002—2006 年农村扶贫资金为例 [J]. 贵州社会科学，2010 (8).
④ 王丽华. 基于地缘性贫困的农村扶贫政策分析——以湘西八个贫困县为例》[J]. 农业经济问题，2011 (6).

性对待。但是，扶贫政策的实施以及扶贫效能的保证必须具有相似的前提条件，有学者对广东省的扶贫模式进行分析，发展救济式扶贫、参与式扶贫和开发式扶贫必须具有三个"同质性假设"，即贫困人口相对集中、产业扶贫能够提升贫困人口的发展能力、贫困人口具有劳动能力。这三种扶贫模式都存在相应的条件限制，即救济式扶贫主要针对没有劳动能力的贫困人口来说，没有救济就没有脱贫；参与式扶贫对于具有劳动能力的人员来说并不能完全覆盖；开发式扶贫对于就业者提出更高的要求，并不能完全覆盖所有贫困人口。有学者提出"治理保障型"扶贫模式，既有救济式的保障，又有参与和开发相结合①。

开发式扶贫必定需要对接市场要素和资源，而市场主体在扶贫体系中主要是参与性较强，持续性和长效性不足，使市场主体在隔离收益最大化目标条件下从事长期和长效扶贫，把市场经营转化为扶贫开发的福利性和公益性投资经营，事实上，在利益层面缺失长期的兼容性，即市场主体从事慈善性的资源注入是可能的，但是，作为政府主导下的扶贫单纯依靠市场主体进行扶贫在政策和过程上不具有可持续性。

同时，扶贫瞄准中如果过多依赖市场主体的参与，经常会出现扶贫项目"精英捕获"现象，华北李村实施"整村推进、连片开发"产业扶贫项目中，在项目申请阶段就出现"精英捕获"和"弱者吸纳"现象，在产业开发推进中存在项目投入的"逆向软预算约束"，这种随着项目展开带来的投入增加不可避免增加了地方财政负担，这种负担成为扶贫的"政策性负担"与规模性经营不善，结果是产业发展后续动力不足和贫困人口脱贫不可持续。产业扶贫之所以背离国家"扶贫瞄准"的目标预期，主要原因在于在产业开发扶贫背后隐含着扶危济困的道德逻辑与市场逻辑矛盾，前者决定了产业扶贫是以项目为载体，后者则容易导致规模化的经营方式，两种逻辑之间的张力与冲突增加了产业扶贫项目失败的风险②。这种局面

---

① 张玉. 论"治理保障型"社会救助模式的构建依据与实现路径——以广东农村扶贫模式演进的历史逻辑为分析文本 [J]. 社会科学战线，2014（1）.

② 许汉泽，李小云. 精准扶贫背景下农村产业扶贫的实践困境——对华北李村产业扶贫项目的考察 [J]. 西北农林科技大学学报（社会科学版），2017（1）.

实际上隐含着产业扶贫开发的社会精英与贫困人口利益诉求差异问题，社会精英不是贫困人口，但在扶贫道义层面承载着扶持救济帮助贫困人口的道义责任，问题是社会精英同时还具有追求收益最大化的市场逻辑驱动，表面上看是精英与贫困人口问题，深层次分析是社会精英参与扶贫开发中的利益分配和监管机制建构问题。社会精英在市场收益与扶贫参与之间的兼容性表现在道义与利益之间的矛盾和张力，在扶贫过程中又无法排斥社会精英主体参与，但是，在扶贫道义责任层面，又无法保证社会精英能够完全规避人所共有的人性局限和理性局限。

作为公共利益和资源配置主体的政府不能缺位，必须在扶贫中占据主导角色和地位。所谓角色是"在涉及他人的社会活动中社会对某一特定个人所期望的一种行为模式。角色反映一个人在社会系统中的地位，及相应的权利和义务、权力和职责。为了做到能同别人接触，就必须以某种方式预期别人的行为，在社会系统中，角色就执行着这一职能"[①]。政府的角色只能是社会系统中具有人格化特征的角色，因为政府正是协调社会不同利益主体的人之间的冲突而生成的，对此，美国著名政治学者亨廷顿指出："在一个完全不存在社会冲突的社会里，政治机构便失去了存在的必要。而在一个完全没有社会和谐的社会里，建立政治机构又是不可能的。"[②]

在政府主导的扶贫实践中，扶贫项目被各种权力主体和利益关系"绑架"，最后，既不能实现政府扶贫初衷，又不能保证贫困人员成为真正的受惠主体，扶贫对象应该凸显主体地位，这有赖于农村社会社区组织的建立，只有加强农村社区内生性组织建设，并通过社区组织建设来提升社区能力，实现国家与社会、资源主体与贫困群体的直接对接[③]。这种观点实际上涉及扶贫治理问题，无论是政府还是社会精英，无论是乡村自治组织还是贫困户以及其他农户都是扶贫治理主体，要实现扶贫政策实施中政府、社会、市场精英主体、集体组织和贫困人口之间的利益协调和合作共赢，必须要

---

① 罗锐韧. 组织行为学 [M]. 北京：企业管理出版社，1997：29.
② [美] 塞缪尔·亨廷顿. 变动社会中的政治秩序 [M]. 北京：中国社会科学出版社，1996：9.
③ 马良灿. 项目制背景下农村扶贫工作及其限度 [J]. 社会科学战线，2013 (4).

求治理主体关系体系的建构,这种建构根本是要建立利益兼容的资源配置格局。

那么,如何推进社会精英主体参与政府主导的扶贫政策实施体系,并使精英私人利益与社会道德责任和利益实现兼容,这是政府主导扶贫的重要议题,在一个利益主体多元和社会分层复杂的社会更是如此,无论社会分层和利益主体多元格局如何复杂,都需要共同利益作为纽带推进社会的和谐和共荣共同体的建构。因为"在一个复杂社会里,维系共同体所需要的第三个因素就是建立起能包容并能反映道德和谐和互惠互利的行为性表现"①。当前我国农村扶贫积累的主要经验就是首先要明确扶贫帮扶对象,其次是坚持贫困人口与贫困地区开发相结合,再次是政府主导下社会力量的广泛参与,最后是在重视国际扶贫交流合作的同时还要注重科技教育的作用②。扶贫作为社会性福利和开发工程,不只是单纯涉及贫困人口和贫困区域问题,还涉及城乡关系和乡村产业结构问题,因此,有学者认为对于农村贫困人口问题的解决应当纳入各地城乡一体化保障体系中解决,对于农业要推进生产方式的转变,对于小农生产经营结构要进行扶贫开发,这需要政府集中财力给予最大力度支持和保障③。

政府角色和职能的再次强调和凸显,显示出政府是扶贫的主要推进主体和政策实施主体,但是,无论是中央政府还是地方政府,对于全国贫困人口的扶贫投入,都不能单纯依靠扶贫"输血",就可以建立贫困人口和地区实现长效脱贫的问题。尤其是贫困连片地区与贫困人口,贫困与地区经济水平和财政收入相辅相成,贫困往往首先是地区的贫困,人口贫困与地区落后贫困相互伴生。单纯依靠政府扶贫投入都不能建构贫困地区和人口脱贫的长效性效果。扶贫是多元主体共同参与的系统工程,即使对于贫困人口来说,同样不是被动受惠就能摆脱贫困的过程。在农村广泛存在徘徊在贫困与脱贫之间的"脆弱性贫困群体",这种脆弱群体在贫困线徘徊,

---

① [美]塞缪尔·亨廷顿.变动社会中的政治秩序[M].北京:中国社会科学出版社,1996:10.
② 韩广富,王丽君.当代中国农村扶贫开发的历史经验[J].东北师大学报(哲学社会科学版),2006(1).
③ 钱津.开创现代农业生产新格局——基于对农村开发扶贫的审视[J].中州学刊,2014(4).

即使脱贫也具有较大的不稳定性。扶贫最终要落实到具体的方式，在不同的扶贫方式选择和实施中，各种扶贫主体同时也显示出各自的行为逻辑和价值取向。

（3）扶贫方式与扶贫治理关系研究。

扶贫方式是指扶贫主体把扶贫资源与贫困地区和人口实现对接的途径，在扶贫主体和受惠主体层面，不同的扶贫方式所呈现的扶贫治理目标和效能表现出差异，这种差异既能体现出对受惠的贫困人口和地区进行扶贫"输血"带来的收入短期内快速增长效能不同，又能体现出受惠的贫困地区和人口进行扶贫"造血"带来的能力和素质短期内快速提升效能的不同。不同的扶贫方式在效能上之所以呈现出较大差异，主要在于贫困地区和人口在承接扶贫资源的能力和机制，是否契合扶贫对象脱贫的现实条件和环境，以及生存生态的改善和水平提升要求。如果在制度、素质和能力上不能长时段有效提升其相对应的有效性，那么，扶贫资源嵌入贫困地区和满足贫困人口短期需求，同样不能维系可持续发展的预期目标。

针对贫困原因进行扶贫，首先要锁定贫困人口生存状态呈现出何种样式，有因病致贫、因残致贫、因学致贫等各种造成贫困原因，其中贫困与疾病经常会形成恶性循环链条，两者相互影响并反复交替循环。要打破这种恶性反复循环对贫困人口造成的脱贫困境约束，从时序管理视角使健康保障成为对贫困人口的过程性管理，从空间角度来看能够为贫苦人口提供多层次的医疗保障，既能截断贫困—疾病的恶性循环链条，又能保证农村社会健康发展和稳定[①]。当前新农村合作医疗保证农村居民同样享有医疗卫生保障，而农村医疗卫生保障对于贫困人口来说依然存在成本过高的问题，同时，单纯进行医疗保障并不能保证贫困人口成为脱贫的基础和激励机制，因为贫困的原因是多元的。

因此，有学者提出贫困不只是单纯的人口经济收入问题，而是涉及贫困人口生存发展需要的健康、教育、社会资本、资源环境以及公正、公平和尊严尊重等制度层面的各种问题，扶贫正是促进社会公平的内在要求和

---

① 左停，徐小言. 农村"贫困—疾病"恶性循环与精准扶贫中链式健康保障体系建设[J]. 西南民族大学学报（人文社会科学版），2017（1）.

调节机制，我国以往的扶贫方式存在救济式、开发式和攻坚式扶贫方式和政策，政策实施过程中同样存在贫困人口缺乏充分的资源投入、生计能力极为脆弱、制度设计上的弱势地位、参与能力和机会的限制、忽视贫困人口的主观感受等。因此，有效的扶贫策略应该是"制定出更具有包容性的发展政策是今后扶贫工作的挑战。需要制定更加具有包容性的城乡统筹发展的政策，使生活在农村和生活在城市的劳动力有更多的选择和获得相同的权利。"[①]

无论何种扶贫方式都应具有相应的包容性，而包容性的扶贫政策和制度都需要政府主体来提供和完善，并在政策执行上要承载相应的责任和义务。新中国成立之前，农民的贫困同样是政府软弱无力导致下的贫困长期性和社会性，美国学者马若孟指出："农民的贫困不仅由于他们的大部分利润被税收、高利等吸走，首先还由于生产的衰退。其原因是农业组织的不合理、运输条件恶劣、政府支持不够、用于提高产量的基本投入不足。"[②]

当今时代信息化和网络化技术手段和信息化手段都渗透进入乡村社会，有学者提出随着电子信息商务在农村区域的扩张，农村社会建立"淘宝"项目对农民增收具有重大意义，当然也面临生产、销售和消费三道屏障，提出针对农村网络电子商务的发展，应进行有针对性的产业扶贫培训，建立全面的培训、就业、合作和管理体制，优化农村贫困地区的发展环境，积极推进贫困地区和人口脱贫[③]。刘雪琴的《互联网+精准扶贫模式与路径研究》从"互联网+"与农业、电商、金融、旅游、教育等深度融合的视角，深入研究"互联网+精准扶贫"的创新模式，探索符合我国国情的反贫困发展之路[④]。

[①] 韩嘉玲，孙若梅等. 社会发展视角下的中国农村扶贫政策改革30年[J]. 贵州社会科学，2009（2）.

[②] 马若孟. 中国农村经济：河北和山东的农业发展1890—1949[M]. 史建云译. 南京：江苏人民出版社，1999：15.

[③] 刘同德，郭振. 电子商务对农村扶贫开发工作的影响分析——以青海省民和县"农村淘宝"项目为例[J]. 青海社会科学，2016（6）.

[④] 刘雪琴. 互联网+精准扶贫模式与路径研究[M]. 北京：中国海洋大学出版社，2017.

电子商务对于贫困地区来说是一种扶贫方式,但是专业性、技术性和时代性较强,电子商务的发展同样需要外在市场发展水平和资源的有力支撑,无论是贫困地区还是贫困人口,对于电子商务本身的市场性、现代性和信息化等特点都需要接受和消化的过程,因此,作为宏观扶贫政策可以借鉴,但是,落实到操作层面同样面临贫困地区和人口素质和能力的"瓶颈"。

针对贫困人口的被排斥性的边缘化特点,有学者提出扶贫互助社的组织化方式,其逻辑起点是探求开发式扶贫的具体制度安排。有学者依据个案分析指出,扶贫互助社具有依托政府财政支持和贫困人口广泛参与的运行机制和运行绩效,扶贫互助社是实现贫困人口组织化的扶贫模式,并不限于扶贫的目标实现,而是作为政府主导下的制度安排和政策推进组织形式,既是保证贫困人口脱离生存问题的约束,又要推进贫困人口发展的资源供给,从生存型救济扶贫转变成为发展型推进脱贫的扶贫路径[①]。扶贫互助社类似于新中国成立初期农村出现的生产互助组和互助合作社,问题是当前农民存在就业多元的态势,原来的互助组和合作社存在单一经营农业的现实国情,当前在农村人口流动性较强的条件下,要对贫困人口实施扶贫互助组的组织化资源整合现实中面临诸多困境。

针对贫困地区和人口货币资本不足的现状,有学者提出金融扶贫的思路和想法,农村社会贫困地区的金融服务行业发展水平较低,服务对象的范围比较狭窄,金融业的发展落后与贫困地区经济发展滞后互为表里,在金融体制改革后金融行业实际上变相退出了农村生产经营领域,贫困地区和人口享受金融服务即使存在政府支持,但是金融对扶贫支持的力度、广度和深度都受到不同程度的限制。因此,学者提出为使贫困群体充分享受到金融服务,应通过全面推进农村综合产权市场建设、提高农业保险制度的质量、加快农村信用体系建设进程以及建立恰当的激励约束机制以提高

---

① 曹洪民. 扶贫互助社:农村扶贫的重要制度创新——四川省仪陇县"搞好扶贫开发,构建社会主义和谐社会"试点案例分析 [J]. 中国农村经济, 2007 (9).

农村金融发展水平，进而增加贫困群体的收入，增强农村金融扶贫的效力①。李宝庆（2017）运用金融扶贫的绩效评价理论，以全国592个扶贫开发重点县和宁夏为样本展开定性和定量分析，最后提出提高金融扶贫绩效与完善保障机制等一系列对策建议②。但是，这种政策设计和实施是一个长时段的过程，对于长期处于贫困地区的贫困人口来说，单纯依赖市场机制作用来推进金融服务下乡并不现实。

针对贫困人口素质能力不足造成的贫困原因，有学者提出"增能性"扶贫模式，以增加和提升贫困人口脱贫能力为核心，生成的"合作型"扶贫模式，即通过资源合作实现增能效果，包括管理上的合作，主要是通过培养贫困村民生成与现代生产相匹配的观念和行为习惯，打破贫困人口与社会联系上相互排斥的格局，实现贫困人口脱贫能力的提升③。社会合作和管理合作对于贫困人口来说主要是被动的和受动的，作为贫困人口是需要社会接纳和包容的社会群体性阶层，不是说贫困人口不愿意合作或者说想合作就能够实现合作，贫困人口在资源占有和利用上是弱势群体，没有合作的社会资源支撑和合作的动力支撑，实际上无法进入市场实现与其他主体的合作。即使政府主导下的合作开发扶贫模式，贫困人口在合作场域中多是占据被动的和弱势的地位。

还有学者提出文化扶贫的方式，文化扶贫是改变贫困人口文化素质低下的面貌，以发挥人的主观能动性、培养人的自我发展能力为出发点与旨归，其中以人缘和地缘为纽带的具有"他者"身份又具有"本己"身份的"故乡人"对农村文化扶贫所能发挥的重要作用，因此提出将"故乡人"对家乡的反哺视为农村文化扶贫的路径之一④。科技扶持和教育投入是贫困地区贫困人口脱贫的主要路径，尤其是当前高等教育处于大众化发展阶

---

① 王鸾凤，朱小梅，吴秋实. 农村金融扶贫的困境与对策——以湖北省为例［J］. 国家行政学院学报，2012（6）.

② 李宝庆. 精准扶贫背景下的金融扶贫及其绩效评价研究［M］. 北京：中国金融出版社，2017.

③ 李文祥，郑树柏. 社会工作介入与农村扶贫模式创新——基于中国村寨扶贫实践的研究［J］. 社会科学战线，2013（4）.

④ 桂胜，赵淑红. 农村文化扶贫的路径探索——户籍在外之"故乡人"的反哺［J］. 西南民族大学学报（人文社会科学版），2017（1）.

段，随着高等教育入学率的提高，农村区域进入高等教育的人数大幅上升，这就为贫困人口脱贫提供了坚实的基础，具体说联系"故乡人"参与政府主导的扶贫行动是必要的，但只是其中的辅助方式，而不是主导方式，"故乡人"融入城市生活或者具有社会精英地位，在资源使用和占有上有一定的优势，对故乡的贫困提供资源支持和救济辅助，一般来说是扶贫政策实施的重要环节，但是，"故乡人"在能力和资源占有层面同样具有差异性，在市场理性与道德理性之间同样存在不同程度的张力，对于扶贫投入和资源嵌入方面，同样存在道义伦理和市场伦理的矛盾。

无论是政府主导的医疗保障还是贫困地区的金融扶贫，无论是电子商务还是贫困地区科技教育的投入，无论是以增能为目标的合作式扶贫还是调动外出家乡人的文化扶贫等方式，都需要资源的外在嵌入和对贫困地区和人口的扶持，其中如果离开政府主导下的政策支持和制度安排以及政府主体的动员协调，就会出现一定的障碍和阻力。尤其是在扶贫资源嵌入落后地区和施惠于贫困人口的同时，协调扶贫主体与贫困对象之间的关系，以及协调扶贫主体市场理性与道义理性之间的张力，都需要政府主体提供相应的激励政策和措施。思路和方式的设计最后要落实到现实的操作实践，宏观层面的项目扶贫带来的扶贫环境以及落后贫困地区发展条件的改变，并不意味着能够对贫困人口的个体产生针对性的扶贫效应，因为贫困人口的贫困原因各不相同，贫困人口的能力素质存在差异，贫困地区的资源禀赋和地理生产条件也各有特点，因此，扶贫作为长效性的系统福利性工程，必须从乡村治理视角建立有效的长效机制和扶贫治理体系，才能收到扶贫政策实施的预期效果。

（4）精准扶贫与扶贫治理逻辑研究。

从乡村治理视角审视精准扶贫，乡村治理因为精准扶贫政策的实施被赋予了新的内涵，有学者回顾我国 30 年的扶贫历程，提出的结论是应该不断提高扶贫的精准化程度、贫困人口的组织化程度、农产品交易的市场平等化程度、贫困人口的技术化程度、贫困人口流动的自由化程度[①]。但是，

---

① 杨占国，于跃洋. 当代中国农村扶贫 30 年（1979~2009）述评 [J]. 北京社会科学，2009 (5).

在市场经济条件下，如何推进贫困人口的组织化、农民市场交易的市场平等化以及人员的技术化等，这些都不是政府和社会主体多元主导和参与就能够解决的，因为市场资源配置遵循市场规则，单纯依赖政府和社会的资源反哺贫困地区和乡村事实上是不现实的。因此，学界对于不同原因造成的贫困落后提出多种扶贫的对策，其中不缺乏从乡村扶贫治理角度进行分析探讨。

首先，精准扶贫治理资源整合研究。有学者分析指出，黑龙江省贫困区域人少地多，呈现出平原型贫困特征，贫困户的住房比较宽裕但是多为土坯房；因为贫困造成人员受教育程度低，并出现劳动力老化带来的家庭负担沉重。农民生活成本因不良习惯致病的概率很高，农村产业多是以农业为主的单一经营，低于自然灾害和经营风险能力较弱，同时城市对乡村的带动和辐射能力不足，因此提出的解决方案是扶贫要加强农村基础设施建设和医疗卫生保障，加大对农民生产经营技术培训力度，并指出加强村自治组织建设作为精准扶贫工作的重点[①]。乡村治理体系中呈现出来的乡村自治组织角色和功能强弱与当地乡村社会类型直接关联，从某种程度上可以说，乡村治理成效与乡村社会居民所处的经济文化结构互为表里，是硬币的两面。即使从外在嵌入人力和资源同样不能保证乡村治理呈现根本性的改变，当前农村贫困地区派驻第一书记，有学者提出扶贫治理关键在于提高第一书记的领导力，在发挥精准扶贫功能的同时还要注重乡村制度和文化建设，提高农村人口的素质和能力，实现农村社会领导力的内生性供给，为乡村社会走向"良治"奠定基础[②]。

制度本身的生成是多元主体为了降低交易成本保证收益提高的内在需要，对乡村社会嵌入制度内容面临正式制度与非正式制度的张力，制度生成伴随着资源的流动和配置，制度的效能主要体现在资源配置的公平，在乡村社会缺失摆脱贫困的资源支撑条件下，派驻的第一书记在精准扶贫层面主要是引进资源和资金以及项目，实现发展性的开发式扶贫，资源嵌入

---

① 杜国明，冯悦，杨园园. 黑龙江省农村贫困地域特征与精准扶贫策略研究 [J]. 农业经济与管理，2016 (6).
② 王亚华，舒全峰. 第一书记扶贫与农村领导力供给 [J]. 国家行政学院学报，2017 (1).

与制度生成并行不悖、相互伴生，但是这种资源引进与制度建构不是单纯依靠乡村第一书记就能够独立解决的问题。

贫困地区的贫困关键还是人口素质和能力提升的问题，尤其是贫困地区存在人口多、素质低和观念落后的情况，经济落后伴随着教育滞后，城乡差距较大。精准扶贫要进行人力资源开发主要通过贫困人口智能提升的开发，包括既能培训、职业素养提升和现代化生活方式接入等方式，推进农村人力资源开发的途径包括强化基础教育发展、构建职业教育与培训体系、提高社会保障水平和健全开发配套机制[1]。但是，教育投资是长线和整体性投入，不是短时期和局部性投入就可以改变贫困落后地区的文化落后面貌。贫困地区的贫困人口中大量存在暂时性贫困，这种贫困人口往往具有正常的劳动能力，缺少的是技能和就业机会，这种贫困人口在落后地区经常占有绝对主体的地位并具有全局性特征，有学者分析认为，不同特征农户群组中持久性贫困和暂时性贫困的相对比重存在明显的差异，暂时性贫困的比重与户主年龄、家庭规模呈倒"U"形关系，与户主受教育程度、农户居住地经济发展水平呈正相关关系，持久性贫困则完全相反[2]。正如有学者所说"不是资源的匮乏，不是产值的高低，也不是发展速度的快慢。人的素质差，才是所谓'落后'概念的本质规定"[3]。

暂时性贫困相对于持久性贫困表现出来的关联要素不同，暂时性贫困与教育程度和地区经济水平直接相关，而持久性贫困多是没有劳动能力的精神病患者、残疾人和其他疾病患者等。无论是暂时性贫困还是持久性贫困，在扶贫条件下同样处于脆弱性地位和状态，脆弱性农村居民对外在突发性灾难和风险的反应和抵抗能力较低，一次巨变就可以重新陷入严重贫困之中，有学者提出设置脆弱贫困线，结合生命周期进行扶贫施策，主要是通过建立贫困人口的社会保护机制和生产保险机制，通过提高扶贫标准

---

[1] 陈波涌，唐智彬. 论精准扶贫背景下贫困农村地区人力资源开发内容与途径 [J]. 湖南大学学报（社会科学版），2017（1）.
[2] 张立冬. 中国农村贫困动态性与扶贫政策调整研究 [J]. 江海学刊，2013（2）.
[3] 王小强，白南风. 走向未来丛书：富饶的贫困 [M]. 成都：四川人民出版社，1986：56.

运用动态性扶贫管理对农村脆弱性贫困给予治理①。精准扶贫的动态管理本身就内含乡村治理的特征，扶贫的精准不只是对于贫困人口脱贫成效的精准，还要对非贫困人口突然陷入贫困进行检测和扶贫施策。尽管当代农民不是如科斯特引用的比喻那样，即农村人口的境况就像"一个人长久地站在齐脖深的河水中，只要涌来一阵细浪，就会陷入灭顶之灾"②。

但是，对于长期处于贫困落后地区的贫困人口来说，如果没有相应充分的社会保障体系，在经济收入能力上就会长期处于缺失"造血"能力的趋势。为此，有学者提出金融扶贫，但是，金融行业是伴随着产业发展和市场经济水平提升而出现的行业，主要是为推动生产和商业发展服务的，对于扶贫中的金融角色和地位，没有政府兜底保障金融介入扶贫面临市场与道义的张力和冲突困境。

在精准扶贫政策实施中，有学者认为农村普惠金融发展增强了扶贫效能，主要体现在小额合作金融，基于扶贫产业支撑助推贫困地区和人口提高经济收入的"造血"功能，并指出当前普惠金融发展存在制度缺位和监管不足等问题，但是，政策功能发挥显著，最后提出政策扶持、制度助推和产业支撑等政策建议③。金融企业向贫困人口发放的普惠贷款主要是具有政策支持和政府兜底担保，无论是何种制度安排，最后的金融行业和贫困人口收益取决于各自的市场经营收益，制度安排要么出现对贫困人口的强制，要么出现对于政策的强制，在贫困人口"造血"能力不足或者扶贫产业开发经营出现问题情况下，任何制度都不能规避资金进入市场后出现的各种风险。有学者提出要以市场化运作为主，坚持政策与市场相结合，激活边疆贫困地区的金融需求，边疆贫困地区的金融扶贫通过金融投入撬动资金的整合，实现贫困地区脱贫致富④。

---

① 罗绒战堆，陈健生. 精准扶贫视阈下农村的脆弱性、贫困动态及其治理——基于西藏农村社区案例分析 [J]. 财经科学，2017（1）.
② [美] 詹姆斯·C. 斯科特. 农民的道义经济学：东南亚的反叛与生存 [M]. 程立显，刘建等译. 南京：译林出版社，2001：1.
③ 贾晋，肖建. 精准扶贫背景下农村普惠金融创新发展研究 [J]. 理论探讨，2017（1）.
④ 杨海燕，普荣. 精准扶贫战略下农村金融服务模式创新研究——滇西北的探索 [J]. 经济论坛，2017（2）.

政府与市场遵循的是完全不同的两种行为逻辑，市场主体按照市场收益最大化的规则配置资源，政府是按照公平正义原则实现公共利益分配的均衡，政府与市场相结合，市场主体服从政府利益分配的公平和公正，就意味着市场主体追求收益最大化的需求服从于政府推进精准扶贫所要求的道义上的责任和功能。在缺失市场主体与政府主体两种利益相互兼容的条件下，市场金融主体投入扶贫的行动完全不可持续，也就是说，金融扶贫并不能形成长效机制，有时候金融扶贫还会出现乡村社会的"精英捕获"倾向。

其次，精准扶贫治理体系建构研究。有学者提出精准扶贫与传统贫困治理模式不同，精准扶贫具有更强的实践导向性和制度针对性，是现阶段我国农村贫困治理的根本之策。然而，精准扶贫在农村贫困治理中也存在诸多困境，有必要对精准扶贫政策加以改进：改革精准识别的制度掣肘，把握精准施策的技术靶向，锻造精准扶贫核心力量，完善脱贫攻坚成效考核机制。在此基础上，推动形成"政府主导、市场推进、社会协同和民众参与"的多元主体农村贫困治理体系[1]。如何进行扶贫对象的精准识别？有学者指出要建构高效的精准扶贫对象识别机制，避免出现以往扶贫资源过于集中，扶贫效能评估检测之后以及贫困人口统计标准多样带来的扶贫资源配置错位现象，就必须明确界定贫困人口"进入"和"退出"门槛标准，主张推行贫困人口自主申报、政府主动识别、脱贫人口检测退出和公众评议相结合的动态甄别程序[2]。王艳慧等（2015）在《基于GIS的多维贫困精准识别与评价》中，针对我国新阶段进行扶贫开发需要解决的贫困人口和贫困地区精准识别问题，运用地理空间信息技术，对于贫困地区和贫困人口从社会、经济、人口和生态等视角分析贫困人口的致贫原因、贫困程度和贫困类型，建构识别贫困的分析和统计计算模型，设计相应的扶贫精准识别标准参考数据，为精准扶贫提供精准识别的理论分析和识别界

---

[1] 范和生，唐惠敏. 农村贫困治理与精准扶贫的政策改进[J]. 中国特色社会主义研究，2017（1）.

[2] 陈潇阳. 我国农村扶贫对象动态甄别机制的构建路径[J]. 河北大学学报（哲学社会科学版），2014（1）.

定工具①。

高帅（2016）的《贫困识别、演进与精准扶贫研究》运用经济学研究方法从宏观和微观视角分析贫困人口实际生活状况，探讨贫困人口粮食生产消费与贫困关系，贫困人口既存在营养摄入不足的安全贫困，也存在能力剥夺的多维贫困，以此为依据对贫困人口的贫困状况进行综合评价②。本质上，贫困人口的安全贫困就是生存贫困，多维贫困因为能力被剥夺实际上是发展性贫困，或者说是暂时贫困，而贫困人口如果面临生存贫困，在时间段上可能属于长期贫困。

精准扶贫治理必须重塑治理的权威，治理是制度和法律约束下的治理，对于精准扶贫中对扶贫对象的精准识别和扶贫方式来说，伴随着扶贫资源进入乡村更需要制度建构来规范资源的配置和流动，因此，有学者提出精准扶贫政策应该法制化，不能是运动式的扶贫治理，应该以法制化的形式规范精准扶贫的每个环节，建构以法律为主要内容的精准扶贫体系，保证精准扶贫政策在法律的范围内展开，既能实现精准扶贫中政策的作用，又能保证发挥法律扶贫对政策扶贫的辅助和补充角色和功能③。

从扶贫治理角度分析，精准扶贫包含三个阶段：第一个阶段是政府支持扶贫资源进入乡村社会，贫困人口获得资源支撑拓宽了获得财富的空间；第二个阶段就是伴随着资源嵌入乡村要求加强乡村扶贫治理，动员乡村多元社会主体参与扶贫；第三个阶段，精准扶贫方式更趋复杂，对于保证扶贫成效精准的要求，需要市场发展型治理与政策保护型治理相互协同，建构两者合作并进的扶贫治理新模式④。

可以看出，精品扶贫是一项系统长期工程，从政策体系角度分析精准扶贫治理体系的建构，首先必须厘清精准扶贫政策体系的内容。陆汉文、黄承伟（2016）的《中国精准扶贫发展报告（2016）》以精准扶贫的政策体系为主体，阐述了精准扶贫的背景、内涵、治理价值等，精准扶贫政策

---

① 王艳慧等. 基于GIS的多维贫困精准识别与评价［M］. 北京：科学出版社，2015.

② 高帅. 贫困识别、演进与精准扶贫研究［M］. 北京：经济科学出版社，2016.

③ 杨宜勇，吴香雪. 政策法律化视角下农村扶贫开发问题研究［J］. 中共中央党校学报，2016（6）.

④ 李小云. 我国农村扶贫战略实施的治理问题［J］. 贵州社会科学，2013（7）.

体系存在内在结构关系，其中贯穿着政府公共政策的规律①。精准扶贫作为政府惠及社会边缘化贫困人口的扶持和帮扶政策，其体系具有公共性、福利性、针对性和高效性等特点，马建堂（2016）的《中国精准脱贫攻坚十讲》全面阐述了精准扶贫政策体系的内涵和结构，首先讨论精准扶贫与建设小康社会的关系，其次讨论创新、开放、绿色、发展、共享与精准扶贫内在联系，再次讨论贫困程度的标准问题，最后提出要注重扶贫开发与生态保护之间的关系，指出要重点扶持革命老区、民族地区和边疆地区的扶贫脱贫②。对于精准扶贫政策效能的分析和阐释，张建明（2017）的《中国人民大学中国社会发展研究报告2016》从全面建设小康社会视角对精准扶贫的重要问题进行分析，认为贫困不只是乡村存在贫困地区和人口，城市同样存在贫困人口，报告对城市贫困人口扶贫脱贫问题分析比较薄弱③。

最后，精准扶贫治理路径选择研究。精准扶贫治理最后还是需要路径选择，在选择实施政策路径过程中实现精准扶贫治理，而精准扶贫治理又赋予精准扶贫路径以更深刻的内涵。杨道田（2017）的《新时期我国精准扶贫机制创新路径》力图通过新的扶贫开发理论和丰富的地方扶贫实践经验相结合，提出精准扶贫的链条式管理理论，即从精准识别、精准帮扶、精准管理、精准考核和保障措施等五个维度提出新时期精准扶贫治理的创新路径及运营模式④。黄承伟（2016）系统梳理了贵州省近年来农村扶贫开发过程中探索出的一系列经验、模式和做法，包括将扶贫开发作为第一民生工程、完善精准扶贫体系、探索生态脱贫、金融扶贫、社会扶贫、党建扶贫、产业扶贫、异地移民搬迁扶贫、社会保障兜底扶贫等扶贫模式的具体做法，并对贵州省各种精准扶贫方式进行理论概括，主要是从五大发

---

① 陆汉文，黄承伟. 中国精准扶贫发展报告（2016）：精准扶贫战略与政策体系［M］. 北京：中国科学出版社，2016.
② 马建堂. 中国精准脱贫攻坚十讲［M］. 北京：人民出版社，2016.
③ 张建明. 中国人民大学中国社会发展研究报告2016——精准扶贫的战略任务与治理实践［M］. 北京：中国人民大学出版社，2017.
④ 杨道田. 新时期我国精准扶贫机制创新路径［M］. 北京：经济管理出版社，2017.

展理念来分析精准扶贫治理的内涵和运行规律①。范鹏（2017）的《反贫困与精准扶贫——甘肃模式探索》是以甘肃省为个案进行精准扶贫理论与实践的分析，主要从乡村贫困地区的基础设施建设、扶贫产业培育开发、易地扶贫的搬迁移民、加强农民社会生活保障与农村合作建设角度分析精准扶贫的措施和成效②。

对于精准扶贫中出现对贫苦地区人口的异地搬迁治理问题，王晓毅（2017）的《治理贫困——易地搬迁与精准扶贫》认为治理贫困是政府职能转型与预防式治理的具体体现，也是推进国家治理现代化的重要路径③。移民搬迁对于贫困人口来说必须具备前提条件，那就是贫困地区的人口对于移民后生活状态具有趋同和向往倾向，否则异地移民并不能保证贫困人口脱贫具有可持续性。有学者以宁夏生态移民扶贫模式进行分析，作为生态移民扶贫的实证研究，贫困人口移民必须实现社会适应和社会融入，为避免移民后贫困人口对环境的不适应，必须通过社会治理方式保证生态移民目标的实现④。

对于贫困地区和边疆地区的落后和贫困问题要实施精准扶贫政策，在实施精准扶贫治理时必须注意贫困地区与外部的资源耦合问题，尤其是连片特困区的精准扶贫，李佳（2017）在《少数民族连片特困区域旅游精准扶贫机制研究》中对川藏三种不同类型的贫困地区进行分析，发现这些地区有着丰富的民族特点的旅游资源，这些旅游资源可以作为开展旅游精准扶贫的资源对接和依托⑤。关于精准扶贫如何实现旅游资源与市场资源的合理衔接实现贫困人口的脱贫问题，有学者提出了旅游精准扶贫的概念。在此基础上，比较分析国内外旅游扶贫案例提出旅游扶贫治理的内涵和措施，并以乌蒙山为个案进行分析研究，突出该地区旅游精纯扶贫的对策方

---

① 黄承伟. 脱贫攻坚省级样本：精准扶贫精准脱贫贵州模式研究 [M]. 北京：社会科学文献出版社, 2016.
② 范鹏. 反贫困与精准扶贫：甘肃模式探索 [M]. 兰州：甘肃人民出版社, 2017.
③ 何得桂. 治理贫困——易地搬迁与精准扶贫 [M]. 北京：知识产权出版社, 2017.
④ 王晓毅. 生态移民与精准扶贫 [M]. 北京：社会科学文献出版社, 2017.
⑤ 李佳. 少数民族连片特困区域旅游精准扶贫机制研究 [M]. 北京：经济科学出版社, 2017.

案①。王礼敬（2017）的《民族地区特色资源产业精准扶贫研究——以湖北恩施州为例》结合民族地区的特色资源，建议依托特色资源进行产业开发式精准扶贫，以特色主导性产业为发展带动的精准扶贫模式②。

基于贫困地区和人口的民生艰难状况，熊娜（2015）在《精准扶贫战略下贫困地区新型农业社会服务体系建设研究：以广西为例》中运用西方交易成本理论、委托代理理论等方法，对广西壮族自治区农村公共服务建设绩效进行评估，结果是农村公共服务建设对于实施精准扶贫战略和治理具有重要意义③。与之相对应的是，北京师范大学政府管理学院发布的《2016中国民生发展报告：精准扶贫，共享民生发展》以"精准扶贫，共享民生发展"为主题，指出贫困与民生发展内在关联，并提出中国民生发展指数。指数包括五个二级指标，为精准扶贫在公共服务方面提供理论依据和施策参考标准④。其他从民生和公共服务保障加强层面提出精准扶贫治理路径还有向德平、程玲的《巾帼脱贫：农村贫困妇女扶持政策评估及建议》提出对贫困妇女进行扶持脱贫的路径；赵铁军等的《双联行动与精准扶贫发展研究》对革命老区提出双联互助的精准扶贫治理路径；张澧生的《社会资源禀赋视域下湘西教育精准扶贫路径研究》结合湘西教育扶贫实践经验，提出教育扶贫的路径；侯波、林建新的《精准扶贫背景下的科技对口支援研究》提出科技扶贫路径；《残者有助：农村贫困残疾人群帮扶政策评估及建议》对连片特困地区的五个县的残疾人及其家庭，进行了问卷调查和个案访谈，突出残疾扶贫的对策性路径；还有学者强调要对贫困儿童展开精准扶贫治理等路径。精准扶贫治理必然对贫困乡村社会变迁产生根本性影响，并推动贫困乡村社会变迁，这需要整体性扶贫治理才能实现乡村社会良性变迁。鲁克荣（2017）以云南彝族自治州为个案进行分

---

① 刘小海. 旅游精准扶贫理论与实践［M］. 北京：知识产权出版社，2016.
② 王孔敬. 民族地区特色资源产业精准扶贫研究——以湖北恩施州为例［M］. 北京：科学出版社，2017.
③ 熊娜. 精准扶贫战略下贫困地区新型农业社会服务体系建设研究（以广西为例）［M］. 北京：经济管理出版社，2015.
④ 北京师范大学政府管理学院，北京师范大学政府管理研究院. 2016中国民生发展报告：精准扶贫，共享民生发展［M］. 北京：北京师范大学出版社，2017.

析，探索少数民族区域精准扶贫治理的路径①。胡应南（2016）结合湖南怀化精准扶贫实践，提出扶贫资金跟着贫困人口走，贫困人口跟着致富能手走，致富能手跟着扶贫项目走，扶贫项目跟着市场走的"四跟四走"扶贫治理模式②。

（二）国外研究论题状况

贫困作为世界性难题，国外学者对贫困与反贫困问题同样展开细致的分析和丰富的探讨，从经济学和政治学视角提出诸多反贫困的理论模型，这些理论模型为国内学者从事贫困与反贫困问题研究提供了理论分析工具和研究视角。其中，有美国经济学家亨利·乔治提出的进步—贫困理论、美国经济学家罗格纳·纳克斯提出的要素贫困与反贫困理论、美国学者纳尔逊提出的低水平陷阱理论等。

1. "进步—贫困"伴生理论

19世纪后半叶，美国学者亨利·乔治发现美国生产力获得较大发展，但是"凡物质进步的条件最充分具备的地方——也就是说那里人口最稠密、财富最庞大、生产和交换的机器最发达——我们发现最严重的贫困、最尖锐的求生斗争和最多的被迫赋闲"，"这个事实——贫困及其伴随物正是以形成物质进步趋向的条件而出现在社会中——证明了，已经达到某种进步阶段的任何地方，其存在的社会困难不是出于局部的环境，而是以这种或那种方式，由进步本身造成的。"对于贫困是由于人口增长超过物质生产增长的解释，乔治坚决反对，他认为"我断言，如果其他条件不变，人口越多，财富公平分配给予每个人的舒适也越多；我断言，在平等状态中，人口的自然增加将永远趋向是每个人更富足而不是更贫穷"。亨利·

---

① 鲁克荣等. 精准扶贫与乡村再造：基于云南禄劝实践的反思 [M]. 北京：社会科学文献出版社，2017.

② 胡应南. 创新之路：湖南省怀化市"四跟四走"精准扶贫的实践与探索 [M]. 北京：人民出版社，2016.

乔治认为"产生贫困的根源是大自然赋予人类的土地为利己主义者所垄断"。他认为，相对而言，财富的分配比财富的生产更重要，资本主义的弊病就在于社会财富分配不公。他指出随着生产技术的不断进步物质财富迅速增长，由于地主垄断了土地，社会进步带来的收益都被转化为地租收入，人民陷入贫困之中，生产发展也受到阻碍。他主张通过社会改革，根除土地私有制的弊端，实行"单一低价税"，使土地增值的收益归社会所有，同时，所征收的低价税数额庞大，足够政府机构支付全部财政需要，因此，其余各种赋税都无须再行征收，这就不仅可以使社会财富的分配趋于平均，消除因土地私有造成的人民贫困，铲除伴随着社会的物质进步而与时剧增的恶果，还能促使工业发展，社会繁荣。①

当今世界存在富裕国家和贫穷国家，贫穷国家如何才能摆脱贫穷落后的面貌呢？戴维·兰德斯指出："历史告诉我们，最有效的治贫疗法只能来自自身。外援可以有帮助，但它像意外之财一样，也会有害处。它可能降低自身努力的动力，造成一种有害的无能感。非洲人有句谚语说："接人东西的手总是在给人东西的手的下方。""这不行，还得靠自己工作，节俭，诚实，耐心，顽强。贫困潦倒的人也许会觉得这些要求做不到，而自暴自弃。可是，归根到底，真正有效的办法只能是自强。"②

2. 要素贫困与反贫困理论

美国经济学家罗格纳·纳克斯认为，经济贫困国家存在阻碍资本积累的最重要的循环关系，资本供给由储蓄能力和愿望所决定，对资本的需求由对投资的刺激所决定，在时节上的贫困地区在资本形成问题上有两个方面都存在循环关系。在供给方面，由于收入低导致储蓄能力小，这是一个循环；在需求方面，由于社会购买力低，对投资诱惑很低，购买力低是因为收入水平低，收入水平低造成生产率低，然而生产率低又是生产中资本

---

① ［美］亨利·乔治. 进步与贫困［M］. 吴良健，王翼龙译. 北京：商务印书馆，1995：14－15，127，3.

② ［美］戴维·S. 兰德斯（Landes．D．S）. 国富国穷［M］. 门洪华等译. 北京：新华出版社，2010：517.

使用数量少的结果，深层次原因还是对投资的引诱程度小。

对此，纳克斯指出，资本的逐步形成都要有国内采取的配合政策来决定，外来资本不能自动地解决落后地区的资本积累问题，要有效地利用外来资本就像开发国内潜在的资源一样，绝不能没有国内的措施；在一个贫穷的社会中，个人消费的内容几乎全部是食物，因而为生产食物而进行的斗争也消耗了人们绝大部分的精力。提高生产食物的效率是解放人的精力来从事资本建设的基本途径；因为随着经济发展所积累的资本本身就成为实际收入的增加，可以把其中尽可能大的部分用到国家的资本积累上去。另外，就是财政税收上采取的"强迫储蓄"和税收提高资本积累方式以及社会资本的发展等方式来形成摆脱贫穷的资本积累。①

对于落后国家贫困的原因，美国福布斯指出："最贫穷的国家面临的最关键问题在于贫困本身成为一个陷阱。当贫困现象非常严重时，穷国不能依靠自身的能力摆脱这种困境。原因如下——让我们考虑由人均资本缺乏所引起的贫困。贫穷的村庄缺少卡车、平整的公路、发电站和灌溉水渠。人力资本非常低，受到饥饿、疾病折磨的没有文化的村民为了生存而挣扎。自然资本也被破坏——树木被砍伐、土壤的养分被耗尽。在这些情况下，需要投入更多的资本——物质、人力以及自然资本，但这需要更多的储蓄。当人们处于贫困状态，但不是极端贫困状态时，他们还有能力进行储蓄。但当他们处于极端贫困时，他们需要用其全部收入或更多的收入来维持生存，根本没有多余的收入用于未来的投资。"②

3. "低水平均衡陷阱"理论

对国家和地区贫困的原因分析，美国学者纳尔逊 1956 年发表了一篇论文《不发达国家的一种低水平均衡陷阱》，提出落后国家人口与经济增长之间的关系。当国民经济发展水平不高、人均收入较低情况下，收入只能

---

① [美] 罗格纳·纳克斯. 不发达国家的资本形成问题 [M]. 谨斋译. 北京：商务印书馆，1966：6－7，145－147.

② [美] 杰弗里·萨克斯. 贫穷的终结：我们时代的经济可能 [M]. 邹光译. 上海：上海人民出版社，2007：52.

维系人口生存的水平，人口增长就会受到抑制；当国民经济水平较高、人均收入得到大幅提升就会刺激人口以同等速率增长，人口增长导致人均收入水平较低，这样就会在不发达国家维系一种经济发展水平与人口增长之间的低水平均衡，从而掉入低水平收入均衡中而无法实现增长，这就是"低水平均衡陷阱"理论。[1]

1957 年，获得诺贝尔经济学奖的瑞典经济学家冈纳·缪尔达尔在《亚洲的戏剧：对一些国家贫困问题的研究》中提出"循环积累因果关系"理论，缪尔达尔认为在南亚国家中存在不利于经济发展的一些制度条件，这些制度的缺陷密切地与公众态度的缺陷密切相连，这些态度通常支持制度同时得到制度的支持；两者对低下的生产和低收入负有责任。而低生产效率与低收入反过来又使识字率和教育水平难以改进，这些又使社会制度的缺陷永久地存在[2]。缪尔达尔在《世界贫困的挑战：世界反贫困大纲》中梳理了南亚、非洲和南美等不发达国家贫困落后的原因，进一步论证了经济水平低下与劳动力就业、生活水平低下，制度形态扭曲，人口教育水平和素质低下导致了领导生产率水平低下，最后经济水平低导致生活水平低，生活水平低导致人口素质低，人口素质低导致民主制度在上层空转，下层社会阶层被动参与，进而导致社会不平等和经济贫困恶化，不发达国家由此陷入"贫困积累陷阱"而无法改变贫困现状的局面。

4. 反贫困的均衡发展理论

对于落后国家和地区的反贫困分析，国外学者提出相对应的反贫困理论，主要有英国经济学家保罗·罗森斯坦提出的大推动理论，该理论认为区域经济增长取决于资本、技术和劳动力，在市场完全竞争条件下，资本、技术和劳动力始终遵循市场机制的规律和地区经济发展水平的差异，从边际收益较低区域向边际收益较高区域流动，从而能够得到生产要素的较高收益。地区之间存在资本和技术以及劳动力素质的本质差异，有些地区有

---

[1] 范鹏. 反贫困与精准扶贫：甘肃模式探索 [M]. 兰州：甘肃人民出版社，2017：35.
[2] [瑞] 冈纳·缪尔达尔. 亚洲的戏剧：对一些国家贫困问题的研究 [M]. 谭力文，张卫东译. 北京：北京经济学院出版社，1992：307.

资本和技术,有些地区资本和技术不会在区域内向收入低的区域流动,这就造成经济发展水平低的区域没有条件吸引生产要素的流入。而市场机制只能是加大不同区域之间的差异,这就导致贫困落后地区在经济发展层面不能得到应有的资本和技术资源,最后落入贫困状态而不能自拔。[1]

但是,自由竞争的市场机制也许是造成贫困陷阱的主要原因,对此,美国经济学家奈特怀疑自由竞争市场制度的公平性,他指出:"竞争性制度最主要的缺点是,它基本上是根据世袭权和运气(努力只占很小比重)来分配收入。在竞争条件下,收入不平等日益累积。"(转引自施蒂格勒《经济学家和说教者》,第25页)。而布坎南认为,带着"出身"进入市场比赛,"当这样的参赛者以平等条件与相对较少有利条件而又必须参加这场比赛的人比赛时,我们寻常的'公正'的概念似乎就被破坏了"。因此,他以"复活节找彩蛋游戏"作比喻,认为公平的权利分配应该先优于市场竞争。因为在"复活节找彩蛋"游戏中,人们在安排比赛秩序时,"就是将那些年纪较大、体格较强的孩子有意识在距离或时间上要比年纪较小体格较弱的孩子安排得靠后一些。"[2]

5. 消除二元结构反贫困论

这方面的研究主要有美国经济学家约翰逊和刘易斯的研究成果,约翰逊的《改造传统农业》、刘易斯的《二元经济论》都提出结构二元经济的理论模型。约翰逊(1987)认为,完全以农民时代使用的各种生产要素为基础的农业称其为传统农业,传统农业应该被视为一种特殊类型的经济均衡状态。或者说,传统农业实际是一种生产方式长期没有发生变动,基本维持简单再生产的、长期停滞的小农经济,在传统农业中,农业产量的增减与农业人口的增减之间有着极为密切的关系,农业劳动力的减少必然使农业产量下降。但是,传统农业的资本收益率低下,就无法改变储蓄和投资和生产水平低下的问题,改造传统农业关键是引进现代农业生产要素,

---

[1] Paul Rosenstein – Rodan. "Problems of Industrialization of Eastern and South – Eastern Europe", Economic Journaly 53,No. 210/211,(1943).

[2] 卢周来. 穷人经济学 [M]. 上海:上海文艺出版社,2002:83 – 84.

从而使农业成为经济增长的源泉,集中体现在农业的技术变化,引进生产要素改造传统农业的方式是:制度安排,为引进现代生产要素制造条件,对农民进行人力资本的投资。①

刘易斯的二元经济论关于农业观点不同于约翰逊,刘易斯认为传统农业实际上农业劳动力中一部分农业劳动生产率为零,这种就业实际上属于隐蔽失业,即使把这些人抽走,也不会影响农业产出和生产率。刘易斯(1989)指出,只要农业部门存在"隐蔽"失业,两类部门之间存在劳动力收入差距,现代部门发展就会在传统部门劳动力无限供给条件下吸纳劳动力。

不过,不发达国家现代部门的迅速扩张,没有通过"利润渗透"导致传统部门的同样繁荣,因为没有理由期望传统部门总是从现代部门的扩张中获益;经济系统中既有使传统部门得益的力量,也有使其受到损害的因素。现代部门的扩张可以通过四种方式使传统部门获益,而每一个都包含不利的方面,即提供就业机会,分享物质设施,传播现代的思想和制度,相互之间的贸易。刘易斯对现代部门发展带动传统部门发展时指出,经济学家信奉平衡发展的观念,认为工业的单独发展会受到农民贫困的遏制,农业的单独发展会使贸易条件不利于农业,造成农民破产。事实上,出于其自身的各种利益原因,大多数政府忽视了农业,而这是不按照经济学家意见执行的结果。②

(三)本书研究的不足之处

国外学者多是从宏观角度通过长时段的历史考察,针对贫穷国家出现贫困的原因,建构相关经济理论的分析模型,主要从产业发展、国际贸易以及资源禀赋视角展开分析和讨论。国外学者建构的贫困和反贫困经济分

---

① [美]西奥多·W. 约翰逊. 改造传统农业 [M]. 梁小民译. 北京:商务印书馆,1987:4,24,54,110.
② [美]阿瑟·刘易斯. 二元经济论 [M]. 施伟、谢冰、苏以宏译. 北京:经济科学出版社,1989:150,156.

析模型，为国内学者研究分析贫困原因和脱贫思路提供了理论分析工具。诸如国外学者科利尔提出的低水平发展陷阱、人口发展陷阱、战乱陷阱、自然资源陷阱、小国劣政陷阱以及恶邻环绕的内陆陷阱等，科利尔指出，全球化对最底层国家造成的影响主要是"贸易更有可能将他们伸缩在对自然资源的依赖当中，而不是开创新的机遇；国际资本的流动和技术工人也更有可能因国家资本和资质的缺乏而流失，而不是提供一种增长的动力"，如果不对这些最贫困国家表示关注，那么世界将再次面对如第二次世界大战那样灾难性的后果[①]。

科利尔从全球角度分析贫困和反贫困问题，明确反贫困的国际责任和公民责任，这为我国当前反贫困的精准扶贫战略和政策实施提供了理论借鉴。国外学者论述的反贫困战略主要针对国家主体或政府主体来说，在分析全球贫富不均条件下，主要侧重于从经济角度和全球贸易角度，提出反贫困路径，尽管如刘易斯和约翰逊等学者从产业经济视角分析反贫困问题，但是，作为经济学家提出的反贫困方案，主要服从于国家整体的经济发展和社会收入水平的总体上升。因此，国外学者的反贫困理论分析和模型建构，只能是一种反贫困的理论分析工具和理论借鉴对象。

国内学者在分析贫困问题和扶贫政策时，多是采用国外学者的理论分析工具，对于扶贫或精准扶贫的政策解析、内涵解释、扶贫政策的实施以及精准扶贫的推进多有分析和探讨。他们多是对精准扶贫的整体性效能、精准扶贫政策实施的展开以及精准扶贫的政策执行成效，来介绍和分析精准扶贫政策体系，从乡村治理在精准扶贫政策实施条件下所经历的根本性变迁，以及精准扶贫与乡村治理主体行为逻辑之间关系的分析研究较为薄弱。

学界对于我国精准扶贫政策实施成效的研究，多是从生存性扶贫和发展性扶贫精准视角进行分析，即让贫困人口解决生存问题和发展，所需要平台建设（就业保障）问题，对于精准扶贫的成效精准问题论述较少，尤其是对于精准扶贫所要求的包容性治理理念、方式和路径建构，以实现扶

---

① [英]保罗·科利尔. 最底层的10亿人：最贫困国家的衰败之谜[M]. 北京：中信出版社，2008：42.

贫成效精准的目标研究极为薄弱。所谓扶贫成效精准是要建构扶贫脱贫的长效机制，有针对性地因地因人、因贫困原因等差异性建构的外在长效性保障体系，当前研究对于扶贫成效精准中的"精准扶贫"治理研究较为薄弱。没有扶贫的成效精准，就无法保证精准扶贫成效的可持续性。因为精准扶贫尽管是外在嵌入贫困地区和贫困人口的资源流动和政策扶持，但是，如果没有贫困人口脱贫动力和保障动力持续的资源支撑，精准扶贫将不能实现长效性脱贫的预期目标。精准扶贫要实现成效精准，必须在精准扶贫中实现包容性治理，这种治理是基于精准扶贫中多元主体差异性利益诉求的基础上，实现协调主体利益诉求差异、保证权利机会平等、达到利益共享格局和趋向公平正义的包容性治理模式。

三、研究方法及创新之处

（一）研究方法

（1）文献研究与实证研究相结合。本书以中共中央关于精准扶贫的政策以及党和国家领导人关于精准扶贫的重要讲话和指示作为研究的理论基础，以地方政府关于精准扶贫的政策、措施以及制度规定为主要研究依据，结合地方政府精准扶贫中针对不同对象采取不同的精准扶贫措施和办法，分析地方乡村政府和自治组织在精准扶贫中制定措施、推进政策、识别对象、精准施策和扶贫考核等过程，并从精准扶贫治理视角分析扶贫主体与扶贫对象之间的纵向和横向关系，对不同扶贫对象在承接扶贫资源嵌入与提升脱贫致富能力双向关系，从不同主体行为逻辑视角分析内在的关联性。

（2）个案研究与比较研究相结合。本书选取中原地区一个贫困乡村的精准扶贫行动为个案分析研究的对象，重点探讨贫困乡村在精准扶贫政策实施中不同主体行为逻辑所呈现的具体特点，以及这些特点背后所隐藏的主体行为逻辑。本书以乡村扶贫治理个案展开对象分析，主要是选取个案具有比较强的典型性和先进性。在个案分析中采取比较不同行为主体行为选择的方式展开研究，不同行为主体围绕扶贫资源展开的利益博弈中，隐含的道义逻辑、市场逻辑以及政治逻辑之间的差异性，重点探讨治理主体采取何种治理模式最后实现这三个方面相统一的过程。

（3）实地调研与口述访谈相结合。本书分析精准扶贫治理中不同主体的行为逻辑主要进行实地调研和口述访谈以及查阅文件、会议和记录资料方式展开研究，实地调研、发放问卷和个别访谈时发现不同行为主体利益诉求和表达以及实现差异性的主要方式。扶贫效果在定性层面分析可以划分为生态性扶贫精准、发展性扶贫精准和共享性扶贫精准，最终精准扶贫的重点是要保证扶贫成效精准。扶贫成效精准不只是生存性扶贫和发展性扶贫方式要精准，而且要在扶贫主体、扶贫理念、扶贫方式、扶贫关系等方面形成精准扶贫的长效性体制和机制，对于贫困地区和贫困人口的脱贫致富要具有制度性和长效性的外在保障机制。这种精准扶贫成效精准的检测和评估，更需要定量分析和定性分析相结合的研究方法提供保障。

（二）创新之处

（1）学术概念创新：本书提出精准扶贫的包容性治理概念，所谓精准扶贫的包容性治理是在精准扶贫政策实施中多元利益主体通过具有差异性的利益表达、利益诉求以及利益实现方式选择，最后实现利益协调的乡村包容性治理过程。以往学界提出包容性增长概念，主要是从政治、经济、文化层面实现社会整体性的包容性增长，其蕴含的包容性理念成为本书的核心概念内涵。在精准扶贫的乡村治理主体建构重塑过程中，起着决定性作用的是资源的外在嵌入和资源配置。资源配置效能的提升和保障，取决于乡村治理主体行为的规制和重塑，由此，实现乡村利益主体利益诉求和行为的协调，最后实现乡村社会可持续发展以及长效性精准扶贫机制的建构。

（2）学术视角创新：以往研究主要侧重于对精准扶贫政策和实施，在地区和乡村层面上的整体效能的分析和研究，主要方式是上级政府和地方政府对于精准扶贫政策的制定和实施以及成效的梳理分析，对于精准扶贫具体到某个村庄的分析研究较为薄弱,更没有单纯从贫困村庄的精准扶贫视角展开深入分析和研究,即分析其不同利益主体的思想认识反映、行为内在逻辑、治理模式选择以及治理成效的检测等。更多的分析是以省或以地区为个案展开分析研究,所提出的结论多是强调政府推动资源的外在嵌入,通过改善贫困地区资源配置的弱势地位,以及改善贫困人口的边缘化地位,来实现贫困人口的脱贫。这种分析多流于宏观性和整体性的分析和研判,即使结合地区条件提出诸多如旅游扶贫、产业扶贫、文化扶贫、教育扶贫、生态扶贫、移民扶贫等方式,但是对于扶贫方式和效能的分析多属于雷同性研究。已有研究并没有从行为逻辑视角展示精准扶贫治理中的利益冲突和利益协调的治理过程。

(3) 学术观点创新。

——精准扶贫治理主体身份认知与利益诉求差异性直接关联。对于贫困村来说,并不意味着所有的居民都是贫困人口,而是说其中有60%以上的人口处于贫困线以下,并不能解决生存需求满足的人口。但是,在具体的精准扶贫对象识别中,就出现村民出于扶贫资源分配需求,呈现出来的利益诉求差异性,这种差异性带来不同的利益表达方式差异和利益诉求实现差异。对此,本书对扶贫对象差异性的分析主要分为三类:生存性扶贫对象、发展性扶贫对象以及共享性扶贫对象。生存性扶贫对象主要是生存性利益诉求,发展性扶贫对象主要进行发展性利益诉求,共享性扶贫对象主要进行整体性和长效性利益诉求。这三种利益主体的利益诉求呈现出差异性和矛盾性,扶贫治理对象同样是扶贫治理主体,主体之间的利益冲突有赖于包容性治理模式的创新和建构,即有赖于扶贫治理主体在治理目的与制度规制之间找到平衡点。

——乡村自治组织治理主体主导地位回归取决于集体资源支撑。精准扶贫资源的外在嵌入成为贫困乡村解决生存、发展和可持续脱贫的长效性外在保障都需要乡村集体组织强化其扶贫治理的主导地位、角色和功能。没有乡村集体组织的参与、运作和协调以及秩序重建,就不可能保证精准扶贫资源在嵌入乡村后形成长效性精准扶贫机制,其中,贫困村要推进精准扶贫通过委派"第一书记"是比较有效的方式。地方政府对第一书记进行选拔委派、政策支持、资源支撑和绩效考核等方式对第一书记的角色、地位和职能发挥起到外在保障功能；而第一书记处于外在的人力资源嵌入乡村后的精准扶贫治理重要主体，对于贫困村实施精准扶贫的成效精准既能起到推进作用，又能起到主体间的协调联动职能。

——贫困村精准扶贫关键在于扶贫成效精准长效机制的建构。以往对贫困地区和贫困村的扶贫主要是"漫灌"式和行政管理式扶贫，扶贫资源的配置分散性以及针对性缺失宏观上是资源嵌入程度不足，微观上主要是缺乏扶贫"瞄准"的理念和意识，最终的扶贫结果只能是扶贫成效不明显甚至是成效弱化。改变扶贫成效弱化的方式是形成精准扶贫的包容性治理模式，即包容性治理。精准扶贫治理视角下包容性治理既包括政府的扶贫拉动，又包括扶贫对象的脱贫能力增长提升；既包括集体组织扶贫治理主体地位功能的发挥，又包括贫困村多元利益主体的广泛参与和能动角色和功能的展示；既包括宏观层面的精准扶贫成效评估和检测，又包括微观视野中多元治理主体生成协商、合作和利益协调的内在保障机制。

四、本书研究的理论框架

（一）研究问题域

本书的研究对象是精准扶贫中包容性治理涵盖的多元主体的差异性利益诉求的协调。既包括扶贫主体，又包括贫困主体；既包括多元主体在精准扶贫中如何实现主体身份的包容，又包括精准扶贫对于贫困主体和扶贫主体利益的包容，还包括激励多元主体主动参与实现利益共享的机制包容。如何实现主体包容、利益包容和机制包容就是本书主要的研究对象。

首先，精准扶贫中如何实现多元主体身份的包容。在精准扶贫中首要环节就是贫困主体身份的精准界定，在现实操作中存在对贫困村的界定，还有对贫困户和贫困人口的界定。按照国家政策规定，贫困村只有在60%以上的人口属于贫困人口才能被界定为贫困村，但是非贫困村里面同样也存在贫困户和贫困人口。同时，贫困村在申报成为政府认定的贫困村时，存在对贫困人口虚报的现象，这种情况至少在河南省各地都是普遍存在的现象。政府在推动精准扶贫识别过程中，既不能因为贫困村虚报贫困人口而取消或者迟滞对扶贫工作的推动，又不能直接追究地方政府在申报中监管角色和功能的缺失，因此，在精准识别中做到对贫困人口的识别精准就是超越贫困村虚报贫困人口的主要途径之一。这种对贫困人口识别和界定环节的强化，既弥补了对贫困村识别不精准带来的政策实施漏洞，又能突出对贫困人口实施精准扶贫施策。

政府对贫困村识别的粗线条处理和贫困人口识别的精准处理，体现出政府对贫困村识别中的宽容和包容。同时，虚报成为贫困人口和真实贫困人口在身份认定上达到精准，一方面保证精准扶贫施策精准，保证真正贫困人口接受扶贫施策；另一方面需要非贫困人口对贫困人口的身份包容，才能推进精准扶贫政策在实施中不至于出现利益冲突。另外，在真实贫困人口识别中，除了因残、因病、因学等原因致贫外，还有一种贫困人口属于懒惰不干活导致的贫困。对于这种贫困户实际上如何扶贫都不能保证这类贫困户脱贫致富，对于这类贫困户的精准施策只能是保证其生存需求得到满足。

其次，如何在精准扶贫中实现主体利益的包容？对于扶贫对象，按照这些贫困人口的生存状态和个人智能条件以及致贫原因，本书在贫困人口个体微观层面，把贫困户分为生存性贫困对象和发展性贫困对象；从贫困村角度出发，贫困村之所以成为贫困村，其中的根本原因受到地理位置、资源条件以及文化教育等因素的影响和制约，贫困村往往呈现出整体性贫困，同时贫困村贫困人口大量存在，其致贫原因也具有同质性特征。即使贫困村有一小部分人已经脱贫致富，但是，这类人往往是脱离贫困村现有环境才实现脱贫致富，因此，贫困村整体上的环境、资源条件以及文化教育水平较低，都是贫困村贫困人口出现贫困的根本原因。基于贫困村致贫原因的分析，本书把贫困村界定为整体性贫困，对贫困村整体性扶贫施策界定为共享性扶贫。因为对贫困村的基础设施建设、集体经济开发资金的注入、各种扶贫政策的落实、生态环境条件的提升改造等扶贫措施，对于贫困村全体居民来说都具有整体性和共享性的特征。

最后，如何在精准扶贫中实现激励机制的包容？在精准扶贫中存在政府主体、市场主体、非贫困主体和贫困主体，以往政府主体与市场主体之间的关系是制度层面商定的监管与被监管关系，政府主体与贫困主体是提供服务主体与服务对象的关系，市场主体与贫困主体是按照市场机制约束和导向下的市场关系，非贫困主体与贫困主体是既有传统纽带衔接下的熟人关系又有市场机制约束下的相对隔离状态。由于贫困主体在能力、资源和视野上处于相对弱势的状态，在现实中贫困主体面临机会缺失、权利不足、参与被动和利益不均衡的特点，在某种程度上可以说贫困主体尽管存在国家的各种扶贫政策给予救济和扶持，但是"漫灌式扶贫"最终结果并没有从根本上改变贫困主体的生存状态和权利地位，实际上贫困主体相对于政府主体、市场主体和非贫困主体，处于被排斥的状态之中。而精准扶贫的包容性特征，重点表现在以往政府主体对贫困村的整体关注，转变为在政策导向下必须兼顾对贫困人口的关注，如政府对贫困人口的对口帮扶和入户访谈，决定着政府主体与贫困主体关系的转变，这种转变就是从过去的相对排斥转向政府主体对贫困主体的对口包容扶持。同样，市场主体和非贫困主体对于贫困主体都存在这种趋向包容性扶持和帮助的根本性转变。

如何保证这种扶贫主体对贫困主体的包容性救助、扶持和帮助具有长效性的可持续发展趋势，这就取决于精准扶贫激励机制的长效性建构。从政治层面上来说，上级政府对下级政府的检查、督导、暗访、评比，并通过贫困村建立村档案、贫困户建立户档案、建档立卡要求上网更新，这就对地方县、乡政府以及村自治组织干部形成有效的激励和保障机制。对于市场主体参与精准扶贫，固然存在政策导向下的扶持和优惠政策，市场企业主体同样基于乡村传统纽带因素对贫困村给予相应扶持带动，但市场主体是按照市场机制和逻辑运行的组织主体，要保证市场主体参与精准扶贫不能单纯依赖扶贫政策优惠的激励机制，还需要强化对市场主体参与扶贫的约束和规制机制。因为市场主体参与扶贫不能单纯是出于政府政策的优惠，更重要的是市场主体参与精准扶贫，是通过盘活贫困村生产要素资源，最后实现贫困村资源增值来实现贫困村从根本上脱贫的目标。

因此，对市场主体的激励机制不仅包括政策优惠的激励，还要有对市场主体约束和监管的机制，如对市场主体扶贫贷款额度的限制和回收贷款的担保，对于市场主体的政策对待，不能等同于对贫困人口的扶贫政策。因为在精准扶贫中政府不是全能政府，而是有限政府，政府如果在精准扶贫中定位为全能政府，那么精准扶贫的成效精准必定受到严重影响和现实挑战。基于政府不是全能型政府，因此对于贫困主体来说，除了真正没有劳动能力者外，那些具有劳动能力的贫困人口，政府扶贫的底线就是这类贫困人口必须从事劳动，否则政府就不能兜底。

（二）重点难点

（1）精准扶贫如何实现扶贫成效精准的目标。国外学者认为落后国家和地区长期贫困的根本原因是存在各种发展陷阱，包括人口素质陷阱、自然资源陷阱、深处内陆恶邻环绕的陷阱和国际贸易陷阱，无论是何种陷阱导致地区和国家的贫困落后，其中都存在市场生产要素资源供给严重不足的内在困境。因为贫困落后，所以带来对现代生产要素资源的需求不足，以及市场生产要素资源在贫困地区的嵌入动力不足。即使存在乡村自然资源优势，但因为存在工业开发游离于乡村社会发展之外，在破坏乡村生态环境的同时，并没有对乡村社会发展提供持续发展的动力和资源支撑。精准扶贫对于贫困地区和贫困人口来说，就是要弥补落后地区和人员的生产要素资源不足，因人、因地、因原因的精准要求，就是要针对具体贫困情况，选择不同的具有针对性的扶贫策略，改变贫困地区和人口，在市场资源配置中的边缘化地位和弱势状态，采取政府主导的政策性资源外在嵌入贫困地区的方式，达到扶贫成效精准的预期目标。

（2）精准扶贫如何实现激励多元主体主动参与的机制包容。贫困村精准扶贫包括生存性扶贫、发展性扶贫和共享性扶贫，无论是生存性扶贫还是发展性扶贫模式，都存在政策资源的外在嵌入过程，而要保证扶贫资源不会出现"精英捕获"现象，就要建构精准扶贫的长效机制和制度保障，规避扶贫资源的不平衡和"漫灌式"配置和流动，规避扶贫资金和项目以及扶贫政策实施，成为地方政府的日常行政工作，规避扶贫资源的投入落入以往扶贫成效严重弱化的窠臼等，必须对贫困村的精准扶贫治理建构长效性机制和制度保障。这种长效性机制的建立，以形成贫困村脱贫致富的包容性治理机制为标志。贫困村的扶贫项目必须围绕贫困人口脱贫致富和贫困村整体性脱贫致富展开，前者主要针对贫困村的暂时性贫困和长久性贫困人口而言，后者主要针对贫困村整体性和长时段而言，两者呈现出相辅相成、互为表里的包容性精准扶贫治理偶成。只有针对贫困人口的精准扶贫，而没有整体性成效精准扶贫，精准扶贫就不具有长效性和持续性的保障；只有整体性和全员性的精准扶贫，而没有对个体的生存性扶贫治理，就不能保证精准扶贫成效的精准性和针对性。

（三）理论框架

本书的研究对象是精准扶贫中的利益诉求差异和包容性治理建构，唯有在精准扶贫中存在相应的多元利益诉求差异，才能显示出精准扶贫所具有的包容性治理理论内涵和实践品格。从某种意义上说，精准扶贫蕴含包容性治理的理论视野和实践要求，精准扶贫本身就是协调和平衡多元利益主体差异性利益诉求条件下的政策设计和制度安排，而包容性治理在实践层面赋予精准扶贫以道义和政治上的兼顾生存和发展的双重内涵。从生存层面分析，精准扶贫本身首要的是针对农村居民中的特困地区和特困居民，特困村和特困居民在主体身份上的认同和建构，集中体现在政治上处于乡村边缘化的角色和地位，在经济上贫困主体处于隔离于市场资源的共享和利用状态之外，在文化上贫困主体的货币压力和生存紧张状态展示出贫困主体社会身份与政治身份之间的张力，在关系上贫困主体与其他社会主体，由于存在现实能力的事实不均衡，贫困主体实际上处于与其他社会主体相对疏离的状态。

总体而言，贫困主体生存问题没有得到完全解决，发展问题更没有抬上日程。在生存问题没有解决的情况下，没有任何依托追求发展问题。从包容性治理视角分析，精准扶贫对于贫困地区和贫困人口是兼顾生存和发展的政治运作过程，从精准扶贫视角来看，扶持贫困人口解决生存问题和发展问题的过程本身就具有包容性的政策实施过程。包容性治理体系存在包容性主体、包容性意识、包容性行为和包容性关系以及包容性制度的体系建构，而精准扶贫的政策实施过程就是针对贫困地区和主体，依据社会主义共享发展的理念，依托各种生产要素资源的外在嵌入，从而改变贫困地区和贫困人口生活和生产行为的过程，在改变贫困地区和贫困人口生存状态的过程中，贫困主体与扶贫主体形成良性互动的扶贫治理关系，为了保证精准扶贫的包容性治理的成效持续，建构包容性的精准扶贫制度体系就成为必然选择。

从精准扶贫过程分析，扶贫活动本身离不开多元主体的包容互动，更是无法回避利益层面的相互包容，只有形成包容性制度体系和良性互动机制，才能保证精准扶贫的成效精准化和长效化。因此，本书从主体包容、利益包容和机制包容三个层面来分析和展示精准扶贫中的包容性治理内涵和框架。

包容性治理中的主体包容是指多元主体必须具有主观上的能动参与精准扶贫的特性，只有是在多元主体主动参与并发挥主观能动性的精准扶贫治理才具有包容性治理的"善治"属性和特色。而精准扶贫治理中多元主体在政策导向下，无论是市县政府主体、市场主体，还是贫困主体，都能够积极主动参与扶贫治理中，这就具有包容性治理的特性。

包容性治理也是公共利益实现共享配置的过程，而精准扶贫过程同样是利益外在嵌入和重新配置的过程，包容性治理要求下的公共利益均衡公平分配，从精准扶贫来说，扶贫过程同样是公共利益在乡村地区的重新配置过程，是为实现市场机制无法实现的资源流动和配置所采取的政策干预行动。在精准扶贫中无论是公共利益还是社会市场主体利益，无论是扶贫主体利益还是扶贫对象主体利益，都是规避市场机制支配下的资本逻辑作用下的资源和利益流动和配置过程。包容性治理展示下的共享、和谐、绿色理念和价值，在精准扶贫的利益配置格局中，展示出共同富裕和共享发展成果以及对农村弱势群体的关怀等内涵和品格。

包容性治理要求下的共享发展理念不是短时段的举措，而是长效性的状态。精准扶贫要求的成效精准同样具有长效性的内在要求，扶贫的成效精准就是要求对于贫困地区和贫困人口脱贫致富要形成资源支撑和制度保障的长效性机制和激励效能。成效精准针对的是贫困地区和贫困人口的整体生存状态，避免重新陷入"贫困的低水平陷阱"。但是，精准扶贫最根本的还是对于扶贫主体和贫困主体的助推和改变，一方面改变主体生存发展的主体性能力，另一方面改变贫困主体所处的外在环境和发展条件。从包容性治理视角看待精准扶贫的成效保障，就必须实现精准扶贫的机制包容，也就是说，无论是对于扶贫主体还是贫困主体，都需要包容性机制保障主体包容、利益包容和扶贫机制的包容。本质上看，精准扶贫的二级制包容就是建构能够持续保障扶贫主体和贫困主体形成主动参与扶贫治理的"善治"格局。

由此，精准扶贫中的包容性治理格局建构展示出主体、利益和机制包容的三维视野，主体包容指向政府主体、市场主体、社会主体和贫困主体之间的协同、合作、协商和共赢格局；利益包容展示出非贫困主体与贫困主体、政府主体与市场主体、社会主体与农民主体等之间的利益配置和流动的公平和均衡；机制包容显示出制度建构对于多元主体的利益诉求差异的协调和平衡，从而形成多元主体主动参与的能动性不致弱化。从某种意义上说，精准扶贫行动中的生存性扶贫、发展性扶贫和共享性扶贫，对于不同的扶贫主体和贫困主体，都存在基于身份认同和界定意义上的区别对待，但是这种基于身份差异的扶贫施策区别对待，恰恰显示出包容性治理在精准扶贫实施过程中的本质要求。没有差异就没有包容，没有针对差异性主体的区别施策，也就无所谓包容性治理的运作要求。基于上述认识，本书设计的研究框架如下。

首先，本书介绍选题的来源、国内外研究现状及不足、研究方法和创新点，以及研究假设和理论研究框架。其中本书对研究的核心概念如贫困、精准扶贫和包容性治理的内涵和外延进行分析界定，核心主旨是要展示出精准扶贫的内在逻辑关系，即贫困是因为贫困地区和人口资源缺乏，精准扶贫针对贫困地区资源缺乏的具体情况，实施精准区别对待，最终通过贫困地区和乡村，实施包容性治理方式或模式解决贫困问题。

其次，精准扶贫如何在精准识别扶贫对象层面实现主体之间的包容性治理。治理主要是主体通过协商、协调和合作方式最终实现利益一致的过程，包容性治理是主体通过协商和合作方式实现利益差异性条件下的协调一致过程。在对乡村实施精准扶贫之初，先遭遇到的就是扶贫主体界定和识别的问题。对于贫困村来说，如何识别扶贫对象是扶贫精准施策的关键，问题是在扶贫村中扶贫对象的识别遭遇到诸多具体问题，其中有些村民属于生存性扶贫对象，有些村民属于暂时性贫困的发展性扶贫对象，有些村民已经脱贫但属于脆弱性扶贫对象，有些村民已经完全脱贫但属于贫困村居民。精准扶贫施策主要面临这四种对象，而四种对象之间既存在利益诉求的差异，又存在对象之间的利益矛盾和相应冲突。同时实施扶贫的乡村集体组织和第一书记以及县乡政府，又面临上级政府督导和检查以及考核压力，这种上下级之间的督导和考核不再是直接通过下级干部汇报，而是上级政府直接派人到贫困村现场调查，按照精准扶贫要求、规则和标准逐项对照，这就对乡村自治组织和县乡政府造成较大的压力，而贫困村居民注意到县乡村领导人员面临的考核压力，因此就有了与扶贫施策人员进行利益博弈的机会和条件。但是，县乡村扶贫人员同样依据精准扶贫的具体制度条例，应对村民的利益诉求和行为选择，依照制度规定进行对象识别和扶贫施策，通过召开群众大会讲政策讲利益讲公平等方式，逐渐化解贫困村扶贫对象之间的思想观念和利益差异性带来的冲突局面。

再次，精准扶贫中如何在精准施策方式的选择上实现包容性扶贫治理。精准识别是对扶贫对象的界定划分，然后就依据扶贫对象的类别进行精准扶贫施策和扶贫方式，生存性扶贫对象主要是生存性需求的满足，发展性扶贫对象要求发展性扶贫资源的嵌入满足发展要求。而贫困村的脆弱性村民实际上处于扶贫标准的边界，既可以实施扶贫，又可以在扶贫扶持中被过滤掉。同时，贫困村的脱贫人员要借助于扶贫政策实现发展需求。这些不同利益主体的多元利益诉求为实施扶贫政策的主体提供了扶贫工作的复杂性和多元性。也就是说，既要保证绝对贫困人口的生存性需求，又要保证暂时性贫困人口满足其发展要求，还要照顾贫困村整体性的脱贫利益诉求,这种整体性脱贫要求不仅仅是简单的脱贫,而且要在脱贫致富层面上提出共享的要求,其中主要是民生发展的要求,这同样是贫困村整体性扶贫在成效精准上的主要表现。因为对贫困村用水、道路、排水、垃圾、卫生、教育、休闲等方面,国家都有具体的标准、要求和原则,县、乡、村扶贫主体在协调多元扶贫对象利益诉求冲突方面,采取整体利益与个人利益相协调、长期利益与眼前利益相协调、大会讨论与个别访谈相结合、分户包干与集体负责相结合等方式。最终在扶贫施策方式选择上保持科学论证、主体参与、共同协商和民主表决等方式,实现共享性扶贫的成效精准机制建构。

最后,精准扶贫中如何实现贫困村整体扶贫成效精准的机制包容。整体性扶贫与个别性的分散性扶贫既存在较大差别又存在紧密联系,整体性扶贫既要保证贫困村的全局性收益又要保证个体能够体会到整体性受益,即保证整体性扶贫受益与个体性受益相统一,而不会出现内在冲突。这就存在对贫困村精准扶贫的后期跟踪和持续性评价考核问题,整体性和共享性扶贫成效的保证,需要持续性的政策扶持和长效性资源投入,扶贫在强调对贫困"输血"的同时还要重点突出贫困村"造血"能力的提升,并且这种内生性能力的提升不是短期的,而是长期并且具有持续性的。这就要求扶贫资源嵌入贫困村必须具有各种资源的整合和开发的过程,对贫困村的精准扶贫从市场层面来说是要从根本上改变贫困村在利用和对接外在市场资源中的弱势和边缘化地位,增强贫困村脱贫致富的内生性能力,主要体现在贫困村市场资源的配置和流动中,不能再出现市场资源的"逆向"流动,而是要逐渐保证市场生产要素资源的持续性流入和扎根状态。

从这个意义上看,贫困村要实现扶贫成效的精准,必须在精准扶贫过程中逐渐形成与扶贫村资源特点相符合的相应产业优势,这种产业优势主要是进行市场生产、交易获得市场收益最大化的优势,没有这种优势,只能是贫困村具有保证生存的优势,没有发展的优势。这种贫困村的整体性和共享性扶贫成效精准的治理,就是扶贫机制要具有包容性,即政府作为精准扶贫的主导性主体,如何实现扶贫机制具有包容性。

第二章

身份差异与主体包容

本书选取中原地区的原庄村展开个案分析和研究,之所以选择 X 市的 Y 村(即原庄村)进行分析和作为研究对象,是因为 Y 村是中原地区精准扶贫示范性和先进性以及具有标志性的贫困村,目前已经实现了脱贫致富的扶贫目标。对 Y 村的精准扶贫过程和成效进行分析研究有利于总结精准扶贫的经验和对精准扶贫治理的解读和借鉴,这种分析和研究结论对于中原地区其他贫困村实施和推进精准扶贫治理具有一定的实践价值和理论借鉴价值。

一、贫困村概况介绍

原庄村位于 A 庄乡(河南省 21 个少数民族乡之一,JA 区唯一的回族乡)东部,处于 X、Y、C 市三县(市)交界,距离 X 市西北 25 公里处著名道教圣地"天宝宫"3 公里,地势西高东低,南高北低。紧邻 011 县道(许艾路)和 014 县道(天兴路),518 公交车穿村而过。该村占地约 30 万平方米,辖 8 个村民小组,575 户,2170 口人,耕地 2450 亩;党员 94 名,村组干部 13 人。村民主要经济收入靠粮食种植、外出打工为主,人均纯收入低下,无村办企业、无集体收入、无经济合作组织。特殊群体人口("低保"、"五保"、残疾、因病、因残、空巢老人、留守儿童等)比例大,建档立卡贫困户多达 47 户。

原庄村"两委"共计5人,其中交叉任职3人,监委2人,村组干部共计13人。村"两委"组织领导坚强有力,执行力和公信力较强,全体村组干部团结实干,乐于奉献,愿意为广大村民做好事,办实事,解难事。原庄村省派第一书记:刘××,男,汉族,生于1971年2月,1991年参加工作,中共党员,本科学历,现任××学院校友会办公室主任(兼院长办公室副主任),2015年8月派驻JA区A庄乡原庄村任第一书记。原庄村支部书记:袁××,男,生于1965年12月,高中学历,2004年12月任原庄村主任,2006年5月任原庄村党支部书记。原庄村村主任:袁××,男,汉族,生于1953年11月,高中学历,2015年1月任原庄村村主任。原庄村会计主任:袁××,男,汉族,生于1962年10月,高中学历,复员军人,2006年11月任原庄村会计主任。

原庄村的发展优势主要是全年平均日照时长14.02小时,阳光相对充足,利于温室大棚吸收热能;全乡农业大村、人口大村,土地资源相对富饶,劳动力资源丰富;地理位置处于三个县(市)交界,交通相对便利,商业物流通达快捷;土地集中连片,农田水利设施配套完善,便于流转形成规模,农民有良好的传统种植习惯;村民和睦相处,民风淳朴,有强烈的产业发展、脱贫致富、壮大集体经济愿望;村内有一批种植养殖、档发加工、农机服务等致富能手,并且他们也有带领大家共同致富的意愿。

区位条件:原庄村作为濒临市县郊区的平原村庄,交通条件比较发达,距离城市中心较近,严格意义上可以说属于郊区村庄,之所以成为贫困村并不意味着这个村的村民生活如何贫困,整体上看原庄村居民由于具有离城市较近的特点,大部分精壮劳动力都外出打工,属于兼业小农经营状态。距离城市较近的区位优势决定着原庄村的村民并不是过于封闭的村民,即使存在大量贫困人口也多属于暂时性贫困,当然原庄村还存在大量的持久性贫困人口,这也是地方政府把原庄村界定为贫困村的主要依据。

经济水平:原庄村尽管享有区位优势,但是,整体上村里没有集体经济企业和收入,村里收入来源主要是上级拨款,村里居民也有经营私营商业和企业的人员,但是对村居民带动能力有限,多属于小型的商品流通行业和私营加工行业,主要经济收入来源于外出打零工。近几年由于外部经济处于调整时期，村民多到外省打工，附近城市打工人员有所减少。贫困人口主要是依靠农业经营收入，货币收入不高。有些因没有劳动能力的特困人员，主要依靠乡村"低保"收入维持生活。在实施精准扶贫政策前，原庄村的扶贫主要是为了加强乡村基础设施建设，包括村里道路、乡村学校、路灯建设、休闲场所建设、废水处理和垃圾处理等事项。

乡村权威：原庄村的村双委主要是以村支部书记为主导，原因是村支部书记属于"经济能人"类型，个人致富能力较强，又是转业军人出身，是村里同龄人中较早成为中共党员的人员。转业后开始经营私营企业，主要从事废旧金属材料加工行业。当地邻县有全国三大废旧金属回收加工基地之一的大型企业，村支部书记有着较高的威望和人缘，当然在社会关系资源上也同样有着较一般村民没有的优势。村党支部书记曾任村主任两年，就当选为村党支部书记。作为村里有着特定权威角色和地位的支部书记，对于维系乡村政治秩序起着相当大的作用。这也是保证在该村实施精准扶贫中不致陷入秩序失控的主要保证因素。

原庄村地处平原地带，相对于山区贫困村，原庄村有着较好的交通条件和区位优势。如果说山区贫困村是由于地理位置和资源条件以及文化水平落后导致整体性贫困的话，那么原庄村地处平原地带且交通条件优越，为什么同样会出现贫困呢？河南省在地理条件上整体上分为三种类型，即山地、丘陵和平原，山地和丘陵主要分布在豫西地区，其他如豫北、豫中和豫东地区多是平原地带，而河南山区主要是煤炭、黄金、铝矿、硫矿等矿产资源分布区，这些山区和丘陵地带多是资源型地区，如河南的煤炭资源主要分布在山区丘陵地带，豫东地区主要是永城有丰富的煤炭资源并得到开发。因此，本书选取河南平原地区的原庄村作为研究的个案对象，能够显示出平原地区贫困村的整体性和代表性典型特征。

原庄村所处的 X 市中的 81 个贫困村，都是平原地区的贫困村；同时，X 市对于区内 81 个贫困村的精准扶贫政策实施具有高度的同质性，例如，对于 81 个贫困村的 9269 户贫困户、26610 贫困人口，2016 年精准扶贫已经实现对贫困户的"两不愁、三保障"目标要求。X 市要求，在 2020 年前贫困村实现的扶贫具体目标任务是：道路畅通、饮水安全、电力保障、住房安全、增收产业、教育事业、医疗卫生、公共文化服务、信息化建设。其中，道路要求行政村通四级以上公路和村内通硬化道路；饮水安全要求贫困村普及自来水和安全的饮用水；电力保障要求保障贫困村电力供应和用电安全；住房安全要求贫困村农户有一幢（套）安全住房；增收产业要求贫困村有主导产业，农户有1~2项种植业和其他方面的增收项目；教育要普及义务教育，保障培训紧密衔接就业；医疗卫生是指贫困村要有标准化卫生室，贫困人口享有全面的医疗服务体系；文化公共服务要求普及村级文化设施，有文化室、农家书屋和公共活动场所；信息化建设是指实现贫困村的自然村通宽带，每个村有1名以上有文化、懂信息和能服务的信息部成员。①

政府对于贫困村和贫困人口的扶贫政策都是相同的，尽管存在精准扶贫中对象精准、措施精准、项目精准、资金精准、派人精准、成效精准的具体要求，但是，对于平原地带的贫困村和贫困人口来说，既存在致贫原因的相似性，存在所处地域的趋同性，又存在宏观政策的同质性，还存在精准识别环节、精准施策方式以及激励机制建构方面的诸多趋同性。因此，本书选择原庄村作为个案分析，能够体现出精准扶贫在平原地区贫困村层面上的普遍性和代表性。

二、身份包容：精准识别中多元利益诉求协调

对贫困村的精准扶贫首先是干部下乡宣传政策、厘清贫困农民状况、登记造册和接受上级检查，此时，作为贫困村的居民既有整体性的利益诉求，又存在各自特有的差异性需求，要保证精准扶贫成效实现预期目标，必须在扶贫对象的精准识别层面保证其精准性。贫困村居民各自存在不同的想法，结果是精准扶贫的第一步厘清贫困农民状况就出现了困难。其内在原因就是农民与集体组织之间关系逐渐疏离，相对于村民，集体组织实

---

① 中共X市委 X市人民政府. 关于打赢脱贫攻坚战的实施意见 [N]. 2016-4-21.

际上处于空转状态。乡村政府和集体组织必须按期完成对贫困农民身份识别和信息收集的任务，还要实地检查落实，接受农民访谈，这对于集体组织和乡村干部增加了政策压力，反而加大了农民在政策实施中的参与积极性。

（一）政策认知层面的主体包容

精准扶贫作为国家一项重大政策，在贫困地区和乡村实施之前，地方县、乡和村级干部尽管在学习中共中央文件过程中已经有思想准备，但是，作为一种自上而下面对贫困地区和人口实施精准扶贫的政策体系，基层政府实际上缺乏充分的思想和执行方面准备。政策实施经历宣传发动、制订计划和推进实施的过程。精准扶贫政策体系在实施层面操作时，县乡政府、贫困村自治组织、贫困村居民以及社会市场主体对精准扶贫政策的理解和认知都存在较大差异。当时，对于中央大力推进的精准扶贫政策，干部群众大多认为是国家的贫困地区和贫困人口的福利性帮扶和救助政策措施，对于精准扶贫的政策措施实施力度、广度和深度的认识并不精准。精准扶贫中的各项精准要求和精准执行是在推进精准扶贫行动中逐渐形成了干部和群众对政策的整体认知。

但是，精准扶贫中不同主体的政策认知和动力驱动因素存在较大差异，因为存在以往"漫灌"式和日常行政工作式的扶贫行动，所以在精准扶贫宣传发动和具体实施初期，作为省市级政府扶贫管理部门和人员对于县乡干部的反应是有充分的思想准备的。能够对县乡基层干部扶贫精准起到保证作用的主要是上级部门的督导和考核，并且这种督导和考核要求建立层级台账，保证"零差错"，这种检查考察在精准扶贫第一步精准识别时表现出强大的动员和推进功能。本次全国范围内精准扶贫主要从 2015 年开始推进，主要推进方式是首先向贫困村选派第一书记；其次，对扶贫对象实行精准识别，方式是建档立卡；再次，派出驻村帮扶工作队，从省、市、县各自派出帮扶工作组；最后，上级督查考核、发现问题、进行整改。

X 市的原庄村地处市县郊区，各方面信息流通和交通条件相对较好，作为距离乡政府较近的村庄，原庄村双委干部与乡政府联系相对较为紧密，据原庄村支部书记在访谈时说：

当初俺村成为贫困村，主要是在我当村长后。我本来不是太愿意当这个村长，主要是当时村里发展比较落后，像村道路、各家房子建设、村里环境、垃圾处理……比较随意，没有什么人管。当时村双委干部年纪都大，也不想得罪过多的人。最后乡里推荐我回来选村长，村里人也有些人愿意我回来。我就回来了，回来了就得干点事，为了搞村里基建，就想申个贫困村，不是能得扶贫款吗？现在看这个村不像贫困村，主要是村里建设早在2004年申报贫困村后就投资建设，村里道路建设投资就是用的扶贫款。当时村里要申个贫困村，要的是65%的人口是贫困户，这样为了申报贫困村把不是贫困户的人也拉上了。①

原庄村能够成为贫困村，事实上存在一定的虚报水分，不过，这种虚报是在2004年，不是在精准扶贫时期。当时，无论是县级还是乡级领导对于原庄村申报贫困村还是支持的。作为基层干部来讲，能够通过申报贫困村，并且把扶贫款用到村基础设施建设上也是好事情，也算是为群众办点事。据2016年被派到原庄村的省派第一书记刘书记访谈时说：

原庄村当年申报贫困村时存在运作情况，可以看出村书记比较有本事有能力，现在贫困人口已经建档立卡，不能进也不能随意出，尽管存在大量贫困户脱贫人口已经脱贫，但是省市县要求保证一致。不过贫困户里面有"五保""低保"和一般贫困户，如袁某某这个贫困户实际上是不怎么干活的那一种贫困户。现在街道、学校、路灯、卫生室、下水道和垃圾处理等，都得到扶贫项目和资金扶持，已经大为改观，现在看这个村就不像贫困村。这个村不属于深度贫困，但是，富村依然有贫困户。②

刘书记是该市一所本科高校的正处级党政干部，本地人，对当地情况比较熟悉，作为省派"第一书记"，每年上级政府划拨的办公经费是3万元，高于市级政府委派的"第一书记"经费水平。2015年，原庄村所在的X市选派第一书记和爱心帮扶企业共70个，其中建档贫困村17个，原庄

---

① 原庄村书记访谈记录［N］. 2016 - 08 - 23.
② 原庄村第一书记访谈记录［N］. 2016 - 08 - 29.

村就在其中，软弱涣散村47个，阵地薄弱村6个，驻村帮扶的第一书记和爱心企业坚持"单位知道脱贫、企业帮扶后进、机关带动转化"的总体原则，要求第一书记必须是中共党员，政治素质好，坚决贯彻党的路线方针政策，热爱农村工作；有较强的工作能力，勇于担当，善于做好群众工作，开拓创新意识强；有两年以上工作经历，事业心和责任心强，扎实吃苦，甘于奉献；具有正常履行工作职责的身体条件；第一书记的职责任务是建设基层组织、推动精准扶贫、落实基础制度、办好惠民实事、推进企业爱心帮助。①

原庄村的群众对于精准扶贫政策是如何看待的呢？该村不属于深度贫困村，但在台账上依然是贫困村，2015年精准扶贫工作在该村召开推进会宣传政策后，该村群众无论是富裕户、贫困户，还是特困户都是高兴的，不过还有群众对于精准扶贫政策并没有深入了解。富裕户一般来说要么是外出打工，要么是在外经营小商业或从事其他行业，村里留下的大多是"3861"人群。不过该村的退休老干部对于精准扶贫政策还是给予肯定的，据原来属于村双委的一位村干部在访谈时说：

现在国家政策真是不赖，贫困户享有"低保"，一口人一个月有200元到400元不等，贫困户看病吃药都报销。村道路变化很大，干部也不错，不像过去有些干部霸道粗鲁，打人骂人事件经常见。现在干部群众关系不算事，关系也比过去好，有些干部过去不好现在也没有了。我原来是村干，但我对群众不做亏心事，不强制于人。现在的村干部还是不错，干了点事，撵上扶贫这事，都是好事。群众还有啥说的，有没矛盾呢？矛盾啥时候都有，有些人再扶贫也没用，对有些人扶贫对孩子上学，家里人看病还是有好处。②

在实施精准扶贫政策之前，全国范围的贫困村都有对贫困户的"低保"和农村合作医疗体系，这种惠民和城乡一体化公共服务产品，对农民尤其是贫困村农民生活，都提供了较大支持和帮扶功能。但是，对于村民

---

① 中共JA区县委组织部，JA区扶贫开发领导小组办公室.关于选派第一书记及爱心企业开展驻村帮扶工作实施意见 [N]. 2015-8-28.

② 原庄村村老干部访谈记录 [N]. 2016-03-12.

来说，宏观层面扶贫政策的推进经历一个复杂过程，农民对于扶贫政策的转化和演进，以及扶贫政策内容在细节上并不是过于了解，即使在原庄村开展全村的精准扶贫政策的宣传动员和深入过程，有些村民由于能力素质差异，在政策实施的反应上还是出现多种说法。据对原庄村一个特困户农民的访谈可知，特困户对村干部的意见还是比较大的，在访谈时这位姓袁的特困户说：

我贫困的原因是历史造成的，是村干部在1976年我25岁的时候不让我盖房，并且占有我家20几棵树，最后才在一个水坑里给我批了宅基地，因此，我一直没有结婚。1996年，经人介绍有一个来自四川的流浪姑娘，结过婚，家里还有三个女儿，我和她结合后在1997年生下儿子，随后在1999年这个女人因为想念四川家中女儿，就离开了这个家。我因为要照顾儿子，没办法外出打工。我曾经学习过衣服剪裁缝纫，到湖南专门学习过种植蘑菇技术，没有本钱，中间贷款300元。以后就再也没有贷过款，也没有做过什么经营。儿子没有上过几天学，上小学时经常到网吧玩，我说也没用，儿子没上过学，没文化没技术，也找不到什么好工作。现在只有到工厂里干出力活，一个月2000多元钱，在X市郊区找了女友，女友家里只有一个妈，两口人，村里改建有一套安置房，日子还能过。我现在有的是村里的养老金82元，还有看病，大病有报销。[①]

该村这位特困户把贫困原因归结为村干部行为，实际上显得比较牵强。言谈中显露出来自身贫困原因是干部造成的，现在接受扶贫救助帮扶是应该的。不过，农村特困户一般来说在个人能力和思维方面的能力素质都比较低，对于问题的看法和对自身贫困原因的认识，也不可能非常到位。在平原又是交通比较便利的村庄，青年时期结婚成为问题，这与个人能力和习惯直接关联。而村干部和第一书记对这位特困户评价与他说的存在出入，在访谈时第一书记刘书记曾说"这是不怎么干活的特困户，主要是年龄大了，家里只有两口人的缘故"。问题是贫困村中这类特困户，因为懒惰造成贫困，又因为贫困，而无法对子女加大教育投入力度，造成贫困的恶性循

---

① 原庄村袁姓特困户访谈记录［N］．2017-03-08．

环现象比较普遍。幸运的是这位特困户儿子外出打工，尽管工资收入不高，但是，还算比较稳定。问题是精准扶贫是全方位的扶贫，在对贫困户帮扶结对中，原庄村特困户受到社会层面的诸多救助和扶持，引起了其他非贫困村民的不满。

原庄村的扶贫结对帮扶由第一书记所在的大学承担，从2015年下半年开始，该大学的陈书记、赵院长3次率队到村座谈调研、走访慰问，捐赠价值8万余元的环卫车、农民科普丛书、爱心包裹等，X昌县委书记赵某某、政协主席葛某某等领导一起陪同，"扶贫日"组织师生为村捐款14万余元，这些事迹在当年10月19日，《河南日报》以"××学院精准扶贫见成效"为题予以报道宣传；学校每年拿出20万元，用于村室修缮，安装牌坊、立石、路灯等；购置了电脑、打印机、会议桌椅等设备；捐赠课桌椅650套，床具120套，文件柜30套等；免除在校就读的4名原庄村在校大学生的学费和住宿费。[①] 同时，在精准扶贫推进过程中，这些贫困户受到爱心企业、帮扶人员、帮扶单位等社会层面各种人员和组织的关注，无论是进村检查还是进村访谈等，社会对特困户经常性给予物质救助和扶持。结果是原来处于贫困村边缘地位的特困户，立即"吃香"起来，其他的贫困户和非贫困户，对于扶贫政策的反应，就显示出农村社会的传统底色。

在访谈中，当问及村民对精准扶贫政策认知时，有些同样是贫困户但不是特困户的村民，就显示出对政策的意见。这些贫困村民属于一般贫困，也就是暂时性贫困，不属于没有劳动能力，即因病、因残、因孩子上学等导致的持久性贫困人员。在精准扶贫中，这些人对有些特困户的救助和扶持有意见。在访谈时，有位村民这样说：

我是当兵出身，回来后当了村支部书记，当过民兵队长。家中两个儿子一个女儿。小儿子1980年属猴的，20岁那年，就是2002年因帮人买摩托车，骑摩托车出车祸死亡，碾死人的车辆不见了，我儿子白死了。留下一个孙子，现在16岁了，媳妇走了。大儿子娶了媳妇，两个人在外打工，有一个儿子，今年11岁了。我在小儿子死亡后生气、想念儿子，得过脑中

---

① 原庄村第一书记. A庄乡原庄村驻村帮扶工作主要事迹 [N]. 2017-5-17.

风,近几年患了胃癌,胃被切除了4/5。现在孙子在西安上大专,三年学费全免,只缴书费300元,住宿费800元,他是孤儿,每个月享受补贴700元钱。我原来吃"低保",现在没有吃"低保",主要是与村干部有矛盾,县、乡都知道我的情况,就是村里不让吃"低保"。我还不是贫困户。①

看来这位刘姓贫困户对精准扶贫政策和村干部有意见,这位村民对精准扶贫政策应该是不了解,精准扶贫的前提是精准识别贫困对象,不允许漏掉任何贫困人口,要求"零差错"。X市在推进精准扶贫政策中,首先是保证贫困对象的识别精准,要求实施中"严把标准、程序和方法'三个重要关口',不断更新、补充和完善建档立卡数据信息,适时开展扶贫对象动态管理,确保'应进必进、有进有出、不漏一户、不落一人'"②。并且在精准识别中对于贫困村还经多次上级组织的复查、考核和访谈形式进行评估检测,如果这名村民所说的情况属实,绝不会出现漏掉现象。对于贫困户的身份界定是存在固定标准的,不是说家里有特殊情况者都可以定位贫困户。这位刘姓村民说的情况,最多属于贫困村一般村民中的"脆弱户",即在脱贫条件下可能会因为突发性事件的干扰再次落入贫困户状态。

对于有些村民,原来就不是贫困户,但是2004年原庄村为了申报贫困村强行把这些居民拉入贫困户行列,在进行精准识别过程中没有把这些户纳入贫困救助范围,这些户对于精准扶贫政策同样存在异议,当然,这些户只是单纯表达一下意见,因为这些户没有面临生存危机,最多是面临货币收入压力下的发展危机,从家庭收入来看根本不能算是贫困户。不过,这些户在访谈中同样表达了对精准扶贫政策的疑惑,有村民这样说:

当年申请贫困村时俺们是贫困户,现在精准扶贫了,俺又不是贫困户了。当年为啥把俺拉进贫困户?现在俺们什么都没有得到,为啥就能脱贫了。白当了十几年的贫困户,还不如不要这贫困村的"帽子"哩。③

原庄村村民的郁闷和意见村干部都知道,但是,在物质上也不能对这些叫喊的户和村民给什么补偿。在召开群众大会时只能是耐心解释,晓之

---

① 原庄村刘姓村民访谈记录 [N]. 2017-3-12.
② 王××.X市脱贫攻坚工作推进情况汇报 [N]. 2017-3-28.
③ 原庄村艾姓村民访谈记录 [N]. 2016-11-15.

以理、动之以情解释贫困村申报的缘由和获得的回报,以缓解村民中的不满情绪。据原庄村支部书记在访谈时说:

> 有些村民说俺们是贫困户,没有得到任何救助就脱贫了。我就解释说那时是为了申请贫困村把你们拉进贫困户,上级有规定贫困村贫困人口只有达到65%才算是贫困村。咱们村成了贫困村,就能申请扶贫款,没有扶贫款咋能把村里大路修修,还有村里路灯,刮风天下雨天走路方便,这都是贫困村才有的事。咋能说没有得什么好处,这都是好处。有些村民提意见主要是想成为贫困户,贫困户是有标准的,不是说谁想成贫困户就能成贫困户。现在村里条件好了,脱贫人越来越多,想当贫困户的家也没几户。①

原庄村村"双委"干部都是村党员和村民选举产生的,支部书记从2006年至今一直当选,原庄村的党员有94名,应该说对于人口2170口人的村庄来说,党员人数还是比较多的,这也得力于党支部对党员队伍建设和上级政府的支持。原庄村地理位置优越、村"双委"干部有威信、贫困村带来村里基础设施建设的发展等因素,这些因素实际上也逐渐累积了村"双委",能够树立权威地位的政治资源。在农业税费改革之前,村"双委"的工作业务主要是收缴公粮和计划生育,在税费改革后尤其是城乡计划生育政策放开后,村"双委"的工作业务在没有村集体企业的条件下,主要是推进村里各项事业的发展。在精准扶贫政策推进后,原庄村村"双委"领导班子,在发挥政府主导扶贫引领作用的同时,对于原庄村周边工业企业对村庄经济和收入拉动作用,同样也倾注了心思和精力。那么,对于出身于原庄村在外经营非农产业并小有成就的"家乡人",在精准扶贫政策实施中,他们是如何看待的呢?其中,有位在外经商办厂的原庄村民接受访谈时说:

> 我是原庄村人,在当地经营汽车销售生意,有自己的"4S"店面和场地,资产和营业额也算不少,在村里有点名。对家乡帮扶也是应该的,主要是书记人有责任心。开口容易闭口难,家乡人的面子还是要看的,修路

---

① 原庄村支部书记访谈记录 [N]. 2017-5-12.

我出了点钱,大概也就9万元吧,尽管不多也是我的心意。俺村有几个年轻人在我的店里打工,文化不高,慢慢学吧,年轻人学得快,收入底薪是1500元,加上抽成,干得好一个月能拿到5000元以上,也算有个营生。现在生意也不好干,村里扶贫我帮扶也是应该的,政策是好政策,做起来不是那么容易,听书记说"建档立卡"最复杂,听说弄了好几回才完事。①

这些村民对于精准扶贫的参与程度不深,还有些原庄村周边企业直接参与原庄村的扶贫帮助,有些从事企业经营的人对精准扶贫政策保持积极态度,但是有些也保持消极态度。对精准扶贫保持积极态度的企业经营人员说:

贫困村要永久脱贫需要好的项目,有项目、有资金、有技术、有政策就能干成事,现在是好机会。抓住机会上扶贫项目,由国家政策扶持和资金支持,安排村里人就业,有什么不好?技术不行可以培训,龙头企业带动也是好办法,政府对农业投入也较大,原庄村还有1000多亩地,利用起来,最好办成集体联办企业。村里有收入啥事都好办,没钱光要钱会中?国家有政策,害怕什么?为啥不办企业?②

对精准扶贫态度消极的企业经营人员这样说:

办企业,好项目在哪里?啥是好项目?现在好项目不多,好项目不是说一时挣钱,还要看长远。不能说项目上马这会儿挣钱就是好项目,要看长远。项目上马谁管理?靠村里人管理行吗?项目垮了老百姓会搣人哩!光伏是好项目?我看不一定。种植、养殖是好项目?问一下搞养殖的看看需要多少后期资金?国家过去扶贫投了多少,为啥越是扶贫还是有贫困人口?③

市场中企业经营人员自有其市场经营的思维逻辑,对于精准扶贫参与企业主体没有意见,但是,对于实施产业扶贫开发问题,企业主体对扶贫项目的开发持比较审慎的态度和看法。因为把资金和技术嵌入贫困村实施贫困脱贫开发,对于市场主体来说存在道义责任伦理与市场收益最

---

① 原庄村在外经商袁姓村民访谈记录 [N]. 2017-5-23.
② 原庄村周边企业经营人员马姓经理访谈记录 [N]. 2016-8-29.
③ 原庄村周边企业经营人员周姓经理访谈记录 [N]. 2016-8-30.

大化伦理的张力。作为市场主体主要以获得收益最大化为目标,作为扶贫主体是以实现道义救助帮助责任为指向。因此,企业在对贫困村帮扶救助方面可能是积极的态度,但是对于贫困村有赖于企业进行产业开发带动扶贫脱贫,市场主体比较谨慎。

政府主体、村民主体和企业主体,对精准扶贫政策表现出来认知差异,在省、市政府层面,主要采用针对性较强的多种方式解决;在县、乡政府层面,主要采取推进政策执行和宣传动员方式来对应;对于村"双委"干部来说,只要采取公正的制度性方式推进精准扶贫,群众的意见就会降低到最低程度。精准扶贫在政策认知上出现"众口难调"的"人心不齐"现象,在村"双委"干部看来属于正常的舆情反映。群众意见主要通过层层宣传动员方式解决,不过,对于少数村民闹意见和闹情绪的非理性做法,只依赖思想工作是不能解决问题的。有些村民甚至采取司法和上访方式实现其利益诉求和利益表达,但是总体上并不影响精准扶贫的大局。

在河南省范围内,在精准扶贫的识别环节中,普遍存在政策宣传不足的倾向。2016年,上级扶贫部门在全省范围走村入户的暗访调查中,了解到一些贫困户不清楚自己享有哪些扶贫政策,不清楚贫困退出的标准和程序,某县在落实中央精准扶贫政策时,仅仅停留在文件的转发阶段,未能结合本地实际情况制定具体实施意见和办法,贯彻落实环节滞后。考核中甚至发现,多数贫困县没有严格落实精准识别程序,存在村委会开会讨论在前,贫困户申请在后,程序倒置和贫困户申请书个人代替多人签名等现象,在上级领导入村核查时,遇到连续入户28户有21户不在家的现象。另外,贫困户个人档案和村级档案不同程度存在登记信息不准确、逻辑关系前后矛盾、资料缺失和涂改等问题。例如,某县2016年印制的工作日志,填写的是2015年的帮扶内容;有的贫困村2014年、2015年的扶贫档案资料不全,不能清晰显示"精准识别——精准帮扶——精准脱贫"的完整过程。[①]

实际上,在精准扶贫首要的精准识别环节中,存在地方基层干部对政

---

① X市脱贫攻坚重点问题清单(一)——国家2016年度扶贫成效省际间交叉考核反馈问题[N]. 2017-5.

策吃不透和宣传不够的普遍倾向，其根本原因在于地方基层干部对精准扶贫关注度远远不够。这种情况在原庄村精准识别环节中同样存在。其中，最主要的表现就是在贫困村申报过程中，如果各级政府严格把握政策的实施环节，就不会出现原庄村虚报贫困人口的现象。至于说各种主体对精准扶贫政策理解和认识的差异，集中体现为各种主体都把精准扶贫政策等同于以往"漫灌式"扶贫政策，没有体会到精准扶贫中的"精准"的内涵。但是，无论何种主体，扶贫行动还是具有道义上的优先地位，无论是政府主体还是市场主体；无论是非贫困主体还是贫困主体，对精准扶贫政策认知的差异，并不影响对精准扶贫政策实施的支持倾向。毕竟包容和宽容多是社会先进的和强势群体对于弱势群体表现出来的一种关怀、扶持和救助行为。因此，尽管不同主体对扶贫政策中的扶贫对象存在不同看法，但从理智上和行为上还是倾向于对贫困主体的包容倾向。

（二）身份识别层面的管理包容

精准扶贫的首要环节是要进行对贫困户的精准识别，而精准识别的过程也是扶贫帮扶工作队和工作组驻村摸底调查、登记造册、填表建档、立卡明示的过程。其中驻村进行精准识别和帮扶同步进行，原庄村根据市委市政府要求，对该村的驻村帮扶坚持"单位指导脱贫、企业帮扶后进、机关带动转化"的原则，要求驻村第一书记深入了解民情民意，驻村期间第一书记入户率要达到100%，并要求第一书记在田间地头调研，挨家挨户走访等形式，充分听取党员干部和群众的意见建议，掌握派驻村党组织建设、经济发展、基础设施建设等基本情况，精准识别建档立卡贫困户，摸清群众的真实需求和存在的实际困难，记好民情日记，填好群众意见卡[①]。

贫困人口的识别标准问题，要求在评估贫困户人均年收入等项目情况下进行建档立卡，具体标准是以2014年农民人均纯收入低于2800元为基本依据，综合考虑家庭住房、教育、健康等状况进行精确识别。其他贫困

---

① 河南省驻村第一书记管理办法［N］．2015－12－21．

户主要是从"五保"户以及残疾人、空巢老人、留守儿童、失亲儿童的家庭中选择①。但是,贫困界定识别首先要农户申请,并填写精准识别入户信息调查表。其中,精准识别的农户申请书格式如下:

贫困户申请书

村委会:

我家住在＿＿＿＿组,家庭人口＿＿＿人,其中有劳动能力＿＿＿人,家庭人均纯收入＿＿＿元,因＿＿＿＿＿事项:①因病②因学③因残④因灾⑤缺劳力⑥缺技术⑦缺资本⑧无就业⑨无住房⑩缺水。特申请为贫困户。

申请人(签字)
＿＿＿＿年＿＿月＿＿日

精准识别入户信息调查表内容和类别更加详尽,具体要求是:(1)每户必进,一张普查表,一张信息采集表,要求农户签字按手印;(2)每户一个电话,户主或家庭成员或组长;(3)每户实际种地亩数;(4)有残疾户、残疾人证件收回来,没有残疾证要搞清楚残疾原因;(5)文化程度,是否在校学生,如是在校学生,搞清楚几年级;(6)外出务工人员弄清楚务工地点,企业名称;(7)不在家的户联系上的有几人,谁联系谁代签,待户主回来后重新签名再重新算账②。精准识别入户普查表具体格式如表2.1所示。

表2.1　　　　　　　　　精准识别入户普查表

村＿＿＿＿组　　　　　　　　　　　　　　　　　　　　　　　　单位:元

户主姓名		家庭人口数		家中劳动力人口数		外出务工人数	
农户类别		是否有残疾人		是否贫困户		脱贫年度	

---

① 中共JA区委组织部. 关于组织选派单位党员干部与第一书记派驻村贫困户开展结对帮扶工作的意见 [N]. 2016–1–5.

② 原庄村驻村第一书记驻村日记 [N]. 2015–8–30.

续表

年度收入核查情况	生产经营性收入（种植业、养殖业和其他经营等）		
	打工收入（打零工，外出务工打工收入）		
	财产性收入（房屋租金、存款利息、合作入股分红、太阳能发电等资产性收益分红、土地流转金等）		
	各类补贴（粮食直补、"低保"金、"五保"金、生态补偿金、计划生育补贴等）		
	亲友社会馈赠和捐赠		
	生产经营性支出（种子、化肥、农药、机械租赁、固定资产折旧、幼崽、饲料等成本支出）		
	家庭年纯收入		
	年人均纯收入		
年度刚性支出情况	教育支出	医疗支出	
"两不愁三保障"情况	不愁吃：口粮不愁，主粮细粮有保障		是□ 否□
	不愁穿：年有换季衣服，经常有换洗衣服		是□ 否□
	义务教育：适龄儿童接受九年义务教育，家庭无因贫辍学学生		是□ 否□
	基本医疗：参加新型农村合作医疗和大病保险，大病有救助。		是□ 否□
	住房安全：有自有住房，无危房		是□ 否□
家庭有哪些情况是当地没有注意的			

注：年纯收入=（打工收入+生产经营性收入+各类补贴+亲友社会馈赠和捐赠+子女赡养费+财产性收入）-生产经营性支出；年人均纯收入=年纯收入/家庭人口数；贫困户类型为：一般贫困户、"低保"贫困户、"五保"贫困户。

表2.1是经过多次调整后到2016年才形成的表格，精准扶贫初期乡村干部驻村入户制作的表格，交上去后经常出现不合格现象，这种被上级部门打回返工的现象对驻村入户登记贫困户信息情况的工作人员造成强大的压力，在登记造册和建档立卡后，从中央到地方频繁派工作组下乡逐户访谈、问卷检查，要求贫困村居民对于精准扶贫政策、精准扶贫标准、精准扶贫方式措施、精准扶贫成效有相当深入全面的了解。如果在访谈调查中发现驻村工作队没有推进的情况，全省要进行通报批评，有些情节严重的要作出行政处分。在原庄村2014年建档立卡时，所面临的主要问题，访谈

时村支部书记说：

开始没有模板，没有指导思想，没有培训，连续三次，真是辛苦，每次都是 500~600 本，立档建卡主要是格式不确定。六步：一进、二看、三算、四比、五议、六定。原庄村 2170 口人，540 户，耕地 2400 亩，总贫困户 295 户。一般贫困户有意见，主要是其他贫困户得到东西，如果没有东西就没有矛盾。①

对于贫困村建档立卡开始时面临的标准不统一、格式不明确等带来的基层工作组劳动量过大情况，河南省扶贫办一位处长，对此作出了解释。其主要原因是当时全国范围在精准扶贫开始推进时都没有统一标准，但是，针对的对象范围就是贫困户，各地情况不同制定的标准也不同。对此，这名处长说：

贫困村建档立卡主要是为了保证扶贫对象精准，至于说建档立卡开始时存在的标准不统一、格式不明确和检查较严格现象，主要是因为建档立卡过程就是对贫困村的贫困户精准了解的过程，因为就是在 X 市有些县就存在建档立卡弄虚作假现象，中央和省联合检查组到这个县检查，出现诸多虚假现象。有些贫困村为了应付上级检查考核，用一些干部扮演成农民，结果很快就露了馅，最后对该县领导作出行政处分。建档立卡的信息就是要全面和精准，至于说如何全面精准，那是各地根据实际情况具体操作的事情。按照人均收入计算评定贫困户比较客观，但是也有不客观的地方，如外出打工收入到底是多少，不好说。贫困户主要是针对"五保"户和"低保"户以及一般没有解决生存问题的农户。②

当时贫困村建档立卡之初确实出现县乡村干部应付现象，因为不只是驻村工作队要组织建档立卡，填表造册，主要是要推进"一进、二看、三算、四比、五议、六定"的精准识别过程，"一进"是工作组人员必须进入每一户；"二看"是要看农户家庭的具体生活和收入情况；"三算"是要精确计算农户的家庭收入以及来源和人均年收入水平；"四比"是对农户生活收入状况进行总体比较，划分出贫困线标准；"五议"召开村民大会、

---

① 原庄村支部书记访谈记录［N］. 2016 - 4 - 25.
② 河南省扶贫办张处长访谈记录［N］. 2016 - 6 - 9.

村小组大会、村"双委"会议和扶贫推进会议,然后决定贫困户的数量和户别。最后要对贫困户名单进行公示,对于贫困户公示名单,X 市作出专门规定:(1)初选对象,在农户本人申请的基础上,展开民主评议会,拟定初选名单,在村内进行第一次公示;(2)乡镇审核,乡镇政府对初选名单进行审核,逐户检查,确定扶贫对象名单,经驻村第一书记、包村干部、村主任、村支书、乡镇书记、乡镇长"六签字",在各行政村进行第二次公示;(3)县级复审,县扶贫办复审后在各行政村公告。[①]

登记造册不只是对贫困户状况进行建档立卡,对全体村民农户都要登记造册,因为贫困的进入和退出存在动态管理。即使工作组进入每一户进行摸底调查、访谈,在实际工作中还是出现了诸多问题。据河南省对全省贫困村登记造册和建档立卡状况检查考核时发现问题可以看出,建档立卡工作中要实现对贫困户精准识别,任务还是比较艰巨的。2016 年国家对扶贫成效省际间较差考核反馈的情况显示,X 市对贫困识别与退出准确率考核反馈较低结果,具体反馈情况是:

在问卷满意度 99.26% 的背后,考核组发现了一些反常的情况:有的地方为应对考核,提升满意度,存在临时送米面油和临时填写、涂改扶贫手册现象。甚至有的县停下农普调查工作,动用全县教师突击填写贫困档案。还有干部以走亲戚的名义,蒙头躺在炕上。蹲在墙根底下偷听入户访谈情况或冒充亲属代替回答访谈问题。例如,在某县某村入户过程中,一个年轻的小伙子像个干部,向屋里的老大娘喊"妈",老大娘没应声,脸色也不好看。一会儿进来了一个小姑娘,我们问这是你爸吗?他很尴尬地挤出笑容,没回答。再如,在走访到一个户主为 86 岁老人的贫困户时,扶贫手册该户显示 2015 年底确定为贫困户,2016 年儿子(半智障)享受"低保",标注不是危房,2016 年脱贫。而实际上,儿子在 2016 年去世,"低保"政策取消,住的是危房,老人家在脱贫时只享受到 1 桶油和两袋米。[②]

---

① X 市脱贫攻坚工作领导小组.X 市行业扶贫政策清单[N].2016-2-1.
② 国家 2016 年度扶贫成效省际间交叉考核反馈问题[N].2016-12-31.X 市脱贫攻坚重点问题清单与整改台账[N].2017-5.

针对国家在省际交叉反馈的情况，X 市特别制定《X 市关于严明脱贫攻坚工作纪律强化责任追究暂行办法》，对出现干扰国家扶贫工作的有关单位和人员进行调查，并按照规定严格追责问责，杜绝工作不严不实、弄虚作假现象发生，并在 2016 年 5 月 20 日前已经对出现问题的某县党政领导实行问责，撤销了该县县长和县委书记的职务，当时在省内引起较大关注度和强烈反响。

原庄村在精准扶贫建档立卡阶段还算是比较顺利，因为当时对口帮扶单位是县教育局，第一书记是来自 X 市省管大学的正处级党员干部，对口帮扶企业是当地村庄周边的一个较大的农业合作社，另外，县级层面从教育局、建设局、水利局、农业局、扶贫办等县政府的各个局委都有针对贫困村的对口帮扶事项，由县政府、乡政府和村"双委"以及对口帮扶单位组成建档立卡工作队，由 X 大学对口帮扶原庄村贫困户，该村"五保"特困户共有 66 户，最后对口帮扶的有 47 户，还有 19 户经过甄别转化成"低保"贫困户。第一书记带领村党支部认真组织学习中央及省市县乡支持"三农"及扶贫开发等涉农政策，搞好各类调研（走访群众约 500 余人次），组织村"两委"干部外出学习考察，并结合实际情况起草、撰写、制定了《JA 区 A 庄乡原庄村调研报告》《××学院党员干部开展结对帮扶实施意见》《JA 区 A 庄乡原庄村发展三年规划》《JA 区 A 庄乡原庄村脱贫攻坚工作方案》等。[1]

第一书记驻村后首先抓村治理的制度建设，坚持民主集中制要求，认真落实"三重一大"决策制度，不断深化"四议两公开"工作法，完善并全面落实村"两委"议事规则、党务政务公开等各项民主管理制度。经过党员干部及群众代表充分酝酿和讨论，制定并出台了操作性较强的《原庄村村规民约》，用以规范分田到户、宅基地审批、"低保"户确定等关系群众切身利益的相关事宜。根据原庄村实际情况，搜集各类意见和建议，又起草制定《原庄村村民自治章程》。各项决策和界定增加民主性和公开性，尤其是在对贫困精准识别方面，人均年收入和家庭状况属于必须精准的事

---

[1] 原庄村第一书记. A 庄乡原庄村驻村帮扶工作主要事迹 [N]. 2016 – 5 – 31.

项，进户访谈有记录，观察贫困户生活状况，主要围绕"两不愁和三保障"展开考察，比较贫困户与其他群众情况，有没有生活家用电器，有没有住危房现象，有没有重症病号，有没有稳定的货币收入，有没有劳动力等。最后经过召开群众大会集体讨论，表决通过后再张榜公示。"五保"特困户一般来说比较容易界定，"低保"贫困户也比较容易界定，但是一般贫困户不容易界定。其中主要是外出劳动力年收入不容易准确界定，对于界定识别一般贫困户，在访谈时第一书记说：

是否贫困户，一进户调查就能观察大概，比如说房子是否是新建的住房，有没有家用电器，孩子多少，老人如何，劳动力有几个，还是有几种类型，比如说一家5口人，只有一个劳动力，两个孩子上学，家中还有两个老人，主要是能挣钱的劳动力不是太能干。一看家里比较穷，房子也是旧房子，再问下收入，实际上没有固定收入，主要原因是劳动力没有正经干活行当，也就是就业不稳定，收入就不稳定。两个孩子上学尽管是义务教育不缴费，但是家庭收入不稳定，收入有限，没有达到贫困县要求的人均年收入2800元（现在是3026元）的标准，这就是一般贫困户。[①]

原庄村的贫困户界定是工作组人员逐户进行调查访谈，结合村小组干部和村"双委"干部以及广大党员，该村有些党员常年外出打工，但是，在精准扶贫建档立卡阶段，村"双委"还是尽可能要求临近的外出打工党员回村参加党员大会并推进建档立卡工作。因为建档立卡是精准扶贫的首要环节，县教育局又是对口帮扶责任单位，教育局就把建档立卡任务交给原庄村所在乡的教育办，教育办把原庄村建档立卡任务，交给乡（镇）中小学，中小学校长和有些教师抽调出来，专职推进贫困户建档立卡工作。当然，被抽调的教师和校长教育教学任务由其他教师代理，在2014年建档立卡时期，时间紧、任务重，上级要检查考核和追究责任，一段时间内，从县委到各局委，从乡到村干部，心理上都比较紧张。为了保证建档立卡工作顺利开展，乡里专门派出督导组，对各个贫困村进行督导检查，乡教育办针对该乡的10个贫困村，划片包干、责任到人、分小组进村入户、统

---

① 原庄村第一书记访谈记录［N］. 2016-9-30.

一检查填表造册、经费由各校自理。教育办也专门成立督查巡视领导小组，责任到人，以村为单位包干包任务包质量，工作在村、吃住在村、访谈在村、造表在村，要求保质保量完成任务。有位参加登记造册的教师在访谈时说：

村里原来只有一台电脑，不够用，增加到四台还是不够用，只能自己自带电脑。每天从早忙到黑，夏天农户家没有空调电气，热死人，但还得猛干。造一次表不合格，到邻村取经都一样，折腾过来折腾过去，两次造的表都不合格。还有的收入根本无法确定，说是在外打工，一问年收入多少钱，男人不在家，妇女们一会说是1万多元，一会又说是8000多元，到底是多少，说不清楚。问她们去年年收入多少，糊里糊涂说不清。最后按照表格逐项对照，说出来的数字还是不准确，有些数据是根据年消费数据计算的，比如种植几亩地，年产量多少？打工多少？土地流转年收入多少？各类补贴多少？农业投入多少？孩子上学费用多少？病人住院吃药报销多少？自身掏了多少钱？每户都得问半天，最后还不一定准确，还得与其他邻居村民相互比照，村小组干部一般对各家了解得比较多，表格主要是要经过村小组和本村党员审查核准。①

登记造册和建档立卡可以入户调查，逐户界定鉴别，但是，有的农户在建档立卡时，没有当上贫困户，看到对口帮扶单位和人员对特困户和"低保"户送这送那，油米面、方便面、水果和货币馈赠等情况，感觉到当贫困户还是有光占不吃亏，于是便竭力要当贫困户。没有当上贫困户，就到村里向村"双委"干部要求当，村"双委"只能是讲道理以理服人。问题是这些要当贫困户的农户诉求意志还比较强烈，似乎是抓住了精准扶贫工作队要接受上级检查的"软肋"，潜台词似乎是"如果不让我当贫困户，我就在上级组织检查考核时再说"。对此，村干部只能是借助驻村工作组耐心说服开导，甚至逐项计算该户的人均年收入。有的户意志坚决根本不听，最后的办法就是把这些争议户放到群众大会上以村小组为单位进行评议。

---

① 参加建档立卡教师刘某某访谈记录［N］．2016－7－13．

其中,有一户共 5 口人,一个儿子成家后结婚生了两个孩子,还有两位老人,但是这家儿子在外打工,有摩托车,家中也有新盖的房子共四间,如果说困难必有其困难之处。但是,说到贫困上也不能算是贫困,当时在召开群众大会上,有群众就说:

你家有人在外打工,年收入至少 3 万元,每个人一年就是 6000 元,就是每年收入 2 万元,1 口人也得 4000 元,你家 1 口人超过 3000 元收入,咋能说是贫困户呢?你说今年有人住院花了 25000 元,还有报销呢?还有两老人的养老金呢?地里打的粮食算不算?你家前年土地流转出去一亩多,每年还有 1000 多元钱呢?咋能说是贫困呢?①

还有想当贫困的农户,据原庄村民说:

还有一家盖了两层楼,家里两个儿子,没有说媳妇。这家的女掌柜是高中毕业,能说会道,四街邻居都骂遍,没人敢惹,也没有人搭理。这家叫喊着要当贫困户,专门找下乡干部谈,结果是没法给他贫困户。贫困户要开会评选,算一算打工收入、土地收入和副业收入,就知道谁是贫困户。

还有一家女的死了丈夫,家里两个儿子,外出打工,这个女的在家没有人管,要求当贫困户。最后算一算收入,这个女的不能当贫困户。

原庄村是"三不管"地带,村里民风强悍,历来好打架。2012 年有人竞选村长和书记,最后,群众没有选他们当干部。干部要有威信和能力,只有一方面不行。对这些户实在是没有太多办法,我就说:我要不是干部比你会撒人,我参加过民兵,就是打架也不一定吃亏,你也不要逞凶,玩粗的我也会。②

召开群众大会实行公议评选贫困户,一般情况下群众之间比较了解,作为村小组组长和村"双委"干部都参加群众大会,干部和党员对本村群众各家的情况相对比较了解,有些群众即使想争一下,因为确实不符合贫困户标准,在群众会上得不到其他人支持,也就放弃争的想法。但是,也有非常特殊的情况,这种情况的贫困,不是由于缺乏劳动力,也不是说不能外出挣钱,而是户主家庭生活习惯和处事方式与他人不一样,据原庄村

---

① 原庄村支部书记访谈记录 [N]. 2016 - 10 - 12.
② 原庄村妇女干部王某某访谈记录 [N]. 2017 - 7 - 19.

支部书记谈到一家贫困户，就非常特殊：

有一个贫困户，整天什么也不干。家里一个女儿两个儿子，女儿成家了，两个儿子没有说媳妇。主要是家里人太懒，什么都不干，坐吃山空。房子漏雨失修，家里什么也没有，但是，名誉坏了，没有人搭理他，儿子也说不下媳妇。这个家庭被定位一般贫困户，主要是家里人什么都不干，懒惰造成的贫困。这种贫穷是懒惰导致的贫穷。有智吃智、有力使力，这家人什么都不做，就靠家里的农田度日。也不出去打工，定位贫困户，其他群众有意见，但是也没办法。这次扶贫给他家修了房子，还不敢让别人知道，别人知道有意见。①

原庄村登记造册和建档立卡，经过三次返工，最后终于通过上级验收。到2016年6月，据第一书记讲：

"我们共计填写《精准识别入户普查表》524份，《2016年度贫困户信息采集表》297户、959人和《精准扶贫明白卡》297户、959人，且均为一式两份。经本次普查识别、规范档卡后，现有贫困户31户62人（含2016年未脱贫27户，本次新识别2户，返贫2户）。因病因残26户，占比84%，因学或其他5户，占比16%；一般贫困户13户，占比42%，'低保'和'五保'户各9户，占比29%。2016年6月建党95周年，原庄村被授予了'X市党建200强村（社区）'奖牌。"②

精准扶贫首要环节，就是对贫困对象识别要精准，在精准识别过程中存在两个关键因素：一是必须对贫困户家庭收入和人均收入精确量化；二是必须对精准识别的贫困户，通过召开群众大会公议审查和张榜公示。群众公议与量化评审是完成精准识别环节的决定性因素。通过驻村工作组和责任对口单位驻村入户、访谈造表和公议评审等环节，一般情况下不会出现虚报和漏报现象。

对于贫困人口的精准识别，X市委市政府作出专门规定："在农村'低保'和扶贫对象认定时，中央确定的人才居民基本养老保险金暂不计入家庭收入。国家有关政策规定享受的荣誉津贴、抚恤补助、优待金和在

---

① 原庄村党支部书记访谈记录［N］. 2017 - 6 - 9.
② 原庄村第一书记. 党委会扶贫工作汇报材料［N］. 2016 - 6 - 7.

校生获得的生活津贴、困难补助不计入农村'低保'申请家庭收入范围。"在动态管理层面，规定指出："健全信息公开机制，乡镇政府（街道办事处）要将农村'低保'和扶贫开发情况纳入政府信息公开范围，将建档立卡贫困人口和农村'低保'对象、特困人员名单在其居住地公示，接受社会和群众监督。"①

贫困是长期积累的过程，脱贫同样需要长期帮扶的过程，问题是贫困户在脱贫后，同样会出现因突发因素再次落入贫困的状态。尤其是在贫困边缘徘徊的农户，随时因为其脆弱性因素，会再次落入贫困。因此，对贫困户建构帮扶体系和脱贫保障体系最为关键。不过，在贫困识别中，工作组消除和弱化不同类型群众的利益诉求方面还是比较有效的，原因是贫困户的界定识别，有着特定的数量指标；另外，贫困户的界定识别，需要群众大会集体公议通过。

但是，X市在精准扶贫识别中还是出现诸多漏洞：首先，贫困人口识别不够精准，具体表现在一些符合条件的贫困户，没有纳入建档立卡范围，存在错评、漏评以及人为拆户、分户现象，错评率较高的有两个县市，漏评率较高的就有 JA 区和其他一个县（市）。其次，贫困识别程序不规范，如古桥镇、花石乡、郭连乡存在识别程序不规范、不严格的问题。还有和尚桥镇、张藩镇、陶城镇、方山镇、麦岭镇存在贫困户对识别工作不满意的现象。再次，贫困档案不准确，主要是郭联镇、陈曹乡、南坞镇存在户口登记人口与家庭实际人口不符合现象；灵井镇、王洛镇、石困镇、只乐镇、浅井镇，存在贫困户档案和村级档案存在漏评和错评现象。②

根据 X 市脱贫工作成效考核反馈问题，原庄村不存在上述问题。实际上，原庄村在申报贫困村时就存在虚报现象，不过，在精准识别中，认真进行对贫困人口的识别和建档立卡，没有出现错评和漏评现象。其主要原因是在申报贫困村时，大量贫困人口都不是真正的贫困人口，在精准识别

---

① X市民政局、扶贫办、市委农办、市财政局、国家统计局许昌调查队、市残联. X市农村最低生活保障制度与扶贫开发政策有效衔接实施方案（征求意见稿）[N]. 2017-1-23.

② X市脱贫攻坚重点问题清单与整改台账（四）——X 市 2016 年脱贫工作成效考核反馈问题 [N]. 2017-5.

时，这类人口很显然要被排除在外。问题是这些登记造册的贫困人口，在登记造册和建档立卡时被排除在贫困人口之外，这类人口必定会对村"双委"干部有意见。而原庄村村"双委"的干部，在村里是具有权威角色和地位的干部，对于这类非贫困人口的意见，一方面，村"双委"干部能够做工作，保证这些人不再提意见；另一方面，政策规定这些"贫困人口"虽然脱贫，但是不脱政策，依然享有贫困人口的扶贫政策待遇。这种处理措施既能体现出政府对"贫困村"识别的包容，又能体现出村"双委"的干部对于村民的包容，还能体现出在贫困村里非贫困人口和已经脱贫的贫困人口，对于真正的贫困人口的包容。

（三）登记造册层面的行为包容

精准扶贫政策的全面推进对于贫困村居民思想和心理上的冲击比较大，以往贫困村申请扶贫项目资金始终给贫困村造成的印象是利益索取，但是，精准扶贫政策全社会动员参与到贫困村脱贫运动中，贫困村从村"双委"组织到贫困居民，似乎一夜之间有了利益归属感。尤其是随着对口帮扶单位的驻村入户、第一书记的派驻进村、扶贫资源的持续嵌入、贫困户对象地位关注度的提升、干部工作作风上的无限热忱、贫困户接受帮扶救助满含热泪、上级领导核查对干部的处分力度等。这种精准扶贫政策体系的执行力度，在贫困村从干部到村民心理上都留下了深刻的印记。

在扶贫资源缺失时，扶助贫困主要是政府和干部的事情，当精准扶贫对贫困村带来大量扶贫资源时，使贫困村从干部到群众、从思想认知到行为选择，都出现了反弹和异化。原庄村作为贫困村，原有的治理格局和治理关系必然受到一定的冲击。这种内在利益诉求差异带来的行为差异，对治理关系和体系造成的冲击，往往是具体到令人出乎意料的实务中，有时候甚至难以区分。但是，总体来说，这些村民治理主体行为的差异和分化，主要与精准扶贫政策推进直接关联。

首先是原庄村的换届选举工作出现的村民冲突。2014年，原庄村作为贫困村开始推进建档立卡前，村委会面临换届选举。当时，作为贫困村，

"村民主要经济收入靠粮食种植、外出打工为主,人均纯收入低下,无村办企业、无集体收入,无经济合作组织。特殊群体人口('低保'、'五保'、残疾、因病、因残、空巢老人、留守儿童等)比例大,建档立卡贫困户多达47户。"① 村干部对村里管理主要是承接乡政府的事务性工作,没有集体收入,经费依靠乡政府划拨,当村干部除了在村里能够积累一定人望以外好像并没有什么实际收益。但是,从2014年精准扶贫政策开始介入贫困村后,原庄村的政治生态和关系原有态势被逐渐打破。2014年底进行换届选举时,出现竞选现象,竞选本来是正常现象,但是,因为存在精准扶贫政策,争当村干部的人选猛增。因为本村党员人数相对于其他村庄来说比例还是比较高的,全村党员总数到2017年共计94名党员。村干部和村委会成员选举采取的是普选制,原庄村人口是2170口人,540户,分为5个生产小组,每个小组有108户左右,人口每小组有400多口人。

原庄村属于回汉民族杂居村庄,距离乡政府很近,位于城市郊区,民主意识方面不是贫困山区居民能够相比的。选举村干部主要看候选人的能力、人品、人望以及与乡村居民的黏合度,黏合度不足,即使有能力和人望的人,在选举中也可能失去村民支持。而候选人与村民的黏合度主要是乡村集体事务的参与度和认同度。候选人的人品、能力和黏合度,在村民心中实际上都有评价标准和对象识别。

作为回、汉民族杂居村庄,回、汉之间的民族界限也不是太明显,当然,还是存在生活习俗上的明显区别。因此,在村委会选举中,就出现回汉民族之间候选人分属的态势。为什么出现回、汉都出一个候选人情况?表面上看属于正常态势,实际上是与扶贫政策推进直接相关。据原庄村回民在接受访谈时讲:

两民族就是生活习惯上可能不一样。选举的事记得不大清啦。大概有几个候选人,有村长和副村长候选人。主要是看票。有些能干的人想当村长,有些人不想当。如今村里热闹了,干部来得不少,还到每家问这问那,恐怕每人都想当村长?②

---

① JA区A庄乡原庄村基本情况 [N]. 2016 - 10 - 26.
② 原庄村艾姓回民访谈记录 [N]. 2017 - 8 - 12.

对于原庄村当年的选举，从这个回民居民访谈来看，主要是"能人"的事情，对于居民来说，并不是多么紧要的事情。原庄村作为贫困村，实际上当村干部主要是事务性的工作，没有集体资源作为支撑，也不可能在村务上有什么作为。作为原庄的村支部书记有自己的企业和收入来源，在村里属于"经济能人"，访谈时他对当时的选举还是记忆犹新。支部书记说：

这地方原是县乡村交界，民风彪悍，打架违法事情也比较多。上任村长还被村民打了一顿，想一想实在划不来，但村主任总得有人干。现在村"双委"提倡交叉任职，"双委"班子总共5个人，基本上除书记和村主任外，都是交叉任职，这样也好。群众对干部认识上还算稳定，前年村委换届有竞争，但是还是村"双委"老班子人员当选。他们不知道当干部不好当。①

现在村主任，1953年生人，是本村老住户居民，在当村主任前已经是村支部委员和支部副书记，当然与村支部书记原来配合不错，年纪比现任书记大十几岁，不属于同龄人。在接受访谈时，他说了当村主任的原因：

俺村过去没人当村长，我是党员，转业回来就进村"双委"，当时选举村支部班子支持我，原来村主任年纪大也不想干了，我是村长还兼着村小组组长，小组也支持我当村长。我呀，最后硬是选上了，选上了我就干吧。村里人都知根知底，本村现在还是好多了，年轻人想干村长，村民还不大放心咧。公事公办，人情那，不能说没有，但得看过去眼。我当过兵，是特种兵，打架我不怕。现在年轻人谁打架？想打架也不会找我打，都知道我会两下。②

从原庄村村委会换届选举来看，乡村干部的选举结果与能都竖起"权威"相关联，村支部书记是"经济能人"，村主任是"武林高手"，并且是多年党员和支部委员（副书记）。这就在长时间内形成了相对稳定的身份认知和干部角色认同。村主任曾作为支部书记的助手，从贫困村申报以来应该说两人配合比较默契。据第一书记在工作报告中说：

---

① 原庄村艾姓回民访谈记录［N］. 2016-12-21.
② 原庄村村主任访谈记录. 2016-7-25.

村"两委"共计5人,其中交叉任职3人,监委2人,村组干部共计13人。村"两委"组织领导坚强有力,执行力和公信力较强,全体村组干部团结实干,乐于奉献,愿意为广大村民做好事,办实事,解难事。特别是每年2次的"禁烧"值班、其他中心工作及10月至12月修路期间的50多天,村组干部所付出的艰辛、努力,承受的压力和委屈,让绝大多数党员群众信服和称赞,这些都为今后做好各项村务工作奠定了基础(为了修路,我们共计拆除占压规划道路的各类建筑、障碍38处,没有支付1分钱的赔偿,靠的是耐心细致的思想工作和乡村干部齐动手、共上阵的无私奉献精神)。①

这就显示出村"双委"领导成员之间的团结,对于维系乡村治理秩序时关键因素,乡村治理需要的权威是集体组织的权威,当然也存在个人权威。对于原庄村来说,贫困村需要经济开发带动村经济发展提高收入,"经济能人"参与是必要的;但是,原庄村又是民风彪悍的村庄,村主任人选要看威望和权威,无疑,原庄村的村"双委"班子配备是符合原庄现实村情的选择。这种治理格局即使村领导班子面对竞争和挑战,同样能够获得村民的认同和支持。

其次,"低保"户与贫困户的冲突。农村"低保"户是对农村贫困居民提供最低生活保障的农户,农村贫困户是生活水准低于社会所能接受的生活水准的农户。"低保"户与贫困户在现实中呈现交叉状态。在精准扶贫前既有贫困村又有贫困户,对于"五保"贫困户政府具有政策救助和扶持措施,对于农村"低保"户一般是提供最低生活保障费用。但是,在精准扶贫中有具体的人均生活收入标准。原庄村2014年定的贫困线是2800元人/年,到2016年河南省全省调整贫困线收入水平,定位人均每年低于3026元者就为贫困户。其内在原因是贫困线水准定得低,会出现一些漏掉登记造册和建档立卡的实际贫困户。在精准识别中由于存在具体的人均收入标准和各种具体要求,贫困人口是动态的,问题是有些"低保"户与贫困户交叉,在精准识别中最主要的矛盾是以往的"低保"户不再是贫困

---

① 原庄村第一书记. 怀真情、用真力、使真劲做好第一书记 [N]. 2016-10-26;JA区A庄乡原庄村基本情况 [N]. 2016-1-25.

户，并且经过精准识别，"低保"户的数量明显减少了。其中原因主要是以往农村选择和评定"低保"人口的标准并不明确。对于"低保"户与贫困户交叉的情况，原庄村第一书记说：

> 过去贫困村"低保"户数量相对较多，因为尽管有定"低保"户的标准，但是，"低保"人口数量主要是县级民政部门审批，各村的"低保"人数每年都有变动。村民之间也以能否吃上"低保"相互攀比。有些村民确实不该吃"低保"的吃了，有些该吃"低保"的没吃，过去存在一定的混乱。但吃"低保"的都有理由，不过，"低保"能吃不能吃的界限不是那么严格。现在不同了，贫困户分类有"五保"贫困户、"低保"贫困户和一般贫困户，贫困户不一定要吃"低保"，但是属于贫困户享有扶贫待遇。毕竟吃"低保"相对于一般贫困户，要多得"低保"一份，因此，"低保"被取消的农户就不愿意了。①

有真切体验的是原庄村民，吃"低保"的村民现在一般都是贫困户，没吃"低保"的也可能是贫困户，原庄村在精准扶贫弄实施后"低保"户又是如何界定识别的呢？"低保"户、五保户与一般贫困户之间的本质区别是什么？在精准识别中又是如何进行界定的呢？对此，原庄村村"双委"班子成员是这样说的：

> 过去"五保"户和"低保"户都叫"低保"户，现在"五保"户政府全包了，吃不吃"低保"关系不大。有病、生活、孩子上学都全包，吃不吃"低保"没啥区别。现在"低保"户是贫困户里面的长期有病、负担过重的户，现在"低保"户必须经过群众公议评审，群众同意你吃"低保"才可以吃，但群众也不能无原则乱推荐。单靠群众推荐"低保"户数也会多，"低保"户必须是贫困户，同时家中还有确实需要吃"低保"的人，比如说老年人、因离婚的单亲家庭、残疾人等。一般贫困户主要是看收入的，这些群众都知道才行。不能随便定，吃着"低保"还有养老金，先例规定60岁以上都有养老补贴，每个月82元钱。②

原庄村村民对于贫困户"低保"待遇的看法，与村干部完全不同，从

---

① 原庄村第一书记访谈记录［N］. 2016-11-24.
② 原庄村双委班子成员座谈记录［N］. 2017-8-18.

村民访谈中，能够感觉到村民对于原庄村"低保"指标分配不满意，至少是部分村民不满意。村民的具体年收入，在原庄村基本合每口人一亩地，分为夏秋两季收成，作为北方地区夏季一般是小麦，秋季一般是玉米、红薯、大豆、花生等。现在每亩地小麦产量基本上是 1000 斤以上，玉米每亩收成在 1200 斤，红薯每亩地在 2000 斤以上，应该说粮食都能维持生存的需求。问题是即使存在留守儿童家庭，在家庭收入层面有人在外长期打工，年收入在家庭人均层面都能超过 3026 元的贫困线标准。在中原地带贫困地区与贫困人口相互伴生，原庄村当年申报贫困村成功，主要是村支部书记为了得到扶贫款改造村里基础设施，而不是这个村真正贫困。因此，在访谈村民时，有个村民这样说"低保"的事情：

"低保"分给谁，说是群众评的，群众都不知道。谁申请才能有，不是谁申请就可以吃"低保"。主要是干部让谁吃谁就吃，"低保"很难说，现在村里吃"低保"的有几十户吧，原来吃"低保"的人多，全村有 100 多户吃"低保"。年年申请年年变，有的吃着吃着就没有了，有的年年吃"低保"。①

从对村民访谈看来，原庄村"低保"人口在精准扶贫后还是有变化，就是吃"低保"的人口少了。贫困户也不一定吃上"低保"，那就意味着吃"低保"人口都属于贫困户，"五保"户肯定吃"低保"，"低保"户属于贫困户中的第二类，一般贫困户不吃"低保"，但是属于贫困户。可见，在精准扶贫后农村"低保"人口和数量，主要针对特困户和没有劳动能力的贫困户。

当时，原庄村申报贫困村时，全村贫困户 295 户，但是 2014 年原庄村建档立卡时贫困户变成 66 户，其中对口帮扶的贫困户 47 户，因为在 2015 年的扶贫，到 2016 年有 19 户已经完全脱贫了。从这种数字来看，2014 年原庄村作为贫困村进行精准扶贫时已经不属于贫困村的范围和对象了。其主要原因就是从 2004 年该村就成为贫困村，村"双委"多次申请扶贫项目和资金，对村里基础设施和各方面投入力度加大，农民生活已经得到较大改善。作为 540 户居民的贫困村，在实施精准扶贫建档立卡时只有 66 户居

---

① 原庄村村民访谈记录［N］. 2017 - 4 - 17.

民，这个贫困比例应该说是相当小的。

不过，即使不是贫困村，村里的贫困户同样是精准扶贫的救助帮扶对象，这一点原庄村并没有在精准扶贫中扩大扶贫帮扶的范围。对于贫困户与"低保"户以及村民与干部关系的认知上，原庄村存在一定的差异和矛盾。但是，因为贫困人口和"低保"户数量有限，这种矛盾可以控制在一定范围之内，单纯通过群众会议的公议评审就能缓解有些村民的不满情绪。

再次，对口帮扶对象之间的角色和职能冲突。原庄村由市委和市政府确定的对口帮扶单位有四家，即×大学、X市委党校、JA区教育局、X民政局。大学主要帮扶原庄村的特困户，市委党校主要对口帮扶"低保"贫困户，教育局主要帮扶一般贫困户和教育发展，民政局主要帮扶贫困村产业发展。但是在对口帮扶中，帮扶主体主要对特困户表现出特殊关注，这也是正常现象。问题是特困户作为主要帮扶对象受到社会扶贫高度关注，其他贫困户就感到受到忽视。

当然，帮扶的对象实行各部门对户帮扶。教育局把对口帮扶任务交给原庄村所在乡的中小学，而中小学校长就直接成为帮扶的责任主体；大学把对口帮扶任务交给各个院系，每个院系针对一个贫困户展开帮扶，其他单位大都如此。民政局帮扶是全体贫困村，主要扶持贫困村产业带动，实际上产业带动需要资金和技术设备投入，整体上，就是产业项目拉动贫困人口收入提高。单位帮扶落实责任到具体的个人，这就对帮扶者形成较大压力。例如，教育局把帮扶任务交给一个县城小学校长，这位小学校长就非常郁闷，在访谈时小学校长说：

> 扶贫本来是政府和企业的事情，现在变成个人的事情，我校要帮扶原庄村，我是校长不能拿学校办公经费帮扶，我校办公经费每年只有6万元，是小学，就是中学也不能用办公费帮扶。只能是自己拿钱，上级要检查帮扶对象，直接找贫困户访谈问卷，我只有每次自己掏钱帮扶，我的工资每个月是4700块钱，包括"三金"和收入税，还能剩余多少。这完全是个人负担，与扶贫有什么关系。贫困户也没有扶起来，我倒是先"倒下"了。[1]

---

[1] A庄乡一名小学校长访谈记录 [N]. 2017-6-14.

在县城小学当校长的收入,也就相当于大学讲师的收入,大学讲师如果没有课酬和科研奖励等,工资收入也就是4000多元。这名小学教师的访谈显示出精准扶贫政策实施中对口帮扶的错位和偏差。但是,对于单位来说,一般是通过单位掌控的资源进行帮扶,如×大学对原庄村特困户的帮扶对口,力度就比较大,因为大学经费比较充分,发动教师捐助同样也有条件。同时,大学承载着社会服务的角色和职能,这就意味着大学对口帮扶不会像小学校长帮扶那样困难重重。原庄村来自 X 市大学的帮扶力度较大,主要是针对特困户,第一书记在2016年总结报告中说:

我校安排部署55个基层党组织(校内所有职能部门和二级院系)对准47家贫困户(前期确定的66家),采用"一对一"或"一对多"等形式结对帮扶。一般采取"四必访"制度,即麦忙、秋收、入冬、春节4个时间段。必须到村入户访谈。截至目前,大部分单位到贫困户家中3~4次,有的甚至多达6~7次,给他们送去了米面油、棉衣、被褥等慰问品(价值大约6万元)和组织的关怀温暖,为他们点燃了对美好生活的向往和改变贫困面貌的信心。按照"一村一策一单位,一户一法一干部"要求,他们掌握了每户基本情况,制定了切实有效的结对帮扶计划。截至2016年11月,建档立卡贫困户脱贫摘帽30家、81人,2017年底,剩余17户全部脱贫摘帽,共39人。

学校拨付的20万元/年的专项扶贫资金,我们为村室二层楼搭建了彩钢瓦屋顶、四周墙壁重新粉刷修整、更换了新型铁艺大门、修建了"为人民服务"迎面墙、加装了走廊楼梯不锈钢护栏、修缮改造了厕所、村南口安装铁艺牌坊、村西门吊装立石、增添架设部分路灯、村室大门口地面修补等小型工程,下一步我们准备把每座桥加装安全护栏、主干道栽种行道树、合理修建垃圾池等,治理"脏乱差",美化村容村貌。继去年我们为村里添置、捐赠电脑、打印机、会议桌椅、床具、课桌椅、文件柜等,近期还准备捐赠500余座连排椅,用以改善乡村办公、办学条件。①

对特困户的帮扶采用最大的就是送钱送物的方式,主要是以各级单位

---

① 原庄村第一书记. 怀真情、用真力、使真劲做好第一书记[N]. 2017-1-12.

组织集体行动的方式，所用的钱和物都是使用的公款，这就是单位对口帮扶的主要表现形式。问题是在帮扶中会出现单位领导意见不一致的现象，甚至出现言语分歧和冲突，×学院一个基层二级学院党总支书记与二级学院院长就在现场因帮扶问题产生了分歧。据随行人员后来说：

> 来到贫困户家中，家里确实困难，有一个老年人，属于鳏寡人员，屋子还是土坯瓦房，没有什么现代电气，用"家徒四壁"完全可以说得过去。当时送给这家特困户一壶油、一袋米、一箱火腿肠和一箱纯牛奶，应该说拿的东西不少。谈话间总支书记拿出300元钱交给贫困户，贫困户略作推辞就接受了。但是，院长说"我们的经费有限"，话语中表示不同意送钱的口气。总支书记当即说"我用的是自己的钱，不是单位公家的钱，这是我自己的心意，与单位没有关系"，书记话语中显得有些愠怒和不满情绪非常明显。不知道最后怎么解决了，事情就是这样。①

其他单位帮扶对口的形式多是赠送贫困户物资，这种帮扶方式对于贫困户来说无疑是一种福利，但对于其他村民来说，这种对口帮扶好像是"奖励落后"，这种帮扶完全是一种对贫困户的"输血"扶贫行动，并不能起到真正的帮扶扶贫效能。在扶贫攻坚阶段可以这样连续帮扶，每年至少四次帮扶活动，但是，这种帮扶活动对于贫困户的"造血"能力提升有何意义呢？当然对口进行物质福利性帮扶的主要是针对特困户，即没有劳动能力的"五保"户贫困户。问题是这种把扶贫对口帮扶任务完全嫁接给单位，在制度上是否具有可持续性。这与传统"献爱心乐奉献"的个人与企业回报社会行动有着本质区别，这是采取公款方式，对贫困户进行对口帮扶，实际上，无论是在社会意义上还是在精准扶贫层面，都存在道义伦理意义上的争议。

本质上就演变成精准扶贫对口帮扶的"形式主义"。其主要特点就是只要对口帮扶单位每年春、夏、秋、冬四次对特困户送钱送物，就意味着精准扶贫做工作了，这种用公款"刷门面"的形式主义是扶贫供给主体动力缺失的表现。因为这种社会主体参与的对口帮扶行动，不是出于自发性

---

① ×大学一个从事对口帮扶二级学院副院长的访谈记录［N］. 2016 – 4 – 25.

的扶贫主体与贫困对象之间的对接，而是基于行政布置和安排下的服从和配合，这就使精准扶贫的社会化动力机制，让位于行政命令式的强力推进。精准扶贫的机制，要么是出于社会责任的自愿行动，要么是出于资源互利层面市场主体合作行动，如果单纯依靠行政化的主导，使社会主体强力参与对口帮扶，其驱动机制必然具有不可持续性和扶贫主体被动性色彩，这对建立长效性的多元主体协同参与的扶贫机制，实际上是极为不利的推进模式。

不过，对于扶贫主体来说，无论是政府主体还是市场主体，无论是组织还是个人，无论是出于自愿行为还是出于行政主导，社会对贫困村和贫困人口表现出来的送政策、送项目、送温暖和送帮扶行动，本身就是包容性行为。因为这些贫困主体以往是缺失这种多元扶贫主体的包容和关怀的主体，贫困主体在农村社会层面，表现为地位的边缘化和弱势化。在没有精准扶贫政策主导的情况下，来自社会的包容和关怀具有自发和分散的特征。但在精准扶贫政策导向下，这种包括政府主体、市场主体和其他社会多元主体的扶贫行为本身，就隐含着社会和政府对于弱势群体的包容，隐含着社会对于原来受排斥群体的接纳和帮扶，隐含着政策导向下打破社会分层格局条件下，对于农村贫困主体的一种重新接纳和包容关系建构。

三、共识生成：精准识别治理的包容性

精准扶贫政策实施之初对贫困人口的精准识别，实际上就是扶贫治理主体共识达成的过程，共识达成背后本质上是共同利益诉求的实现。如果没有相应利益作为支撑，多元主体在精准识别层面达成共识绝不可能。那么多元主体出于何种利益诉求、又是通过何种行动达成共识并实现行为上协调的效果呢？尤其是政府主体、村集体组织主体、贫困人口主体、非贫困人口主体、市场主体以及非政府组织主体等，都有各自的利益诉求，在精准扶贫识别阶段，多元主体何以能够形成利益诉求差异性条件下主体共识和行为上的协调和协同呢？其中最主要的是贫困村村民多元主体利益诉

求的差异在群众性社会中何以能够达成多数一致？美国政治学者亨廷顿曾指出："在群众社会里，政治参与是无结构的、无常规的、漫无目的的和杂乱无章的。每一股社会势力都试图利用自己最强的手段和战术来确保自己的目标。"①

在精准扶贫政策实施过程中，无论是对贫困村庄的精准识别，还是对贫困人口和贫困程度的精准识别，都存在多元主体实现利益诉求的行为博弈，但是，无论是政府层面还是乡村层面，都是出于对政策贯彻落实的需要而对精准识别贫困村、贫困人口和贫困程度方面体现出从意识到行为层面的包容性特征。

（一）贫困村精准识别的包容

在精准扶贫政策推进中，乡村精准扶贫场域中的多元主体，取得共识和行为包容的基础是什么？本书认为精准扶贫本质上是社会公共资源的全新配置和流动，既不同于市场机制主导下的资源配置和流动，也不同于完全计划经济机制支配下的资源流动和配置，而是在多元主体相互博弈条件下的公共资源均衡配置。精准扶贫就是改变市场机制作用下生成的资源非均衡配置格局，转化为政策导向下的资源在农村区域的倾斜性均衡配置态势。因为以往城乡关系和乡村社会内部的经济和政治发展，由于市场机制的作用，实际上，城乡和工农关系层面处于资源配置和流动的非均衡配置。对此，国内学者徐勇指出："广大农民的利益如果得不到有效实现，在经济、政治、文化和社会生活中不能和城市居民一样享有事实的平等权利，久而久之必然造成农民的'不公平感'，影响农民对国家的积极认同，甚至出现隔阂和抵触。"② 只有不断缩小城乡差别，使城乡和工农关系趋向均衡，才能逐渐保证农民利益的实现。

如何让广大农村从以往市场资源非均衡向城市倾斜配置状态，转向城

---

① ［美］塞缪尔·亨廷顿. 变动社会中的政治秩序［M］. 北京：中国社会科学出版社，1996：82.
② 徐勇. 非均衡性的中国政治：城市与乡村比较［M］. 北京：中国广播电视出版社，1992：453.

乡、工农之间的均衡配置，一方面需要政府政策导向的角色功能发挥，另一方面需要较为雄厚的物质基础。恩格斯指出："城市与乡村的对立的消灭不仅是可能的。它已经成为工业生产本身的直接必需，同样它也已经成为农业生产和公共卫生事业的必需。只有通过城市和乡村的融合，现在的空气、水和土地的污染才能排除，只有通过这种融合，才能使目前城市中病弱的大众把粪便用于促进植物的生长，而不是任其引起疾病。"[①]

城乡融合本身就是一种相互包容的格局和态势，在市场配置资源起着决定性作用的条件下，要协调城乡和工农关系，必须改变农村和农业在市场配置资源格局中的弱势地位，这有赖于政策导向推动市场生产要素资源，向农村和农业倾斜配置和流动。国家实施的精准扶贫政策，就是推进城乡相互融合的包容性政策和措施，这种包容性的政策特征在政策实施和执行层面，有赖于扶贫治理主体从意识到行为层面更具有包容性。

对于本书研究对象 X 市原庄村来说，地处于城市郊区，无论是交通方面还是土地资源以及人口生活水平方面，真正贫困的人口并没有达到国家规定的贫困村标准。但是，新上任的原庄村主任出于完善村庄基础设施建设的现实需要，当然也包含政绩追求的主观动机，通过各种办法甚至不惜采取虚报贫困人口比例的方式，最后实现申报贫困村的成功。当然，这种行为不是在精准扶贫时期，精准扶贫时期讲究对扶贫对象的精准识别，是存在具体要求和标准的识别。原庄村也正是在 2004 年申报贫困村成功的基础上，获得了乡村基础设施建设的大幅度推进。这种行为在当下是不允许的行为选择，严格意义上属于违反党纪行为。

但是，在 2004 年乡村干部这种行为能够获得成功，也正是当时国家基于城乡和工农业发展的偏斜格局，采取农业税费改革时期，改革的目的就是弱化农业在市场资源配置中的不利地位，推动农业现代化发展、培育农业新型经营主体以及提高农民收入的现实需要。而要改变农村和农业在资源配置中的不利地位，只能是通过政府的政策干预和政策导向的调整。而原庄村申报贫困村身份的成功，实际上是乡村社会为了获得外部政策性支

[①] 马克思恩格斯选集（第3卷）[M]. 北京：人民出版社，1995：646–647.

持和导向下资源的嵌入,才采取用申报贫困方式获得政策性支持的效果。

同时,无论乡村社会如何发展,在市场配置资源处于基础性和决定地位的条件下,农村和农业获得的资源供给始终不足,并且始终处于资源配置的不利地位,而精准扶贫政策的出台和推进,无疑就是政府在政策导向推动下,改变乡村社会在资源配置中不利地位的有效举措。其具体要求相对于宏观政策导向来说,精准扶贫的精准识别环节,无非是要精准识别扶贫对象,关键在于提高政策扶持、资源供给和利用效率。在调研中,原庄村党支部书记对于申报贫困村中的虚报情况直言不讳,这位村主任是村里"经济能人",办有私营企业,即使作为村主任,从利益角度来说,不可能把私产拿出来服务于村里基础设施的建设,但是,只要能够从外部吸纳资源服务惠及村庄,从政绩和能力以及村民认同上,这种行为至少能够得到多数村民的理解、认同和支持,这应该说是村主任申报贫困村的主要动机。

而县乡政府能够同意认定原庄村为贫困村,当然与国家长期以来对贫困县、乡、村支持政策直接关联,如果申报贫困村成功能够得到国家政策性支持,并获得相应的资金和项目支持,无论是对于县还是乡政府来说也绝不是什么坏事。尤其是精准扶贫政策实施以后,县、乡政府同样没有再次审查贫困村的虚报情况,而是说无论是贫困村还是非贫困村,主要重点在于扶贫到户、政策到户、精准到户,当然,贫困村与非贫困村的扶贫待遇在村级层面上存在差别。但是,此时县、乡政府又不能重新审查贫困村的"水分",那样只能带来政策执行上更多的成本,与其说追究贫困村的水分,不如说在精准识别中认真把握政策制度,实现对贫困对象的严格界定,这样更有利于精准扶贫政策的实施。

(二)贫困人口精准识别的包容

精准扶贫政策实施中,在精准识别阶段主导扶贫对象精准识别的有驻村工作组、第一书记、村集体组织和包村基层干部等执行主体,对于贫困村贫困人口的精准识别,成为精准扶贫成效取得精准的前提。在对扶贫对象进行识别和界定时,在精准程度的保障上尽管有固定收入标准,但是,这种人均年收入水平和标准每年都在变化，2014年的贫困线标准是人均2800元/年，2015年贫困线为3026元，到2017年又上升为3300元①。这种情况带来的结果是一方面精准识别需要按照农户人均年收入精准确定类别；另一方面需要对扶贫对象界定进行动态管理，每年度都要进行扶贫对象进入和退出的界定和识别。乡村干部一般对村民情况比较了解，同时，村民被界定为贫困人口还需要群众评议和公示公开，这就为精准识别提供了保障机制。但个别村民家庭总收入无法精准确定，有些贫困人口按照人均收入不在贫困线以下，留守老人和儿童同样享受贫困户的照顾和帮扶政策。此时，乡村干部包括驻村工作组对于农村留守老人和儿童家庭情况多是采取各种措施，对此，原庄村党支部书记在访谈时这样说：

> 填表造表是建档立卡时我们多次做，才完成任务，主要是表格不统一，开始是我们看看其他村怎么弄，然后回来自己模仿，结果不合格，打回重来。然后我们再次填表造表，还是不行。为啥？主要是贫困户各项收入没法说，上面一看就有问题，哪里有问题？主要是有些家劳力不在家，我们了解情况，主要靠打电话，电话中的收入不怎么准确，到底是多少，我们实在是不好弄清楚。按照每人2800元/年的标准，这家5口人，两口子在外打工，一年就是挣下3万元，5口人也脱贫了，家里三口人，有1个老人和俩孩子，没人照顾，老人照顾孩子，还有病，在外打工的也没有多稳定收入，这种情况有几户，最后村里商议一下，定为一般贫困户，享受扶贫待遇，给孩子上学补助，老人给"低保"。②

乡村干部对本村群众还是存在照顾倾向，对于贫困人口家里到底困难还是不困难，村民比较有发言权，贫困人口名单最后还要经过群众评议和集体公示，群众可以提意见要求改正名单。结果是原庄村评议的贫困人口名单改动的较少。为什么原庄村群众对于贫困人口名单心存异议，但是提

---

① 河南省X市精准扶贫攻坚领导小组办公室：《X市行业扶贫责任清单》2017年5月；2018年1月3日，河南省省民政厅、省财政厅联合下文，再次提高河南省省农村最低生活保障标准，由年人均不低于3150元，变为年人均不低于3210元，高于2017年我省扶贫标准（3208元），全面实现了"低保"标准和扶贫标准的"两线合一"，参见卢松：《河南再次提高农村"低保"标准：年人均不低于3210元》，《河南日报》2018年1月3日。

② 原庄村党支部书记访谈记录 [N]. 2017-10-10.

意见较少呢？本书认为在贫困村或者非贫困村中，传统习俗和关系纽带，还是起着相当大的制约作用，正如费孝通在分析乡村中国的社会关系格局那样，"以'己'为中心，像石子一般投入水中，和别人所联系成的社会关系，不像团体中的分子一般大家立在一个平面上的，而是像水的波纹一般，一圈圈推出去，愈推愈远，也愈推愈薄在这里我们遇到了中国社会结构的基本特性了。"① 对此，接收访谈的原庄村一位村民这样说：

有些家确实穷，现在出去打工也不容易，有些没有找到活，有些找到了，老板给不了钱，还得要账。有家两口子外出打工，没几天，眼睛让翻砂机中石子崩住了，差点失明了，让老板赔钱也没个说法，村里这家都是老实人，不会说硬话，最后也没赔几个钱，也有说这家赔了很多钱，不是太清楚，这家被评为贫困户，村里人能说啥？②

群众对于贫困认识有现实情况，干部界定贫困户时，同样也考虑到群众的反应，因为识别贫困户是要到家里进行实地调查的，因此，识别程序中的"六步法"，在某种程度上基本上就可以确定这家是否贫困。一般来说，贫困家庭的生活用具和家中陈设以及住房等情况，都能显示出家庭是否贫困。具体到村民个体的消费习惯，在乡村社会还存在家中看起来家徒四壁但并不缺钱的情况。村民是否有钱和是否贫困，一般来说，对于邻居村民是瞒不过去的。总体来说，既然被识别为贫困户，必有其界定的依据。一位原庄村"双委"干部在访谈时这样说：

有家两口子有四个孩子，三个闺女一个小子，两口子原来随着他妈到城里，原因是他妈改嫁到城里了，过了几年他妈不在了，这两口子又回到村里了，估计是在城里没挣到钱，回来后还是住老房子。这家男的又患病了，说什么是肾结石，不能出大力，零零星星干点活，挣不了几个钱。只靠妇女能干点啥，四个孩子还要上学，家里确实困难，这家被评为贫困户，村里人也没说什么。你到家里一看就知道，除了吃饭和睡觉的东西，几乎什么都没有，两口子不傻不憨，就是日子过不上去，没办法。③

---

① 费孝通. 乡土中国 [M]. 北京：人民出版社，2015：15.
② 原庄村一位非贫困户袁姓村民访谈记录 [N]. 2017-10-19.
③ 原庄村一位袁姓村干部访谈记录 [N]. 2017-10-19.

有位哲人说过，幸福的家庭都是相似的，不幸福的家庭各有各的不幸。同样贫困户的家庭各有各的情况，贫困也表现出各种方式，在贫困识别阶段原庄村就存在形形色色的贫困状况。如果单从个体家庭贫困，能够展示出贫困的多样性和差异性。但是，从村庄整体来看，多数家庭并不处于贫困状态。这就表达了原庄村村民整体利益与个体利益之间的和谐和包容。对于村庄来说，申报贫困村成功与个体家庭识别为贫困户获得收益并不冲突，因为贫困村会得到政策支持，进而促进村庄各项事业的整体发展，而个体村民成为贫困户在政策扶持后，脱贫走向致富与自身利益同样没有冲突。因此，村民在接受贫困村资源扶助的同时，对贫困户家庭的识别界定，没有表示出激烈的反应情绪。当然，因为申报贫困村时，有些农户是被"贫困"的"贫困户"，因此，这些村民表示出没有得到什么好处就脱贫了的反应。因为村干部的说服教育工作后，也不再表达不满情绪，原庄村精准扶贫工作也得以在经过对贫困户的精准识别后顺利推进。

但是，"政治本身就是存在利益差别的不同阶级、阶层和群体在博弈、冲突、妥协中形成特定利益秩序的过程。"① 对贫困村贫困户精准识别的过程，同样是精准识别治理的过程，也是对贫困村居民进行政治层面的协商、合作和协调的过程。乡村社会存在千丝万缕的联系纽带和网络化的社会关系格局，为什么就没有村民尤其是经济收入能力较高的村民，对精准识别环节表现出特定的异议呢？这里面存在精准扶贫政策实施带来的资源嵌入农村因素，在农村社会同样存在利益分割的格局和过程。无论是基础设施的建设，还是扶贫项目的推进，无论是项目带动还是集体经济带动乡村资源的开发，无论是乡村劳动力的再就业平台打造还是乡村土地资源的市场盘活以及扶贫资金的使用等事项，对于原庄村经济能人来说，都存在较大的商业机会和利益分配契机。

对于乡村"经济能人"来说，开罪村"双委"干部或者触犯贫困户背后家族和亲族势力的反感，绝对不利于其在扶贫项目开发和贫困村各项建设投资中获得收益最大化的积极参与机会。因此，这些村民对于村"双

---

① 张亚泽. 利益秩序重构的政治逻辑——改革开放以来的社会利益分化和国家政治建设研究[M]. 北京：中国社会科学出版社，2014：77.

委"党员干部和驻村工作队以及派驻的村第一书记,都保持一定的敬畏感和认同度。根本原因在于随着扶贫识别出现大量扶贫资源进入乡村,对于所有村民来说,都带来了相应的福祉;对于各种类型的村民来说,扶贫资源的配置和流动离不开村集体组织和党员干部的执行操作环节。因此,从某种意义上可以说,扶贫资源嵌入贫困乡村,加强了村集体组织的权威性和公信力,同时,也为该村形成包容性的利益治理秩序奠定了基础和条件。

(三)贫困程度精准识别的包容

在对贫困村贫困人口精准识别期间,存在贫困人口贫困程度不同的问题,不同的贫困人口因为类别存在差异,在扶贫待遇上不可避免地呈现出相应的差异,按照贫困人口"两不愁三保障"的标准,首先是吃不愁、穿不愁,社会发展到当下,在农村中出现吃穿发愁的农户,至少在本书研究对象原庄村几乎没有。然后是"三保障",即住房保障、医疗保障和教育保障,原庄村主要是在"三保障"方面出现贫困的情况较多。住房保障方面,存在没有劳动能力的人口,这些没有劳动能力的人口也存在多种情况:有年龄大鳏寡居住老年人,这类人口并不是没有子女,而是子女不在身边;有残疾人老年人与儿女分家过日子的;还有丧偶单亲家庭的人员。医疗保障方面,主要是有大病导致严重贫困的,尽管有"新农合"医疗保障,不过,这些保障难以跟上住院治疗各种费用的上涨和花费。教育保障方面,主要是家庭收入难以支付相应的子女教育成本,有些家庭子女是孤儿家庭,由祖父母负责监护的家庭等。当然,还有些好吃懒做的贫困户没有新房子,住在漏雨失修旧住房。

对于上述贫困程度不同的贫困户家庭,村"双委"与驻村干部在识别对象时首先看是否具有劳动能力的男性劳动力,如果有劳动力,那就是依据家庭收入水平最多确定为一般贫困户,其他根据各种具体情况而定,对此,原庄村驻村第一书记在访谈时这样说:

原庄在申报贫困村时上报的贫困户是297户,到开始精准识别时开始确定的是66户贫困户,到2015年最后确定是47户贫困户,这里面有22

户是特困户，还有十几户是"低保"户，其他都是一般贫困户。如何确定呢？特困户主要是看有没有劳动能力，家里如果没有劳动力，是因病、因残还是因单亲等，没有稳定收入来源，完全依靠政府"五保"，这就是特困户；"低保"贫困户主要是一些留守家里的老弱儿童人员，享受"低保"，家里收入不稳定又比较低，这类人确定为"低保"贫困户。其他贫困户识别为一般贫困户。对于"五保""低保"一般来说都是政府救助扶持，对于一般贫困户，为这些户提供就业渠道，包括村里、邻近周边企业提供公益性岗位，获得稳定收入尽快脱贫。"五保"和"低保"贫困户在子女教育和大病医疗上要提供扶贫救助。至于说住房危房改造，全村也没几户，现在已经解决了，有些贫困户就是好吃懒做，属于不怎么干活的那一种。①

扶贫对象类别不同，扶贫施策不同，对于"五保"和"低保"以及一般贫困户，帮扶救助单位还要进行结对对口、帮扶救助，政府政策和各项规定要求要送政策、送项目、送资金、送温暖、送服务等，以增强乡村贫困人口的社会归属感和政策温暖感以及生活信心。尤其是对各类贫困户送温暖行动，每年分季节至少四次，贫困户在乡村社会中被政策关怀和扶贫价值关怀的特殊地位，使其他村民深感政策对贫困人口的救助扶持力度，有些村民存在对这些贫困户送温暖行为的不满情绪。访谈中，有位艾姓村民这样说：

穷人自有穷的因，富裕自有富的因。哪家富裕是扶贫扶起来的？俺没听说过，家里富是干出来的，不是等出来的。有些人你再扶贫也富不起来。为啥？我家也是贫困户，没扶贫就脱贫了。现在剩下的贫困户，不是残了，就是有病，还是年龄大老了，这些家实际并不穷，主要是孩子在外干活不在家，没人照顾，就给个贫困户。能说啥？你问问看看都清楚了。②

从对村民的访谈中可知，这些贫困户在精准识别时，经常到村里找村干部要求当贫困户，而村干部必定要对这些村民提出的理由进行核查和走访。同时既要考虑到其他村民的反应，又要考虑到上级对精准识别环节的暗访调查，还要考虑到对这些贫困户界定到何种类别。对村"双委"干部

---

① 原庄村第一书记访谈记录 [N]. 2017-11-5.
② 原庄村一位艾姓村民访谈记录 [N]. 2017-11-13.

来说这些都是关系到村民个人的实务性工作，这些实务同时还关联到贫困户接受的扶贫待遇和资源供给。其中就有财政上对贫困户扶贫创业资金的发放，不同类别的贫困户资金扶持的数额不同，这些资金的发放，还有上级政府的核查考核等环节。因此，村干部对于精准识别程序和环节，根本不敢草率马虎。扶贫识别在乡村干部进行实务性工作的同时，实际上，还伴随着扶贫资源的跟进。乡村集体组织在精准识别中，无形中由于扶贫资源的跟进，提升了集体组织在乡村社会的权威地位。但是，同样也增大了乡村干部的工作责任。据国家2016年度对各省扶贫成效进行交叉考核反馈的问题中，X市就出现扶贫救助资金没有到户的通报，据X市脱贫攻坚重点问题清单和台账显示：

某县干部说到户扶贫资金落实到贫困户人头上报，通过乡财政所把资金达到贫困户银行卡里，贫困户自愿入股当地龙头企业或合作社。经抽查两户发现，1户根本没有资金往来，另一户也没有所谓的5000元到户扶贫资金流水。

对此，X市的整改措施是要求下属各县（市）常委会和政府以及财政局对从中央、省、市、县四级财政专项扶贫资金进行逐笔审核，审核资金是否及时足额拨付，是否有挪用、占用、结余现象，确保资金使用安全、高效、零差错。具体措施是长期推行和完善财政"一卡通"系统，对贫困户各项补助资金全部通过"一卡通"直接发放到户，确保扶贫资金精准发挥效益。①

现实中，对于在精准识别后，扶贫对象的扶贫资金供给，从中央到县级政府层面，都有资金拨付的政策和任务，包括八个部门28项扶贫优惠政策，在资金层面上资金管理有些地方确实是"先拨付、后报账"的方式，有些贫困村为了保障扶贫资金的安全没有及时拨付到户，主要是农民确实存在因为经济理性与个体理性局限，会出现资金没有合理使用的倾向。拨付到户的资金主要看何种扶贫资金，一般情况下，对于何种贫困户，除必要的政策保障资金外，还有贫困户项目开发的扶贫资金，这些资金如果让

---

① X市脱贫攻坚工作领导小组. X市脱贫攻坚重点问题清单与整改台账：（一）国家2016年扶扶贫成效省际间交叉考核反馈问题［N］. 2017–5.

贫困人口直接掌握使用，事实上也很难达到扶贫效果。一般来说，贫困村项目开发带动贫困户脱贫的方式，必须采用集体组织直接指导下的项目开发与带动，只要资金不经过集体组织，就不会出现集体组织内部"搭便车"现象。集体组织的权威角色和功能表现，不在于直接掌握扶贫资金，而在于合理设计和安排扶贫资金的使用方向，达到使贫困人口和贫困村脱贫致富的成效。

在精准识别中存在贫困程度不同，可划分为不同类型的贫困户。在原庄村针对失去劳动能力的贫困户，界定识别为"五保"贫困户；对于年龄比较大但是没有稳定收入来源，缺乏必要的生活照顾和护理监护人员的贫困户，一般界定识别为"低保"贫困户；对于具有劳动能力，但是没有稳定就业机会和收入来源导致的贫困户，属于暂时性贫困，就界定识别为一般贫困户。"五保"特困户一般比较容易界定，"低保"贫困户实际上就存在较大的弹性空间，有些享受"低保"待遇的贫困人口，并不是没有子女赡养，而是子女在外打工创业不在家，这些贫困户属于农村的留守老人。在精准识别时，享有"低保"待遇的贫困人口，面临的主要问题就是家庭收入根本无法精准确定。但是，这类贫困人口一般都是有多种疾病的人口，因此，在精准识别中出于扶贫道义上的关怀，也被定为贫困户。对于一般贫困户，这类贫困原因主要是没有稳定就业机会，其面临的不是脱贫问题，而是发展致富问题。这类贫困户家中一般都有大量教育投入需求和医疗费用需求，最后导致收入处于贫困线以下。对于这类贫困户，在原庄村群众大会评议时，群众一般都会认同和接受。

但是，有些一般贫困户就是由于好吃懒做导致的贫困，对此，村民实际上是有异议的；对于子女在外享受"低保"待遇的贫困户，村民并不是全部认同；对于自申报中"被贫困"的"贫困户"，在精准扶贫时作为脱贫户对待，村民同样有异议。不过，在精准识别中，确定提供对口帮扶的贫困户，一般不包括"被贫困"的"贫困户"。这类本来并不贫困的"贫困户"，尽管向村"双委"干部提出意见，但在界定识别时还是被排斥在贫困户范围之外。无论村民对于贫困户识别界定持何种异议，最终都能够认同和接受贫困户的界定识别结果，同时，县、乡政府同样也没有追究贫困村在申报时的"虚报"水分。实际上在精准识别环节中已经超越了对是否贫困村的界定识别，只要做到对贫困户的精准识别，是否贫困村的身份识别就无足轻重。尽管存在政策上对是否属于贫困村的区别对待，不过，贫困村与非贫困村在贫困人口的政策对待上没有差别。如果不属于贫困村，在乡村基础设施建设和美丽乡村建设中同样能够享有政策上的扶持。因此，乡村之间没有出现是否贫困村的争议，村民之间不存在是否为贫困户的争议，即使有争议也能通过疏导工作进行化解。重要的是对于一般贫困户以及在申报时"被贫困"实际上并不贫困的农户，在扶贫攻坚阶段"脱贫不脱政策"的规定下，也能使这些农户得到心理平衡。从这个意义上看，精准扶贫本身就是在推进资源嵌入贫困村的同时，追求一种和谐共享的包容性治理关系。

四、本章小结

精准扶贫的首要环节就是精准识别，而在精准识别中出现多元主体利益诉求的差异。这种多元主体利益诉求的差异又表现出多样性：首先是对贫困村的精准识别，尽管国家政策要求贫困村必须是60%以上的人口处于贫困线以下才能够界定为贫困村，但是现实中原庄村当时主要是为了推动乡村基础设施建设，存在"虚报"贫困人口换得贫困村的身份和地位。这种"虚报"做法尽管是政策不能允许的行为，但是这种"虚报"成为贫困村的现象还是得到了县乡政府、自治组织和村民的一致拥护，其中的主要原因就是申报成贫困村可以得到政府的财政扶持和享受一定的扶贫政策。贫困村申报中的"虚报"行为显示出上下级政府在扶贫中的利益博弈，这种利益博弈存在地方本位主义的倾向，同时又为当时村庄带来相应的政策红利和社会福祉。在实施精准扶贫后，地方政府又无法实事求是地对贫困村资格进行矫正，因为县乡政府如果据实上报贫困村申报中的虚假情况，必然要承载一定的政治责任。如果展示出贫困村申报中的虚报水分，各级政府主要责任人必定要承担责任。非贫困村中同样也有贫困人口，政策实施的重点不再是贫困村的申报是否符合事实，而是在贫困人口的识别中保证精准。只要对贫困人口进行精准识别，是否为贫困村在扶贫施策中的影响并不是太大。精准扶贫识别的调表造册和建档立卡是精准识别的决定性环节，由此，对于贫困村的精准识别就被对贫困人口的精准识别替代了，这就有效减轻了各级政府的贫困村申报中的思想负担。当时，是否属于贫困村在政府政策实施中还是存在区别对待的情况，对此，非贫困村无法享受到相应的扶贫政策扶持和帮助。非贫困村由于在申报中没有主动参与申报，在精准扶贫政策落地时也只能对虚报而成为贫困村的村庄表示出接受的态度。本书中的原庄村申报而成为贫困村，并没有成为其他非贫困村的攻击和揭发对象。其中的主要原因在于贫困村的是否申报是乡村集体组织和自治组织能动性发挥的表现，没有成为贫困村并不意味着没有相应的贫困人口，即使不属于贫困村在政策上同样能够保障贫困人口享受扶贫政策扶持，因此，围绕贫困村的识别界定，无论是对于上级政府来说，还是对于乡村社会来说，都对贫困村的识别界定表示出宽容的态度。

对于贫困人口的识别和界定存在非贫困人口与贫困人口之间的差异和诉求。非贫困人口在贫困村申报中虚报成为贫困人口，这就导致在贫困人口识别中这些非贫困人口会被排除在贫困人口范围之外。政策的解决方案是这些虚报成贫困人口的非贫困人口，由于已经脱贫在识别时不作为贫困人口进行界定，但是这些已经脱贫的非贫困人口在政策上是"脱贫不脱政策"。这些非贫困人口依然在脱贫后可以享受扶贫政策和相应待遇，这就直接弱化贫困村非贫困人口的抵触情绪。贫困村原本不属于贫困人口的村民，本身就在脱贫致富范围，在贫困村申报和贫困人口界定，对于贫困村实际情况同样了如指掌，这些人口为什么对没有享受到扶贫政策保持接受的态度呢？根本原因是贫困村本身就具有扶贫政策优惠，如贫困村基础设施建设，如乡村道路、文化广场、路灯建设和学校改造以及排水设施等，贫困村居民都享受到扶贫政策的优惠政策。尤其是诸多扶贫项目的开发建设，这些非贫困人口往往作为先进村民起到应有的带头作用。不过，精准扶贫实施后，社会扶贫主体如扶贫工作队、对口帮扶单位和人员，对贫困人口送政策、送项目、送温暖、送资金等行为，在非贫困村民心理层面还是形成一定的冲击。对于因病、因残、因学等致贫的农户，乡村居民还是保持一种同情、关怀和理解的心态。精准扶贫是政策导向下的资源嵌入，本质上属于财政哺农和政策哺农，扶贫资源的嵌入不是以损害任何村民为代价，完全是惠及乡村的政策举措。这才是贫困村村民之间利益冲突能够弱化的主要原因。

精准扶贫中的精准识别包容主要体现出主体之间的包容，对于贫困村识别来说，存在上级政府对下级政府的包容、县乡基层政府对贫困村集体组织的包容、对贫困人口的包容。这里的包容就是宽容、接受、支持和共享的政策实施。无论是对于县乡政府人员、自治组织干部，还是对于贫困人口，在心理认识、行为重塑和发展观念等层面都形成重塑和建构的态势。贫困村有对口帮扶单位，有省市县各级委派的第一书记、扶贫驻村工作队和对口帮扶具体人员，精准扶贫过程实际上存在政府下乡和组织下乡的环节，从制度和政策层面无形中大大加强了乡村集体组织和党组织的权威地位。精准扶贫政策实施实际上变相形成一种治理秩序，这种秩序有别于以往乡村治理的秩序。以往乡村治理距离"善治"还存在村民主体参与积极性不足和民主能力缺失的现实困境，在精准扶贫政策推动下，贫困人口和非贫困人口对于乡村扶贫治理都表示出较大的关注，其中起着决定性作用的还是扶贫利益的配置和流动，利益是扶贫资源的本质要素，而扶贫资源的流动和配置对于扶贫主体来说，在政策上又具有特定的要求。这些具体要求主要还是为了保证扶贫措施真正能够实现包容性的要求。如果扶贫资源被乡村"精英捕获"，或者呈现为"漫灌"式的扶贫，事实上就根本无法实现精准扶贫的目标。

精准扶贫不是单纯政府主体的扶贫，也不是实施以往委托式样的乡村集体组织从事扶贫资源的配置，而是呈现出立体式和全方位式的联动格局，其中最有保障功能的就是上级部门的明察暗访，这就能够有效规避精准扶贫中的"外部性因素"。对于贫困人口的登记造册和建档立卡，对于村档案和户档案要求数据上网，上级扶贫部门依据网上信息进行暗访调查，并且各级政府建立精准扶贫台账，定期评比通报。这对于县乡政府和村干部以及第一书记形成强大的政治压力。尤其是贫困村人口对于扶贫政策、驻村工作队、第一书记、对口帮扶人员情况要详细了解,这种调查情况作为对扶贫主体考察考核的主要依据。贫困人口往往在智能上处于能力较低的水平,对于相关政策和人员明细往往说不清楚,就是对自己收入同样也弄不清楚。要求"一村一户一项目",要因地因人因贫困情况施策等,对于贫困户来说,尽管在现实中不能做到人人都了如指掌,但是这种要求对于扶贫主体来说绝对成为政治任务。在精准识别环节出现调表造册和建档立卡多次反复情况,就是对于扶贫人员详尽了解贫困村和贫困人口状况提供了有效的驱动机制。在精准识别中存在地方干部被撤职处分的案例,对于扶贫政策推进来说,显示出政府实施精准扶贫攻坚的决心和信心,这种行政举措根本不同于以往扶贫政策实施过程。

从包容性治理来分析精准扶贫政策实施中的主体包容,包容首先是政府对贫困人口的包容,在政策导向下才能逐步形成社会主体对于贫困对象的包容。政策实施中的各项具体硬性要求既能体现出政府对于贫困人口的包容,又能体现出社会主体在政策导向下对于贫困人口的包容。如社会市场主体对口帮扶贫困人口,省级发起"千企帮千村",市县政府发起"百企帮百村",项目、资金和对口帮扶措施必须落地,让贫困村和贫困人口真正受益。建档立卡中的表格数据要求每一季度都要详细填写,要求乡党委书记、村党支部书记、第一书记、帮扶工作队人员签字认定,然后上报上网。这些政策要求和制度安排有效地提供了扶贫治理的包容性价值导向,在政策实施中形成利益衔接中的包容、接纳和共享格局。

第三章

诉求差异与利益包容

对贫困村贫困人口进行精准识别后，紧接着就是对扶贫对象进行精准施策。精准施策伴随着精准扶贫方式，中共中央要求要因地、因人、因贫困原因进行扶贫施策，要扶贫对象精准、项目安排精准、资金使用精准、措施到户精准、因村派人精准、脱贫成效精准。"六个精准"本质上是要保证脱贫成效精准，无论是精准识别对象，还是针对扶贫对象安排扶贫项目；无论是对扶贫对象投入资金，还是对贫困户分类对待；无论是派驻"第一书记"，还是对脱贫成效的考核检测评估，都是为了保证贫困人口的脱贫成效精准。所谓脱贫成效的精准就是通过对贫困人口进行帮扶支持，使其能够具有提升脱贫能力提升的自觉性和外在保障机制。如果只是保证贫困人口暂时脱贫就不是脱贫成效精准，精准的内涵就是要具有保证脱贫的长效机制和可持续发展的趋势。

原庄村实施精准施策主要是在对扶贫对象进行分类区别对待的前提下实施的过程，扶贫对象的分类主要分为特困贫困户、"低保"贫困户和一般贫困户，对于特困贫困户主要是没有劳动生产能力和收入来源的贫困户；"低保"贫困户主要是没有劳动能力收入来源不稳定，不能保证最低生活需求得到满足的贫困户；一般贫困户主要是收入来源和数量有限，不能保证满足家庭生活需要的贫困户。其中，特困贫困户和"低保"贫困户在精准施策方面，主要采取保证生存需要的生存性扶贫；对于一般贫困户，主要是暂时性贫困，原因主要是就业机会和收入微薄或者不稳定，扶贫施策主要是推进其发展能力的提升，提供相应的就业机会达到提高收入的要求。

同时，生存性扶贫主要是直接对贫困户提供资金和物质支持，是外在的嵌入资源过程；发展性扶贫主要是通过项目开发和产业开发等方式，为贫困户脱贫提供发展性动力支撑；但是，整体性的贫困村如何实现可持续的脱贫，需要成效性扶贫施策来保证建立其长效性的扶贫脱贫机制。

一、贫困人口的生存利益包容

保证生存需求得到满足是对贫困村特困户和"低保"户实施的扶贫方式，这种扶贫方式在扶贫攻坚阶段是直接对贫困人口进行对口帮扶，达到"两不愁三保障"的要求。所谓"两不愁"具体是指吃不愁、穿不愁；"三保障"是指生活住房、卫生医疗、义务教育有保障。原庄村来自社会层面和政府层面的对口帮扶，主要针对全村 47 户特困贫困户，这些特困贫困户要是因病、因残、因鳏寡和因留守老年人等造成的特困和"低保"贫困。X 市要求对贫困村特困人员进行对口帮扶主要分为三个层面：一是市县层面的农业局、建设局、财政局、交通局、水利局、土地局等全部局委都要做好精准扶贫的准备和规划；二是专门制定对贫困村的对口帮扶单位，市县一对一的定人定点帮扶；三是对特困户实行"两免一补"政策、"低保"政策和"五保"政策。在原庄村特困人口中，在扶贫攻坚阶段对贫困统计的贫困信息表中有"来自社会和亲友馈赠"事项，这种事项实际上包含对口帮扶单位对特困户的货币和物资馈赠；对于贫困户住房危房的改造是保证"两不愁三保障"的主要方面。但是，在具体对特困户实施精准扶贫期间，目标是实现脱贫，但是，有些特困户不是在短期扶贫救助后就能够快速脱贫，乡村干部为了展示脱贫成效，就急速让特困户"被脱贫"，这种现象直接形成特困户扶贫与脱贫之间的冲突。而解决这种农户冲突的过程，也是精准扶贫治理取得包容性效能的过程。

（一）特困人口：满足生存利益诉求

对于原庄村的脱贫帮扶政策实施，X 市委和市政府作出具体安排和精心部署，首先要求在全市 124 个贫困村派驻帮扶工作队，按照"一村一策一单位、一户一法一干部"的原则，引导贫困村群众大力发展符合自身资源优势的产业，拓宽农民持续增收的渠道。各帮扶单位"一把手"对驻村帮扶负总责，党员干部作为队员分包帮扶贫困户，确定外城扶贫任务。组织全市规模企业、农业产业化龙头企业与贫困村结对帮扶，通过企业包村，引导帮助贫困村发展特色优势产业，安置有就业能力的贫困劳动力就业，促使其早日脱贫致富。对于特困贫困户，X 市作出专门规定指出："健全以农场新型养老保险、农场居民最低生活保障、新型农村合作医疗、农村医疗救助、农村'五保'供养、农村自然灾害生活救助等制度为重点的农村居民社会保障体系，做到能负则负、应保尽保，实现社会保障与扶贫开发有效衔接、全面覆盖。"①

其中，对贫困特困户的"两不愁三保障"政策咨询单位和实施单位是市、县扶贫办，要求对贫困户识别采取定性与定量相结合的评价识别标准。定量就是对扶贫对象识别执行国家标准，河南省在 2016 年的识别标准是年人均纯收入在 3026 元以下；统筹考虑"两不愁三保障"，即农民口粮主粮细粮不愁，年有换洗衣服和换季衣服，饮水不困难，并达到安全卫生评价指标体系标准；农户家庭有子女上学负担比较严重，虽然人均纯收入达到识别标准，也要统筹考虑纳入扶贫对象；农户家庭因患大病或长期慢性病，影响家庭成员正常生产和生活，需要经常住院治疗或长期用药治疗，刚性支出较大，虽然达到识别标准，但也要考虑纳入贫困户范围；农户居住房屋达到 C 级、D 级危房的，虽然人均纯收入达到识别标准，也要统筹考虑纳入扶贫对象范围。对于贫困脱贫标准，同样作出具体规定：贫困人口退出以户为单位，主要衡量标准是该户有相对稳定可靠的增收渠道和收入来源，年人均纯收入超过国家扶贫标准并且吃穿不愁；适龄儿童接受九年义务教育，家庭无因贫辍学学生；参加新型农村合作医疗，大病有救助；住房条件有明显改善，有安全住房，饮水安全有保障。②

原庄村特困户在吃不愁、穿不愁和用水不愁上基本没有问题，主要是

---

① 中共 X 市委 X 市人民政府关于打赢脱贫攻坚战的实施意见 [N]. 2016 - 4 - 21.
② X 市脱贫攻坚工作领导小组. X 市行业扶贫政策清单 [N]. 2016 - 2 - 1.

在住房问题上面临问题，X 市对于贫困户住房问题确定的责任单位是住建局，农村危房改造面对所有农户，未必特指贫困户，具体要求是 C 级危房，主要是房屋局部出现险情，维修费用在 1 万元以内；第二类是非建档立卡的"低保"户、农村分散供养特困人员、贫困残疾人家庭 D 级危房，即房屋整体出现险情改造 12000～30000 元；第三类是建档立卡贫困户 D 级危房改造 14000～40000 元；第四类是需要政府兜底解决住房安全的特困户，按照改造房屋面积下限标准全额保障。①

原庄村贫困户危房改造主要有四户，四户的具体情况是：一户房屋倒塌没有房子住；一户确实系危房，家中两个儿子没有娶媳妇；一户是独居老年人，房屋是危房；一户是寡居妇女带着两个孩子，住房是危房。对于第一户房屋倒塌的袁姓贫困户采取置换方式来解决，据原庄村袁姓贫困户说：

我生于 1951 年，2 口人，有一个儿子，生于 1997 年，现在 X 市富士康厂打工，属于一般贫困户。扶贫政策就是好，干部也好，干部到我家里还给我打扫卫生，说话也和气，逢年过节还有礼物，真是跟过去不一样。我住的房子塌了，现在我住的是我老三兄弟转给我的房子，公家拿了 4000 元钱，是第一书记的 × 大学出的钱。开始老三兄弟不同意，说太便宜不行。他家有两处房子，按规定这处房子是要推平废掉的。最后干部做工作，他将就着同意了。我现在每个月有养老金 82 元钱，种着几亩地，日子还行。如果有大病医疗费还能报销，贫困户还能再报销一部分，现在政策真是好。①

袁姓村民接受的住房有三间，包括院子大概有 120 平方米，住房建筑面积有 70 平方米，按照 X 市规定危房改造的中央财政补助资金使用要求是：重点对象改造房屋的建筑面积 1～3 口人的户控制在 40～60 平方米，2 人户不低于 30 平方米，3 人户不低于 40 平方米；3 人以上的户人均建筑面积不超过 18 平方米，不得低于 13 平方米，各地可结合实际细化面积标准具体实施②。还有一户有 4 口人，一对夫妇和两个儿子，有三间瓦房，已经

---

① 原庄村袁姓贫困户访谈记录 [N]. 2017-3-4.
② X 市脱贫攻坚工作领导小组. X 市行业扶贫政策清单 [N]. 2016-2-1.

年久失修有点漏雨，属于一般贫困户。据原庄村妇女村干部在访谈中说：

> 户主原来搞过传销、跑过小杂货、当过厨师等，就是不愿意出力挣钱，整天守着村里小庙，能收个烧香的香油钱。两个儿子成年了，也不出去打工，整天在家里，守着几亩地，现在二十七八了，还没讨上媳妇。这家住的是危房，当初评议他当贫困户，村民都不愿意。这次给他修危房，还不敢让村里人知道，这家是铁丝穿豆腐，提不起来。老两口都是这样子，好吃懒做。生活上经常还搁油锅、炸油条吃，一顿饭还要两个菜，吃米饭、喝小酒，穷烧呗。①

原庄村属于平原地带，民众盖房多是平板房，有一层到四层不等，房子也反映出家庭收入水平，一般贫困户的住房多是砖墙瓦房，不是新建的房子，多是30年前整改的房子。原庄村共改造住房3户，转让住房一户，总体上保证了贫困户住房和危房改造需求。对于原庄村妇女队长说的这个贫困户，生于1963年，看起来是个正常的劳动力，年龄并不算太大，看起来还十分精干的样子，在访谈中这位特殊的贫困户"有板有眼"地分析自身的贫困现状：

> 我属兔，生在2月。人过一百、形形色色，六亲无靠，干啥啥不成。不过，儿孙自有儿孙福，不为儿孙做牛马。谁也管不了谁，谁也顾不了谁，看他们的造化吧。②

这名奇特的贫困户村民应该是个文化人，解释自己的贫困原因与众不同，看起来属于能说会道的人，就是生活上的努力方向有点问题。农村中这种人还是能够生存的，现在当上贫困户受到救助扶持，在他看来是"转大运"的显示。这种人要让其完成脱贫自救"造血"能力的提升，事实上比较困难。这种贫困人员的收入，村里人实际上并不清楚，但是，根据居家生活各方面的条件来说，应该不是有钱人家，否则也不可能认定为贫困户。

但是，这种贫困户在村民看来是有异议的贫困户，因为这种贫困户家中有三个劳动力，就是不出去打工，村民即使有意见也只能是私下议论一

---

① 原庄村妇女村干部访谈记录［N］. 2016-12-21.
② 原庄村刘姓贫苦户村民访谈记录［N］. 2017-8-23.

下。这就呈现出这种贫困户的特殊性,没有钱而贫穷才成为贫困户。村干部也是看到这户人家确实收入有限,不得已把这家评为贫困户,问题是村干部话语之间并不认同这家人的生活习惯和贫困状态。

(二) 生存保障:对特困户帮扶包容

对于"两不愁三保障"政策实施中,主要不是危房改造,而是义务教育保障、卫生医疗保障和"五保""低保"保障。X 市对贫困户的义务教育保障施策,把责任单位确定为教育局,要求对建档立卡的贫困户家庭学生具体的帮扶规定是:(1) 学前教育(3~6 岁儿童),按照年生均 600 元补助保教费,按年生均 400 元发放生活补助费;(2) 义务教育免除学杂费、教科书费,按年生均小学生 1000 元,初中生 1250 元对寄宿生发放生活补助费;(3) 普通高中教育免除学费、住宿费,按年生均 2000 元发放国家助学金;(4) 中职教育免除学费,并按年生均 2000 元发放国家助学金,"雨露计划"扶贫助学补助年生均 2000 元,"雨露计划"由市扶贫办负责,本方案适用于全市建档立卡困难家庭且具有正式学籍的在校学生。①

对于享受"五保"和"低保"的主要是贫困村特困人口,2014 年,原庄村建档立卡共计 295 户 957 人;2015 年,脱贫 34 户,共 111 人;2016 年,脱贫 232 户,共 794 人;2016 年底,未脱贫户 29 户 52 人②。2017 年,原庄村建档立卡贫困户多,共计 292 户、1144 人,其中,脱贫户 260 户、1082 人,未脱贫户 32 户、62 人,这里面大多为"低保""五保"、因病因残、痴呆憨傻,家庭负担较重的农户,占比 85% 以上③。对于贫困特困户主要是采取"低保""五保"和医保等扶贫措施,X 市对于特困户的保障主要分为三类:第一类是常住居民中,丧失或部分丧失劳动能力,无法依靠产业扶持和就业帮助脱贫的家庭纳入最低生活保障范围;保障措施是:农村"低保"2017 年为年人均 3300 元;人均月不低于 160 元,并将"低

---

① X 市脱贫攻坚工作领导小组. X 市行业扶贫政策清单 [N]. 2016 – 2 – 1.
② 原庄村第一书记. 党委会扶贫工作汇报材料 [N]. 2016 – 6 – 7.
③ 原庄村第一书记. ××学院党委书记到原庄村调研汇报材料 [N]. 2017 – 10 – 17.

保"对象分为三类：对于无劳动能力、无经济来源、无赡养人的"三无人员"列入长期保障对象。第二类是对于有大病、重病的中长期保障家庭、子女正在上大学的"低保"家庭，子女未成年的单亲"低保"家庭，一户多残或老残一体的"低保"家庭。第三类是除第一、第二类意外的其他"低保"对象。"低保"人员的家庭人均年收入低于市最低生活保障标准，且家庭财产状况符合市规定条件并且是市常住居民。

对于"低保"对象的医疗支付费用和特困救助供养人员纳入医疗救助对象范围。主要救助措施是新农业合作医疗，个人缴费按照人均年不低于30元标准资助；对于特殊病种门诊救助比例为年度限额内门诊医疗费用的10%，年度最高限额为5000元；对重大疾病住院治疗救助的"低保"对象，按照年度救助限额内不低于70%的比例给予救助，最高1万元，对于分散供养的"低保"人员，按照年度救助限额内不低于80%的比例给予救助，对于集中供养特困人员，按不低于90%的比例救助，最高1万元；患重大疾病的重点救助对象的比例为救助最高限额内不低于70%，最高2万元。

对于突发性应急事故和意外伤害以及重大疾病等特殊原因，造成的基本生活陷入困境人员，应给予应急性和过渡性的救助，对于这些人员按照当地月人均最低生活保障的标准，发放1~3个月的临时救助资金，情况特殊的可以按照6个月的最低生活保障标准救助；2017年，农村特困供养对象集中供养标准有每人年4800元；分散供养标准为每人年3800元给予救助。对于困难残疾人救助扶持，生活补贴每人每月60元，重度残疾人互利补贴标准每人每月60元，其中属于16~59岁"低保"家中的重症智力、精神、肢体、视力残疾人互利补贴标准为每人每月100元，符合条件的残疾人可以申请两项补贴。① 对于没有劳动能力的原庄村残疾人和精神病患者以及憨傻痴呆人员，原庄村第一书记在报告中指出："原庄村特殊群体人口比例过大，建档立卡贫困户多，生活水平较差，且大多数为因病因残致贫，无劳动能力，无一技之长，将来只能依靠国家救济、社会保障、企

---

① X市脱贫攻坚工作领导小组. X市行业扶贫政策清单［N］. 2016－2－1.

业带贫等政策性帮扶（其中还不乏自身发展动力不足，等、靠、要思想严重贫困户）。"①

在实施对口扶贫到户政策时，社会主体对于原庄村贫困人口的救助扶持在爱心关怀上，使该村贫困居民体验到社会关怀和政策关怀。据《河南日报》报道：

"校党委陈××书记、赵××院长等相关领导和部门于2016年5月11日和10月14日（扶贫日前夕）两次率队到原庄村进行座谈调研、走访慰问，并捐赠价值7万余元的环卫车、农民科普丛书、爱心包裹等，看望贫困户，调研村庄规划，共同为原庄村建设发展建言献策，郑重承诺：免除所有在××学院就读的原庄村在校大学生的学费和住宿费。这些活动开展及结对帮扶等各项工作部署安排有序，在原庄村引起了强烈反响，也更加激发了广大群众及党员干部尽快脱贫致富的信心和决心。"②

据原庄第一书记在汇报材料中说："我校安排部署55个基层党组织（校内所有职能部门和二级院系）对准47家贫困户（前期确定的66家），采用'一对一'或'一对多'等形式结对帮扶。一般采取'四必访'制度，即麦忙、秋收、入冬、春节4个时间段必须到村入户。截至现在大部分单位到贫困户家中3~4次，有的甚至多达6~7次，给他们送去了米面油、棉衣、被褥等慰问品（价值大约6万元）和组织的关怀温暖，为他们点燃了对美好生活的向往和改变贫困面貌的信心。按照'一村一策一单位，一户一法一干部'要求，他们掌握了每户基本情况，制定了切实有效的结对帮扶计划。截至2016年11月，建档立卡贫困户脱贫摘帽30家，81人，计划到2017年底，剩余17户全部脱贫摘帽，39人。""继去年我们为村里添置、捐赠电脑、打印机、会议桌椅、床具、课桌椅、文件柜等，近期还准备捐赠500余座连排椅，用以改善乡村办公、办学条件；2016年六一前夕，纪委书记师生一行20余人，到原庄村开展'六一'慰问，捐赠书包、文具盒及图书资料等价值1万余元；6月28日晚，××学院"心声交融"大学生艺术团赴原庄村暑期慰问演出，精彩文艺节目给原庄村群众带

---

① 原庄村第一书记. ××学院党委书记到原庄村调研汇报材料 [N]. 2017–10–17.
② 张建华，钟伟平. ××学院精准扶贫见成效 [N]. 河南日报（教育版），2016–10–19.

来了一场文化大餐；6月28日至7月10日，××学院暑期大学生社会实践活动服务队60余人，到原庄村开展义务支教、贫困户调研、家电维修、法律咨询、医疗服务、关心留守儿童、空巢老人。8月城乡规划与园林学院到村'无人机'测量绘图，为原庄村发展规划蓝图；美术学院师生为村室墙壁喷绘写字，美化村委大院；12月13日协调X市东城区实验学校20余名师生赴原庄村开展'爱心小记者淘宝助学暖冬行动'。"[1] 原庄村"五保"和"低保"贫困户多是没有劳动能力的人员，对于这些贫困人口的扶贫施策在扶贫攻坚阶段实行各种救助政策保证其生存需求，但是，在完全脱贫目标实现上实际上面临现实困境和障碍。同时，在社会对口扶贫过程中，给予贫困的主要是馈赠性的物资，而不是货币，特困贫困户能够收益的主要是来自政府提供的"低保"和"五保"生活补助。

在原庄村访谈中，还发现有个别"低保""五保"贫困户事实上并没有脱贫，却被纳入脱贫范围。据X市脱贫攻坚重点问题清单显示，在原庄村出现下述的情况：

在原庄村有"低保"户反映，自己有病看不起，除享受"低保"政策外，没有任何其他增收帮扶措施，被问及是否满意时，含泪下跪，无奈表示满意。一贫困户，户籍人口4人，房屋破旧，家居简陋，妻子过世，儿子儿媳常年带着孙子在南方生活，只有自己常驻家中。胸部做过大手术，身体偏瘫，挣不到钱，靠"低保"和亲友邻居的帮助生活。当被问及是否残疾救助，他说不出，问到看病手术费报销情况，说自己脑子做手术后好多事记不清了，但知道自己看病花光了所有的储蓄，还借了亲戚朋友很多钱。当问到对帮扶措施是否满意是，含泪回答"满意"。对此，X市政府提出整改措施，要求长期推进救助帮扶，围绕"转、扶、搬、保、救"五条途径，对行业扶贫制订整改方案，落实医疗卫生、危房改造、残疾补助、教育补贴等政策，确保贫困群众享受到实实在在的政策红利。[2]

一个贫困村对口扶贫情况在国家组织省际交叉考核时各种信息反馈得

---

[1] 原庄村第一书记. 怀真情、用真力、使真劲做好第一书记 [N]. 2017-1-12.
[2] X市脱贫攻坚工作领导小组. X市脱贫攻坚重点问题域整改台账（一）——国家2016年度扶贫成效省际交叉考核反馈问题 [N]. 2016-12-31.

如此详尽,可以感觉到中央层面对精准扶贫的重视和督导力度。在国家考核和督导条件下,地方市、县、乡政府根本不敢懈怠。对于上级政府对下级政府的督导和监督,河南省扶贫办张处长在访谈时指出:

> 我们每个月向全省各市县发一次扶贫对口成效简报,过去发简报直接发给扶贫办,效果不行,扶贫办回复说已上报给有关领导,实际上可能没上报,或者是其他原因。现在我们发简报直接发给市县"一把手",并要求地方政府"一把手"及时反馈,我们登记在案,效果立竿见影。上有政策,下有对策,但我们也有办法。不这样做不行,有些地方就是跟不上节奏。这也是我们的责任,直接对准"一把手"责任人,这种办法最有效。①

但是,到县、乡层面情况就会表现得完全不同,上级考核组在检查时发现的贫困户情况事实上并不是这样,因为村干部和村民对贫困家庭的情况非常了解,有些事实并不是如贫困情况说的那样令人悲悯,在围绕上述贫困居民声泪俱下诉说的情况进行访谈时,原庄村村主任说:

> 这家贫困户啥情况我知道,属"低保"贫困户,按收入不在贫困户之列,就是儿女不在家,属留守老人。是有病,大概是前年吧,当时精准扶贫没开始,这家也不属于贫困户,你想一下,儿子在外地做生意,家里有钱,看病不是问题。说什么看病花光了所有积蓄,没有钱哪里来的积蓄?这次搞扶贫,成了贫困户,实际是照顾的,没那么可怜,也不缺钱。就是缺钱过去有病花完了,如今不是有"低保"吗,"低保"户看病还有报销比例。有些群众反映的意见不见得就是那么回事,就是想多要点,能多要就多要。你去家里看看就知道,家里啥都有。你想想,明知道是向国家要钱花,不说了。②

原庄村村主任说的是实情,但是,村里这位老太太说的也是实情。问题不在于这户是否达到扶贫标准,而是说现实情况是这位老病人没有人照顾。尽管存在家庭赡养责任问题,但是,在村里也被纳入"低保"贫困户对象范围,"低保"标准每人每月不低于160元,在农村生活应该说可以满足生活需求。问题是诸如这种"空巢老人",如果头疼脑热时能够有什么

---

① 河南省扶贫办张处长访谈记录 [N]. 2017-5-15.
② 原庄村村主任访谈记录 [N]. 2017-9-12.

救助？况且这种"空巢留守老人"即使给予扶贫救助，没有家人照顾脱贫始终是个问题。对此原庄村第一书记在汇报材料中指出："原庄村特殊群体人口比例过大，建档立卡贫困户多，生活水平较差，且大多数为因病因残致贫，无劳动能力，无一技之长，将来只能依靠社会保障兜底，结对单位及责任人帮扶措施也仅限于送慰问、送温暖。"① 政府对于特困人口的政策兜底，就体现出政府主体对贫苦人口的政策包容，这种包容集中体现在避免这类处于农村边缘化的贫困人口，长期受到排斥和忽视，通过政府社会保障的政策兜底，实际上把这类贫困人口重新吸纳和建构在政府的社会保障体系之中，或者说重新建构在乡村包容性治理体系范围之内。

（三）成效精准：政府兜底生存保障

在原庄村只要有劳动能力的贫困户，能够拓展就业门路，获得稳定的劳动收入，一般情况下都能脱贫，但是，对于还有几十名没有劳动能力的贫困户脱贫问题，就成为精准扶贫能够实现脱贫成效的关键。因为这些人存在年龄、身体、智力和精神层面的能力提升障碍，尤其是年纪较大超过60岁的贫困人口，脱贫实际上是不可能实现的事情。对于这部分群体实际上属于社会性的弱势群体，对弱势群体的关怀和扶贫救助反映出社会性的关怀和包容。单纯依赖"五保"和"低保"收入是否就能够完全保障这些人生存需求得到满足，同样是应该关注的问题。尽管原庄村第一书记说这种特困户的脱贫或者说生存需求满足需要政府兜底建立社会保障体系来解决。但是，社会性扶贫保障体系在现有政策层面仅只是"送温暖、送关怀"和政策性的救助扶持。即使上级主管部门检查考核，没有劳动能力贫困人口的脱贫始终是问题所在，这种问题在现有扶贫精准施策范围内还没有更好的办法。在乡村村庄范围内，没有集体经营获得的市场收益，也就是说，村自治和集体组织没有集体资源，来支撑这些没有劳动能力的特困户进入专门的养老保障组织或机构完成生存问题的保障。

---

① 原庄村第一书记. 怀真情、用真力、使真劲做好第一书记［N］. 2017－1－12.

这种特困户问题就凸显贫困人口的脆弱性问题，外在的社会救助扶持只能解决单一货币需求和生活物资需求问题，解决不了家庭赡养和照顾问题。如果要建设养老院赡养这些特困的"空巢老人"以及精神、智力和身体上有残缺的人，这是社会保障体系的救助范围，但是，其中的费用如何保证政府能够长久持续提供支持。因为有了集体经济支撑，村民在保证收入提高的同时，也可以提升村民福利。现实中河南省新乡七里营镇小刘庄，靠集体经济收入对村民福利进行保障，并建立养老院等民生工程。对此，河南省扶贫办人员在访谈时这样说：

2016年全省有多位"第一书记"联名向省里提交调研报告，要求省里出台政策扶持村集体经济的发展，对于贫困村省里已经对集体经济发展提供专项资金，效果如何还没有反馈回来。不过扶持贫困村集体经济的资金是省里拨款70%，市里配套20%，县里配套10%，这笔资金对市里还好说，对县里财政上的压力是比较大的。现在有些县的财政情况非常紧张，越是贫困县财政越是紧张。如果省里出台政策要大力扶持贫困村集体经济，必然给贫困的县财政造成强大负担。就是现在这种扶贫力度，县财政就已经很吃紧了。①

没有集体经济支撑，农村社会村级民生福利实际上就处于空白，如果是贫困村还可以得到市、县各职能部门的对口帮扶，如果不是贫困村，村里民生福利和公共产品实际上完全处于自发状态。集体经济的稳定收益增加乡村农民福祉，这在全国范围内以乡村集体经济发展为主导的地方已经被证明。集体经济发展在改革开放以来，实际上已经经历了从繁荣发展到逐渐落寞的过程。以往的乡镇企业就是集体经济，村办企业最后因为市场和管理方面的问题走向消沉，已经不是什么秘密。对此，原庄村党支部书记在接受访谈时是这样说的：

我就主张搞集体经济，有集体经济有收入，村里能办很多事。俺村有省里下拨的发展集体经济资金160万元，俺村还是全省集体经济发展示范村，如今没有发展集体经济，原因是刘书记（第一书记）不吐口，总是说

---

① 河南省扶贫办项目处张处长访谈记录［N］．2017-8-23．

项目不合适。实际是害怕投资打水漂，第一书记是要担责的。我看不必那么担心，集体经济发展可以采取多种方式，不一定非得村里出面干才可以，可以联系外边的"经济能人"，用合资合伙形式，规范管理。至于项目如今看好项目较少，但不是没项目，可以采取合伙经营方式，看看外边企业有啥好项目，村集体可以参与一下，采取入股方式合伙经营。或者说招商合作等，方式多的是，不一定要求是集体撑头搞企业。若是集体有收入，现在村里特困户的人口就好办了，可以建养老院，这上面也会支持。①

对于发展集体经济问题，原庄村驻村"第一书记"有着自己的见解，作为第一书记有着上级文件规定的岗位职责，其中在推动精准扶贫方面"第一书记"的角色、职能和责任界定，JA区委组织部专门发布文件规定指出："落实党的扶贫开发和强农富农惠农政策，带领派驻村开展贫困户识别和建档立卡动态管理工作，帮助村'两委'和贫困户制定实施脱贫方案；组织落实扶贫项目，参与整合涉农资金，积极引导社会资金，促进贫困村、贫困户脱贫致富；帮助选准发展路子，培育农民合作社，增加村集体收入，增强'造血'功能。"② 原庄村第一书记在访谈时说：

光伏发电不合适，因为现在太多了，收益主要依靠政策扶持，不持续。买商业门面房不合适，你看附近的A庄乡大街比较萧条，人流量有限，收益不稳定。开设物流仓储是个项目，但是，市场发育不行，国家粮库在XC县，不在JA区，建成后估计收益是问题。现在主要是找项目，没有合适的项目可供开发，这确实是问题。③

当时原庄村支部书记说的各种项目，如光伏发电、购买商业门面房、建设粮食等物流仓储等项目，在第一书记看来都有其制约因素，不一定能够保障收益的稳定，最后很可能因为收益问题而把有限的扶贫资金耗费掉。集体经济发展受到现实项目选择因素的制约暂时无法推进，但是，贫困人口尤其是特困"五保"和"低保"贫困人口本身就属于农村脆弱性群体，

---

① 原庄村支部书记访谈记录 [N]. 2017-8-26.
② 中共C县县委组织部，JA区扶贫开发领导小组办公室. 关于选派第一书记及爱心企业开展驻村帮扶工作实施意见（JA区组文〔2015〕43号）[N]. 2015-8-28.
③ 原庄村第一书记访谈记录 [N]. 2017-9-23.

单纯在农村扶贫攻坚阶段对这种脆弱群体进行关注和扶持救助，并不能保障其实现脱贫致富的目标，因为这种群体始终处于贫困边缘。如果没有持续性的资源投入和支撑，贫困人口最可能重新陷入贫困。当下脆弱性群体的脱贫能够得到保障，主要是因为上级考核检查与基层扶贫责任主体和责任追求的纪律强制约束。这种责任主体和问责追究的纪律约束对县乡各级干部形成外在的硬性约束，这种主体责任约束的制度安排对于维系农村特困脆弱性群体的生存保障和脱贫诉求是比较有效的方式和途径。

X市在精准扶贫攻坚阶段依据习近平总书记重要讲话精神和中央、省委、市委关于打赢扶贫攻坚战的实施意见，制定严明扶贫攻坚强化责任追究的暂行办法，从强化政治意识、明确职责任务、转变工作作风和强调工作纪律等方面，建构精准扶贫责任体系。从根本上明确责任主体和责任追究情形，保证精准扶贫的精准到位，暂行办法明确规定："县（市、区）常委、政府承担扶贫攻坚主体责任，县（市、区）党政正职是脱贫攻坚第一责任人，县（市、区）党委副书记、政府分管领导是脱贫攻坚直接责任人"。上述单位和人员有下列情形之一的应追求责任人相关责任，即："（1）对脱贫攻坚工作重视不够，各项政策措施落实不力，脱贫攻坚实施规划、脱贫计划不完善，资金使用、项目管理、人力调配等工作不到位的。（2）对贫困村、贫困人口审核把关不严，未实现贫困户识别零差错、贫困户退出零差错、扶贫资金使用零差错的。（3）工作作风不实、标准不高、存在形式主义，敷衍塞责、弄虚作假，打折扣，搞变通的。（4）脱贫工作群众满意度低的。"乡（镇、办）党委政府主要负责人是本乡（镇、办）第一责任人；包村的乡级领导是行政村脱贫攻坚第一责任人，驻村第一书记，村党支部书记和村"双委"干部、驻村工作队员和结对帮扶党员干部是直接责任人。[①]

在X市下属县的县委书记和县长，因为精准扶贫识别工作弄虚作假，被行政撤职后，X市的精准扶贫责任体系逐渐完善。实施精准扶贫的各级领导干部，作为扶贫攻坚的第一责任人，把精准扶贫作为首要工作来抓，

---

① 中共X市纪委办公室.X市关于严明脱贫攻坚纪律强化责任追究暂行办法［N］.2017-4-25.

精准扶贫的各部门几十项工作任务分包下发，市、县各局各委员会承担相应具体的工作职责和任务，责任到人分乡分村进行扶贫攻坚，市县贫困村和贫困人口的脱贫致富。各单位都选派出党员干部协同各贫困村第一书记，推进精准扶贫攻坚积极开展，主要职能是送政策、送技术、送项目、送温暖，其中送温暖主要针对贫困村特困户和特困人口，即送温暖给劳动能力和收入的特困户，JA区委组织部要求党员干部对口帮扶贫困户，"要本着尽力而为、量力而行的原则，积极帮助贫困户解决就医、生产资料购置、农产品销售、手续代办等实际困难和问题，对农村贫困家庭幼儿特别是留守儿童给予特殊关爱，对子女难以完成学业的贫困户，建立长期助学计划。对无生活自理能力和因病致贫的贫困户，通过社会救助、落实医疗救助社会保障等政策，帮助改善生活状况，增强生活信心。"[1]

送政策是一方面扶助贫困户；另一方面激发贫困农民自我脱贫的内在动力，增强创业致富的信心。送技术是针对贫困农民大部分主要依靠农业生产收入，对贫困户在农业生产技术上，协调劳动、水利、农业、畜牧和林业等技术推广服务部门，组织专门农业技术人员进村入户，帮助结对帮扶贫困户主要劳动力掌握1~2门实用技术和技能，提高其增收致富能力。

对于在村中务农的贫困户，积极引导这些贫困户从种植、养殖、加工、三产、劳务等"短平快"项目中，选准一条增收路子或一个致富项目，实现就地脱贫。没有劳动能力的贫困户是脆弱群体，有劳动能力但是没有资金、技术和项目作为支撑稳定收入来源的贫困户即使实现脱贫，实际上还是处于脆弱性群体的临界地带，一旦出现突发性事故或其他重大变故，都会导致这些脱贫的农民再次陷入贫困境地。因此，送温暖主要是对于贫困户中的老弱和儿童；送技术和送政策以及送项目主要针对贫困村中有劳动能力的贫困户。

但是，个体农户经营农业项目获得收益提高实现脱贫的效能并不稳定，一个现实的问题是对于贫困村来说，贫困户的贫困主要是生活环境和条件的贫困，依靠农业项目的实施和对户扶贫仍然没有可持续性脱贫的效能，

---

[1] 中共JA区委组织部. 关于组织选派单位党员干部与第一书记拍准贫困户开展结对帮扶工作的意见 [N]. 2016-1-5.

最多解决贫困户暂时困难。因为农业本身就是弱质性产业，贫困户依靠家庭经营农业项目如种植业和养殖业等，根本无法保证扶贫成效的精准。特别是一些贫困户只能出劳动力，从事简单劳动，对于技术性较强的农业劳动无论如何传授技术仍然不在行。另外，农业生产经营主要是经营活动，存在一定程度的组织管理和资源投入等相对复杂的劳动，这对于单纯依靠力气吃饭的贫困户来说，使其在短期内就快速提高其农业生产经营能力，面临诸多困难。那么，对于贫困户中有劳动能力但属于脆弱性脱贫的贫困户来说，主要还是依赖乡村的开发式扶贫项目，推进实现整体带动，不能单纯依靠对农户的资源投入，那样只能起到短期脱贫成效。

而乡村的开发式扶贫行动主要还需要政府政策扶持，因为贫困村在集体经济层面根本没有任何经济积累，政府政策兜底是一种外在扶持的扶贫措施，而提升贫困村内生性脱贫支付能力，则是从根本上解决贫困问题的出路。而在推进贫困村提升脱贫能力过程中，政府在政策和措施上对于贫困村贫困主体的包容，才是贫困村能够实现扶贫成效精准的决定性保障。而这种保障就体现出政府主体对于贫困主体的政策包容、施策包容和扶贫成效精准的包容。

二、发展利益包容：市场引领下产业开发政策

贫困是农村居民因为经济收入低下，不足以维持生存水准能够达到社会整体性认可和可接受程度的一种生存状态。对于贫困农民来说，贫困主要原因之一是受到智力、劳动能力的限制，更重要的是对于有劳动能力的贫困人口来说，贫困主要是不能与外部市场资源实现有效的持续的资源交流和互动，贫困农民在市场关系上呈现相对隔离的状态，市场资源对于贫困户来说其主要意义在于维系生存性需求，而贫困人口所需要的发展性资源如资金、技术、设施等生产要素资源，根本没有能力得到并作为脱贫致富的资源依托。为什么贫困户不能依托市场资源实现收入的提高呢？关键原因在于贫困户没有什么可以在市场中进行交换，以实现价值增值的资源

集聚能力。

在贫困村中，贫困户周边村民都处于相对贫困状态，即使主观上有集聚资金和项目发展的意图，在现实中也会遭遇到相应资源严重缺少的内在硬性约束。贫困户的收入低微决定货币储蓄能力有限，而货币储蓄能力有限，又反过来决定收入低微的地位无法改变。因此，对于贫困村具有劳动能力来说，这部分贫困户常常是短期贫困或者是暂时贫困，并且大多数农村居民尽管脱离贫困，但在实现脱贫后走向致富目标实现层面，依然面临资源约束的现实困境。为了使农民尤其是贫困居民具有摆脱资源约束导致贫困的现实状况，最有效最长效的扶贫脱贫机制，就是实施产业开发扶贫政策和战略，使贫困地区和贫困人口真正具有脱贫致富的资源依托和平台依靠。

（一）非贫困户对贫困户的包容

所谓农民就是以农业生产经营为主要收入来源的农村居民。农民的贫困主要是来自农业生产经营的收入不足以维系其社会可接受的生存水准。在农村中，非贫困户能够实现脱贫致富的目标、走向小康家庭所具有的生活水准，主要是这些农民作为兼业小农在从事非农产业方面获得了较高的货币收入，如果单纯依赖农业收入，事实上根本无法实现脱贫致富的目标。我国资源禀赋是人多地少，在生产力条件和农业发展水准没有完全实现现代化的条件下，意味着滞留在农业经营领域的农民存在一定数量和比例，大量的农民没有或者由于自身条件限制，无法完全转移到非农产业部门。尽管当下有相当数量的农民转移到非农产业，但是，农业部门还滞留着大量人口，贫困地区的主要产业特征，就是农民多从事单一的农业生产经营。这种局面意味着只有首先改善贫困村农业生产经营条件，增加农民收入，才能为贫困村农民脱贫提供坚实的基础。

为此，河南省政府在扶贫攻坚阶段，专门制定贫困村农业产业发展的帮扶工作办法，支持贫困村依托自身条件发展农业特色产业，办法指出："一是各地申报实施的高标准粮田建设、高成长服务业专项引导资金、现代农业生产发展、农产品产地初加工、无公害农（水）产品生产基地建设、测土配方施肥、林下经济、农技推广等重大支农项目建设任务要优先向派驻村组和当地的新型农业经营主体倾斜，发挥新型农业经营主体对当地产业和就业的带动作用。二是统筹'新型职业农民培训'、'雨露计划'、劳动力技能培训等专项资金，优先对派驻村开展劳动力技能培训，提高后续发展能力。三是积极推进政策性农业保险工作，提高种植养殖业低于自然灾害的能力。"①

原庄村第一书记和村"双委"干部以及驻村帮扶工作队，依据河南省扶贫开发办公室的文件指示精神，利用龙头企业带动，发展温室大棚种植。JA区××农业发展有限公司成立于2011年，就在A庄乡原庄村，是一家集农业特色种植（榆林小米、花生，注册品牌商标，进入北京等市场）、家禽养殖（公司加农户加合作社的运作模式）及产品深加工，其中，鸡、鸭、鹅的生、熟食自动化生产线，并申请出口西亚等地，系河南省农业产业化重点龙头企业。公司现有流转土地1197亩，农产品深加工产房4000平方米，养殖基地115亩，6000吨冷库，2000万的成套加工线，自动化养殖厂房五栋，养鸭厂房8栋。

××农业发展公司有1500立方大型沼气组一套，用于处理养殖场粪便及生活垃圾，是X市第一家秸秆综合利用大型沼气。现已建成一级、二级发酵罐体，秸秆及畜禽粪便储料车间，预处理间，沼液沉淀罐，沼渣沉淀池，发电机组车间，储气柜，脱硫罐，原料粉碎间等，下一步铺设管道后厂区绿化。按要求进入地头田间，采取"四位一体"生态循环模式，在自然调控与人工调控相结合的条件下，利用可再生能源沼气、保护地栽培大棚蔬菜、日光温室养鸡场等4个因子，通过合理配置形成以沼气为能源，以沼渣、沼液为肥源，实现种植业（菌类、瓜果、蔬菜）、养殖业（鸡）相结合的能流、物流良性循环系统，这是一种资源高效利用、综合效益明显的生态农业模式。运用本模式，冬季北方地区室内外温差可达30℃以上，温室内的喜温菌类、瓜果、果蔬正常生长，畜禽饲养，沼气发酵安全

---

① 河南省扶贫开发办公室. 关于统筹相关财政资金支持驻村第一书记开展帮扶工作的意见 [N]. 2015 – 11 – 14.

可靠。

首先,在龙头企业带动农户脱贫致富过程中,龙头企业提供技术指导和回收产品的服务。贫困农户在龙头企业提供技术指导的同时,还是面临资金、设备和经营管理的瓶颈。单纯采取个体农户与龙头企业对接必定加大交易成本。原庄村为解决合作经营问题,采取的是先进农户带动贫困农户合作经营的方式。传统种植业也存在设施搭建、饲料配比加工、养殖设施维护、产品统一回收和交易合同签订等环节。个体农民与企业签署合同,给企业带来较大的成本,个体农民在市场主体交易中处于弱势地位。原庄村采取建立农业公司形式运作,以公司身份与龙头企业签订贫困户产品回收合同。同时,在农业合作公司的经营管理中,必须依靠村里的"经济能人",以先进户的经营能力引导和带动贫困户从事传统养殖业的顺利发展。

其次,利用种植大户帮扶,发展温室大棚种植。原庄村有10余户香菇种植户,已经逐步呈现规模化、集团化优势,重点加强对原庄村香菇的培育和发展,着重培育香菇产业大户,带动小户经营,为种植农户提供技术支持、资金扶持,增强抗风险能力,打造优质香菇产业大村。积极拓宽香菇种植、加工、销售市场,逐步让更多农户改变种植模式,从传统农业生产(种植小麦、玉米、大豆等)中走出来。利用1~3年时间,通过规范香菇种植技术,保证香菇质量标准,树立品牌观念,集中精力发展区域性经营方式,打造出原庄村优质香菇品种,让更多农户从中受益。据中国食用菌协会统计,2016年全世界需求量在3000万吨以上,未来几年还将以每年12%的速度递增,国内民众的饮食习惯也在发生改变,对食用菌的需求也不断加大,所以市场前景十分广阔。

再次,JA区通过专家指导、技术培训、示范引导等措施,培养了400名专业技术骨干,培训从事无公害食用菌产业人员3.2万人次,普遍提高了无公害食用菌从业人员的科技素质和实用技能。近年来,JA区先后聘请河南农业大学教授申进文,河南省著名食用菌专家王传福、姚占芳、邱立友、郭恒、康源春、丁志敏、王斌等多位专家,到JA区进行技术指导和培训,保证了JA区无公害食用菌高起点规划、高水平运作、高标准生产。2011年,食用菌种植与粮食、蔬菜、玉米和棉花在净产值/年比较如图3.1所示。

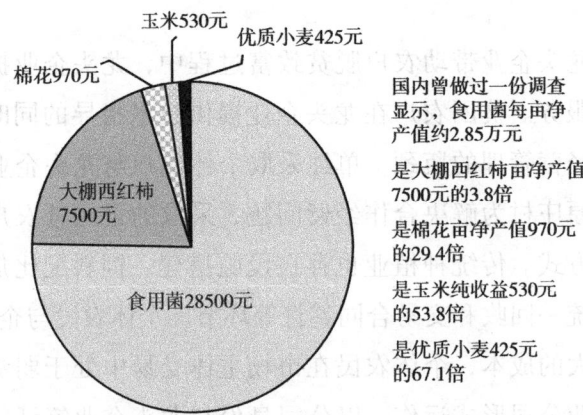

图 3.1　2011 年食用菌与粮食及蔬菜净产值比较示意图
资源来源：李玉. 中国食用菌产业发展趋势 [J]. 食药用菌, 2011 (1).

最后，总体目标和任务主要是全面贯彻落实中央、省、市、县扶持村级集体经济发展试点的文件精神，整合科技资源，组织开展无公害食用菌标准化生产加工技术集成和示范，加快新产品、新技术引进、示范、转化和推广，提升无公害食用菌标准化生产加工技术水平，提高无公害珍稀食用菌产业化程度，培育壮大县域龙头企业，增强科技管理服务能力，完善科技服务体系，培养一批技术人才和技术骨干，培训、转移一批富余劳动力，提高从业者的整体素质和技术水平，发展无公害食用菌特色支柱产业，在经济、社会、生态方面取得明显成效，实现依靠科技进步促进富民强县的目标。通过项目的实施，引进、示范、转化、推广无公害食用菌标准化生产加工先进实用技术成果 6 项以上，培训无公害食用菌生产技术人员 100 人，培养食用菌科技致富带头人 30 人，培训农民 200 人次，覆盖农户 50 户，组织成立 A 庄乡食用菌专业合作组织 2 个，新增就业岗位 100 多个，产品的标准化生产达 90% 以上。实现村集体年增收 30 万元以上，菇农人均增收 3000 元。①

该项目的经营收益管理具体办法，由原庄村"两委"委托第三方进行经营管理，村"两委"与第三方签订租赁合同收取租赁费，作为集体经济

---

① 原庄村"双委"、驻村工作队. 大棚种植项目具体实施方案 [N]. 2016 - 8 - 30.

收入来源。村集体经营收入由村委会主任负责管理,村委会委员根据所管辖生产小组的实际需求提出资金使用申请,村委会出纳负责和保管资金申请,办理支付业务及保管相关票据。在增加村集体收入的项目费用、村公益性项目的建设费用、村民遭遇重大家庭变故造成生活困难的村民慰问金等情况下,可以申请使用村集体经营收入。使用资金时实行申请、预借、审批、报账制度,同时严格项目收益支出管理,严格按照"四议两公开"程序进行,做到收支公开、公正、透明,自觉接受乡财务审计和群众监督。

相对于传统的农业种植业,经济作物的种植带来的收入更多,原庄村采取农业龙头企业带动农户方式种植食用菌,在技术、销售方面由农业发展公司负责,在劳动力和大棚建设方面由贫困户劳动力和扶贫项目承担。尤其是资金主要由贫困户贷款方式解决。但是,单纯以贫困户为单位从事经营,金融行业贷款就可能出现保障不足问题。当时负责为原庄村贷款的农业发展银行的人员,在访谈时这样说:

金融扶贫是国家政策,金融系统同样也有对口帮扶的贫困村,但是贫困村都要贷款,我们要根据实际情况,主要是要看项目怎么样。贷款还是要有担保的,即使贫困户贷款同样也要有担保,说是政府兜底,没有手续不行,没有手续就没有政府兜底。农户贷款时说的很好,贷款回不来问谁要钱,还是得有担保。贫困户小额贷款还好说,如果是大额贷款,只有政策也是不行的。看项目收益是发放贷款的主要标准。[①]

单纯贫困户贷款搞产业开发脱贫,金融系统必定对贷款信用产生疑虑,对此,贫困村自治组织和党支部领导干部就开始想办法,主要是消除或者弱化金融机构对农村贫困户贷款的信用疑虑。为此,寻找的主要办法就是不能由贫困户出面贷款,贷款主要由村里的"经济能人"出面贷款。原庄村的"经济能人"相对而言还是比较多的,除贫困人口之外,外出经商打工和搞私营企业的村民大有人在。村"双委"干部就联系这些村里的"经济能人",让这些人出面贷款,负责食用菌大棚种植项目的推进和开发。这些"经济能人"出于对家乡人的认同和感情,有些"经济能手"还是回来

---

① JA区农业发展银行人员访谈记录[N]. 2017-10-15.

主持食用菌种植项目的开发。在访谈中,有位主持食用菌项目的村民这样说:

在外出搞副业也挣了几个钱,也只是说,比一般户好一点,要说多好,也不会好到哪里去,就是钱上稍宽裕一点。做生意一般都是有债的,我也有"饥荒"。村干部说村里有扶贫项目,说是贷款搞开发,是贫困户贷款我担保,我想这不是我出钱一样,哎,我看了项目不错,茹菇、香菇由农业公司回收,不会折本,也就担保了。今年是头年,看看还不错,产量稳,钱能回来,不错。种的人都是贫困户劳力,算一下每户能收入4000块。总共21个大棚,每个大棚除了本钱还能落个几千块。应该说头年不错,看来年咋样。①

当时JA区培训食用菌种植技术的人中主要是贫困户劳动力,为什么不能让贫困户直接种植销售呢?即使村里"经济能人"带头,种植人员就不会偷着销售吗?在主持种植人员和种植农户之间,会不会出现相应的利益博弈呢?对此,原庄村党支部书记在访谈时这样说:

这种情况会有,咋不会有?种的那点回家吃,能吃多少?会卖不会卖?也会,咋不会?公司收购价格低,在外卖的价格高,农户感到这样收益高,肯定会卖。咋办?这有两样:一样是一家一个大棚,一个大棚投资是5万元左右,是要还贷款的,总共是三年,一年要还上1万多,农户偷着卖,公司收的时候少卖,收成就少,但贷款还得还,不是说不还贷款了,啥都好说。另一样是谁偷着拿出去卖,时间长了都知道了,不好看。咋能这样干?至于说拿回家里吃点,事不大,吃能吃多少?自己种的吃点也正常,不是说不让吃,关键是不能偷着卖。②

对于原庄村推行的产业拉动扶贫项目实施情况,实际上还是存在诸多不确定因素,就是村里"经济能人"担保贫困户贷款,而偿还贷款的是贫困户,而贫困户贷款由"经济能人"负担投资建设,这样实际上就使贷款和还款的责任有点不清晰,主要压力还是担保贷款的"经济能人",如果出现贷款不能偿还的情况怎么办?对此,原庄村第一书记在访谈时说:

---

① 原庄村主持大棚种植农户访谈记录 [N]. 2016-11-13.
② 原庄村党支部书记访谈记录 [N]. 2017-4-19.

这种情况有可能，但原庄村可能性较小，因为这种种植项目有回收，市场前景也不错，只要不发生灾害，大棚严重损坏，一般收入上是稳定的，据说现在已经回本了，农户收入有保证。至于说贷款，只要收入能保证，贷款按照销售的收入分期偿还。这种情况村里也考虑到，不能让带头人吃亏。村里经常开会，党员对口帮扶贫困户，现在贫困户基本上都脱贫了，有问题的是没有劳动能力的特困户，这些户没法脱贫，只能是政府政策兜底。[①]

原庄村的产业开发扶贫首先是农业现代化经营产业开发模式，其中主要是种植带头人的选择，其次是种植产品销售能保障，再次是技术服务能到位，最后是种植带头人与种植农户之间的利益分配机制要有效。种植产业开发收益能够保证，这需要市场主体的引领和拉动。具有劳动能力的贫困户之所以贫苦，主要是不能与外部市场资源进行良性交流互动，或者说，贫困户一般被排斥在市场资源流动之外，这才导致贫困状况的恶性循环。

2017年，河南省对全省扶贫攻坚进行第一次督查巡查过程中发现，X市抽查的三个县都普遍反映贫困户贷款难的问题，上级出台的政策很好，如贫困户可以贷款免抵押免担保，但在实际贷款活动中，因为银行贷款实施的是终身追究制，谁都怕担风险，县级银行只听上级本行业部门的，没有抵押和担保贫困户根本贷不来款，这种情况严重制约了贫困户的发展。对此，X市要求JA区全面建立"扶贫小额信贷分片包干责任制"，对每个贫困村和每户贫困户均指定了责任银行，真正做到"县不漏乡、乡不漏村、村不漏户"。在具体执行上截至2017年4月末，全县发放贷款给建档立卡的贫困户资金1895.2万元，产业精准扶贫贷款余额9541万元，比2017年年初增加了5186万元。[②]

而贫困村产业开发能够最大限度地把市场要素资源嵌入贫困村，使贫困户首先收益。如市场中"经济能人"参与和市场企业主体参与，以及金融行业贷款资金的注入等因素，这些情况在国家精准扶贫政策背景下成为

---

① 原庄村第一书记访谈记录［N］．2017-10-15．
② X市扶贫开发办公室．X市脱贫攻坚重点问题清单与整改台账（三）：河南省2017年度脱贫攻坚第一次度产巡查反馈问题［N］．2017-5．

自然。但是，在精准扶贫政策实施之前，这些资源实际上处于闲置状态。当然，产业扶贫开发含有对新型技术职业性农民的培训，就是原庄村的种植食用菌产业，也需要集中的技术培训。没有培训，农民就不可能具备种植经济作物的技能，就不可能有效对接现代生产要素资源，并把要素资源整合成为脱贫致富的依托平台和载体。在市场机制作用下，现代市场生产要素资源进入贫困地区动力条件严重不足。也就是说，市场主体进入贫困村，在扶贫政策推动下，以产业带动会承载一定社会责任。但是，从市场主体自主选择角度来看，市场主体反哺农村，先进户带动贫困户走向致富，既有来自国家精准扶贫政策激励因素作用，还有先进农户对贫困农户的带动。无论是龙头企业带动贫困户从事传统养殖业，还是从事种植业，还是获得金融机构的扶贫贷款，其中，原庄村先进农户都发挥了对于贫困农户的带动和引领作用。

先进户对于贫困户的引领和带动，就存在先进户对于贫困户在能力层面的包容，这种能力上的包容集中体现在先进户对于贫困户上，在种植和养殖业上的经营管理、技术帮扶、设施建设、产品回收、交易谈判和收益保障上的包容。此时的能力包容就是要求先进农户对于贫困户在收益和经营能力提升上的保障。对于贫困户从事产业项目开发的带动，毕竟不是所有农户参加的项目，如果这种项目开发单纯依赖贫困户，即使有乡村干部的对口帮扶支持，也是不能保证贫困户脱贫具有实际成效的方式。只有先进农户带动和包容贫困农户，才能在保证先进农户收益的同时，实现包容条件下共同富裕。

（二）市场主体对贫困主体的包容

在精准扶贫中，X 市对贫困村实施对口帮扶政策时，动员市场企业主体实施"千企帮千村"产业扶贫带动工程，每个贫困村都有相应的市场企业对口支援扶贫。对于贫困村暂时贫困人员来说，这些人员一般具有劳动能力，最大的贫困原因就是没有稳定的就业机会和稳定的收入来源。市场非农产业进入贫困村，对于贫困村贫困劳动力进行职业培训，然后吸收这些贫困人口在非农产业就业、获得稳定收入是主要的扶贫方式之一。这实际上是通过转移贫困村的剩余劳动力,来实现贫困人口脱贫致富。但是,贫困人口的主要特点是年龄大、文化低和缺乏技术,有些就业岗位并不能推动贫困人口脱贫致富。即使贫困村随着新型乡村建设出现一些公益性的就业岗位,但是,这种岗位数量有限,收入也非常有限,如贫困村的街道维护清洁、绿化护理、垃圾收集、村委会保洁等人员,这些岗位收入一般不高,另外,这些岗位一般安排特困农户家庭劳动能力较低的人员。对于一般贫困户来说,如何创造稳定的就业岗位获得稳定收入达到脱贫致富的目标,主要是依靠非农产业的带动发展。

河南省在2017年脱贫攻坚督查巡查反馈的问题中,X市范围内贫困村基本上都有产业,但这些产业中传统的种植、养殖占到95%以上,产业链条没有得到进一步延伸,农产品深加工滞后,基本上处于原料生产阶段,经济效益差,抵御风险能力较低,此次督导的贫困村都是如此。对此,X市的整改意见是首先制定产业扶贫开发实施规划,大力发展特色种植、生态养殖、乡村旅游、光伏发电、家庭手工业加工等脱贫产业,推动特色产业规模化发展,加快推进农村产业制度改革,选择有一定资源性和经营性资产的贫困村进行试点,培育有活力、有实力的乡村集体经济,带动贫困人口增收致富,最后,X扶贫开发办公室指示各局委制定产业扶贫方案、加大产业扶贫力度、大力培育新型经营主体,提升辐射带动能力。[1]

首先,市场企业对口帮扶。原庄村交通便利且邻近县、乡政府,周边各种企业较多,在实施企业对口帮扶政策后,原庄村有三个大型企业对该村进行产业开发和带动扶贫。在原庄村扶贫资金扶持方面,到2016年6月,原庄村已争取到帮扶资金246.9822万元,其中X市烟草研究院扶贫捐赠资金100万元;省派第一书记专项扶贫资金90万元(每年45万元);县财政整村推进扶贫资金50万元(村内道路修建已使用);党员捐款和工会捐助6.9822万元,另有省财政厅可争取到资金200万元以内。具体帮扶的项目主要有:

(1)完善农业灌溉设施。全村共有耕地2200亩,现有机井43眼,其

---

[1] X市扶贫开发办公室.X市脱贫攻坚重点问题清单与整改台账(三)——河南省2017年度脱贫攻坚第一次年度巡查反馈问题[N].2017-5.

中23眼为最近几年打的40米深井，出水量大，能满足抗旱灌溉需求。其余20眼机井都是20世纪70～80年代老井，深度18米，随着近几年整体水位下降，这些灌溉井深度不够，出水量少，或者无水，不能满足灌溉需要。因此需要新建40米深度、口径为50厘米灌溉井20眼。2016年通过协调乡农业办公室，争取到国家高效农田项目资金，已新建机井10眼，剩余计划建设机井力争农业资金在2017年内解决。

（2）村内电网改造项目。原庄村内电网线路老化，为适应新农村发展需要，村内电网改造项目已纳入县电业局改造计划。

（3）修建村内水泥道路。原庄村地势较低，村内街道水泥路硬化已完成80%，村内还有3公里道路没有硬化。为解决群众出行难问题、解决村民矛盾焦点，按当地水泥道路的硬化标准：4米宽，厚度18厘米，每公里造价30万元，费用大约需90万元。争取县交通局道路建设资金50万元，村配套资金40万元从省派书记专项扶贫资金中解决。

（4）开展美丽乡村建设活动。为改善村容村貌、美化环境，发展特色农业，增加农民收入，2016年对村内主干道两侧和村庄周围近200亩荒地进行改造，种植核桃、柿子、苹果等果树，约需资金50万元，该资金来源从省派第一书记的专项扶贫资金中解决。

（5）破解秸秆禁烧工作难题。为解决夏、秋两季禁烧秸秆难题，开展秸秆饲料利用和秸秆还田工作，为村集体购置大型农机具4台套，需资金50万元，该资金从X市烟草研究院扶贫捐赠资金中解决。

（6）优化农业产业结构。利用村农田土地平坦、肥沃优势，积极推进种植结构优化工作。2016年发展蔬菜大棚种植产业，为村集体建设大棚，采取租赁形式，优先照顾贫困家庭，使村集体增收，农民致富。大棚建设计划投入资金50万元，该资金从X市烟草研究院扶贫捐赠资金中解决。

（7）开展为"低保"户、特困户送温暖活动。全村"低保"户、特困户慰问费用每年3.5万元，2年约需7万元，该费用从党员捐款和工会捐助6.9822万元中支取。①

---

① 原庄村企业帮扶小组. X市烟草研究院对原庄村脱贫帮扶方案［N］. 2016-6-14.

其次，企业实施产业开发带动扶贫。对原庄村实施产业扶持开发扶贫的主要是 JA 区有名的电器集团，该集团在精准扶贫政策实施前就已经对原庄村有所扶持，诸如建设小学和帮助建设文化广场。在精准扶贫后，由于该电器集团董事长出自原庄村，出于对家乡热爱的家国情怀，对于家乡扶贫推进更是积极参与。其中最主要的是在原庄村与其他两个邻村交界处建立分厂，吸收原庄村贫困居民和一般劳动力回流。市场企业在贫困村建立分厂主要是为了推动贫困户脱贫致富，新工厂建立后还能增加贫困村周边流动人口，同时，这个分厂建立时占用的耕地主要是三个村的耕地，其中原庄村被占用耕地 600 多亩，使用权属于 200 多户原庄村民。占用耕地的租金和费用是每年每亩 500 元，这些资金都回报给村民。村里在新建工厂安排就业、提供公益性岗位和带动商业发展等方面，对贫困户优先提供支持。原庄村党支部书记在访谈时说：

俺村是全县产业扶贫开发力度较大的村，政府提倡"千企对千村"，俺村主要是 S 县电器集团对口帮扶，企业帮扶力度比较大，主要是这家企业负责人是俺村人。过去也有帮助，主要是没有现在政策支持环境，如今，企业帮扶很积极，力度也很大。俺村收益不小，主要是在村边建立了分厂，光安排本村就业有 60 多个人。其他村也有，现在厂里工人有 300 多个，产值效益也不错，这家企业是县里有名企业，企业帮扶在咱县主要是这家企业帮扶力度最大，算下来已经投入咱村的资金有四五千万元了。现在能脱贫的都脱贫了，不能脱贫的也无法脱贫，主要是没有劳动能力。下一步是如何发展集体经济问题，现在还不能说咱村有集体经济。①

这家新建工厂安排原庄村村民就业就有 60 多人，这家工厂应该说主要是劳动密集型产业，以安排劳动力为主。但是，现代化企业在环保方面要求都比较高，如污水处理厂和垃圾排放和处理等，这些都属于投资成本。原庄村村民尤其是贫困户没有什么技术能力和水平，在新建工厂主要是从事公益性的劳动，获得收入也不高。但是，现代企业在村庄边上，推动了原庄村土地的流转和劳动力的就业。另外，在企业筹建和建设期间，大量

---

① 原庄村党支部书记访谈记录 [N]. 2017-8-25.

的土建工程和材料运输以及道路修建等工程，无形中实际上已经把建厂投资的20%~30%的资金，作为成本转化为附近村民的劳动收入，这就是工业直接对农村的支持。随着建设工厂的工程推进，原庄村很多村民就当起了建筑工人和技术人员。围绕着工厂建设在周边兴起的小饭馆、修车厂、百货店、五金土杂店、理发店、小诊所、门面房等生产性和消费性服务行业都逐渐兴起，呈现出非农产业拉动农村发展的整体性功效。因为工厂的建立直接带动了原庄村"预制板"产业的兴起，作为主要的建筑材料，不只是建设工厂各种配套建筑要用这种预制板，就是周边兴起的各种店铺门面同样需要。当然，新厂建成投产后，邻近的三个村庄，其中两个村不是贫困村，但是同样有贫困户。

原庄村作为贫困村安排的就业人口并不多，原因是在外打工的劳动力，没有回来到厂里就业，其他村也是这种情况，结果是新厂安排的职工主要是这三个村庄的妇女村民。当然，对于劳动能力弱但还有就业要求的村民来说，只能是做一些公益性的劳动，由新建企业负担其劳动报酬。但是，对于现代企业来说，就业人员需要具备一定的技术能力，问题是原庄村在工厂就业的人员多是无技术人员，只能从事简单的工种。对此，负责新建工厂运营的经营厂长在访谈时这样说：

我们是扶贫企业，按理说应该得到政府政策支持，但是现在看来政府支持有限，不能说没有，建新厂完全是投资，成本何时能回来，你知道现在制造业有点低迷疲软，真不如搞房地产的，一夜之间就是一个价格。我们的资金实际上是很紧张的，但这是国家政策，这也同样是扶贫项目。最关键的是用工难，厂里需要年轻劳力，能接受培训上岗要求，但如今来厂里干活的多是年龄较大的妇女，年轻劳力都外出打工了，看不上这几个钱。这里的工人少的开工资1500元，多的也就是3000元，制造业就是这样。这种工资对年轻人来说没有多大吸引力，对农村妇女还是有点吸引力。合格工人不好找，但是政府和村里要去安排的人员不少，远超出厂里需要。①

企业参与对口扶贫主要是为了帮助贫困人口脱贫致富。对于贫困人口

---

① X电器集团原庄分厂经营厂长访谈记录［N］．2017－8－21．

来说，到扶贫企业打工就能够实现脱贫目标。不过，要实现致富目标还是与农民预期存在相当大的差距。当然，相对于以往市场企业参与扶贫，对于贫困户来说有了稳定的就业岗位和收入来源，这就意味着可以保证实现脱贫目标。问题是企业是市场主体同样存在追求收益最大化的市场理性，如果扶贫企业因为用工问题导致企业经营效益不高，扶贫企业的扶贫效能同样也是不可持续的。

因此，与其说产业开发引进扶贫企业投资办厂，吸收贫困户作为企业人员，不如说市场企业参与精准扶贫，主要是为了改变贫困村周边的市场环境和地区发展条件。企业主要受市场逻辑支配，而扶贫主要是道义逻辑和伦理在主导其方向，企业在市场生存伦理与道义帮扶伦理之间，必然出现一定的张力。这就意味着企业参与扶贫更重要的作用是改善贫困村的周边发展环境，增加贫困人口的就业机会并提供发展条件。事实上，对于贫困人口来说面临文化素质和技术能力的内在约束和限制。

在集体经济产业扶贫开发方面，原庄村在集体经济发展方面实际上还面临诸多困难，第一书记刘书记这样说：

> 企业建厂能够提高就业村民收入，这是确定的。但不属于集体经济，如今原庄实际上没有集体经济，也就是说没有集体收入，或者说集体收入很低，不能给群众更多的福利。但办企业对村里来说，事实上困难较大：一是缺少经营管理人才，二是资金技术都不足。就是政府下拨 200 万元扶贫资金，让搞集体经济，我们搞什么项目。现在土地流转都有规定，环保和安全都有要求，200 万元资金没有怎么用就完了，以后如何办？搞企业需要大量后续资金，企业运营有很多因素，不好搞。①

第一书记所说的集体经济不好推进，对于贫困村存在其内在的困境，因为贫困，所以其他条件都不具备，因为发展的各项条件不具备所以贫困，这种"低水平均衡陷阱"本质上是贫困村长久贫困的根源。但是，对于贫困村来说，产业开发扶贫并不意味着要投资办厂，尤其是非农业的工厂制造业或者是其他非农产业。因为建工厂存在管理和经营、产品开发和技术

---

① 原庄村第一书记访谈记录［N］. 2017 - 9 - 24.

研发等多项要求，所以对贫困村来说，没有能力也没有资源作为单独办厂以壮大集体经济。不过，贫困村可以利用本村既有的资源优势，实施产业开发扶贫，在访谈中，原庄村有位村"双委"干部这样说：

> 咱省科技厅派驻到信阳地区贫困村一个第一书记，这个第一书记在贫困村搞科技扶贫和产业扶贫，就是结合当地农民实际情况搞桑蚕养殖，村里建集体经济企业（公司），负责桑蚕养殖、收成和销售，现在这个第一书记马上要到洛阳市当副市长，这就是典型。2016年度在全国扶贫第一书记业绩评比中，这个第一书记排名第三，确实是了不起。这个贫困村因有养蚕行业，人均收入提高到4000元，确实不简单，咱村是不是也可以这样搞？①

实际上，2017年初，原庄村村"双委"班子，就开始着手发展集体经济，原来的想法主要是发展非农产业，始终考虑到没有项目、资金和技术以及管理经营人员，但是，随后村"双委"班子成员外出考察学习，回来后结合本村情况开始着手发展集体经济，增加集体收入。据原庄村第一书记在总结报告中说的："驻村近一年时间，本人、校级领导及中层干部共计走访调研、结对帮扶农户几百余人次；组织村组干部、党员代表到周边乡村及新蔡砖店、山东郓城、开封兰考、郑州荥阳等地考察调研村庄建设、产业发展几十余人次。"② 原庄村党员干部经过多轮外出考察学习，考察人员回村后结合原庄村实际情况，开始着力发展集体经济，在原庄村通过逐级申请和检查考核，2015年被河南省选定为"乡村集体经济发展试点村庄"，并拨款160万元发展集体经济。

那么，原庄村发展集体经济的突破口在哪里呢？村"双委"领导干部与第一书记经过反复论证后，决定依托原庄村距离城市和县城以及乡政府较近的特点，首先发展以农家乐为中心的乡村绿色田园经济。选择这个项目作为集体经济的着力点和抓手，主要是对第一书记和乡村干部来说，项目选择首要的就是不能投资太大；其次是劳动密集型的；再次是不能有大的投资风险；最后项目投资短期内能够回收。最终选择的项目是乡村绿色

---

① 原庄村双委一干部访谈记录［N］. 2017 - 10 - 13.
② 原庄村第一书记. 怀真情、用真力、使真劲做好第一书记［N］. 2017 - 1 - 12.

田园，主要是搞农家乐项目。但是，原庄村的农家乐不同于一般乡村开办的农家乐饭庄，主要是绿色有机食品的饭菜供应。原庄村"乡村田园"采取的是集餐饮、休闲、生产、消费于一体的农家绿色农业。具体兴办的方式，据原庄村第一书记在访谈时说：

> 俺村农家乐不同于别的农家乐，那些农家乐就是饭店，这都知道。我们的农家田园主要是考虑到城市人搞农业不计较成本。我们呢，就以200平方米为单位，共组织200亩地，划成乡村田园开发小区，然后网上营销。城里人节假日可以到田园里来种植蔬菜、水果什么的，不来时候我们帮他们护理。来了有吃的有住的，当然这是有费用的。每200平方米每年的费用是1000元钱，只要交1000元，就能拥有200平方米的小块地，这块地你可以自己耕种，我们提供种子、化肥、灌溉和技术指导等。不来我们有人帮助护理这块地。这样一亩地就可以每年收入3000元，不过来田园种地的城里人，把消费就放在园子里，这样我们的收入会更高。200亩地收入就是每年50万元到60万元，我们还可以销售村里的土特产等。①

原庄村共有2450亩耕地，还不包括林地和住宅用地。用几十亩进行食用菌种植，600亩用作电器集团新建工厂，再用200亩进行集体经济开发，共计800多亩耕地，应该说土地使用指标还是比较紧张的。但是，在精准扶贫开发的同时，为了照顾贫困村的发展，JA区还是采取了对贫困村非农业用地的置换办法，否则，新建工厂占用耕地就是个政策执行问题。不过，原庄村搞的绿色田园开发并没有改变耕地用途，不过是把耕地的利用范围延伸到资本市场和城市空间。由此，从事农业经营的主体不再是农民，也有城市居民在不计成本地经营农业。

村里有条大水渠，渠两旁蔓延着青草绿地，并没有种植庄稼，村里就在大水渠两旁开发种植桑树，桑树一年就可以养蚕，尽管投资周期较长，但是毕竟为集体经济增添了收入来源。此时，村集体组织实际上承载了经济周转者的角色，村集体组织成立桑蚕养殖发展公司，按照股份制形式，吸收村民入股投资，最后利润分成。当然要制定合作公司的运营章程，保

---

① 原庄村支部书记访谈记录［N］. 2017-7-23.

证入股村民的权益。不过按照资本投入分红，村集体要占有较大的份额，因为没有分给村民的用地一般称作公共用地，过去，村集体把公共用地分给有人口没有土地的村民，收取一定量的租金来作为集体经济的收入，这种土地全村一般不超过200亩。现在，村里公共土地作为村集体经济的用途和使用方式发生变化，但是，村集体并不排斥村民的入股参与。这种村民和村集体成立的农业发展合作公司，在农业经营层面，应该属于类似于农业合作社方式的企业，不过，这种经营方式是以现代公司方式进行运作。在访谈时第一书记是这样说的：

搞桑蚕业，村集体撑头，村民入股经营，最后利润按照资本投入分成，信阳有个村能搞，我们为什么不可以搞，关键是这种产业投资小，一般赔不到哪里去，主要是产品销路要有保障。在项目运营前就必须与有关公司签订供销合同，没有这个合同，我们根本就不敢做。开始时可以规模小一点，慢慢发展。但还是信息不畅通，即使有网络也不够，村里人有几个人真正关注网络，多是看电影打游戏之类的，实际上对农村来说网络可以大有作为。①

桑蚕行业技术要求并不复杂，关键是村民从事桑蚕养殖要有技术指导，这对于集体经济发展来说是必要条件。集体经济发展对于村民经济收入提高，实际上起到较大的引领作用，随着精准扶贫政策的实施，激发了村集体组织和自治组织的积极性、创造力以及能动性，原庄村集体经济发展并不只是上述这些，最有代表性的是村集体组织引领下的芦荟种植行业，在访谈时，主导村集体经济发展的原庄村主任这样说：

这是我们到山东考察时发现的一个项目，当时山东对外出口农副产品的公司需要大量的芦荟、大蒜和大葱以及菜心等蔬菜，只要有就能签订合同，价格还比较高。就芦荟吧，拉到山东出口就是13元到14元一斤，我们这里种植芦荟，村里回收给的价格是最高7元一斤，中间差价是7~8元。这就不错了，村民一亩地每年出2000斤芦荟，就是14000元的收入。当然村里对产品是有要求的，不能说带来的产品都可以，我们要求长短一

---

① 原庄村第一书记访谈记录 [N]. 2017-7-26.

致,不能太老等,现在村里家家户户都多少种一点,村里回收,村民没有顾虑。①

实际上,这些集体经济的运营模式就是现代公司的运作模式,要保障集体经济处于良性运营的状态,就必须加强集体经济的运营监督。为此原庄村在第一书记带领下,抓好组织建设,提高服务水平,改善党群关系,加强"两学一做"学习教育活动,落实"一编三定"工作法,健全各类规章措施,提高"两委"成员政治理论水平和工作服务能力;组织了5次"原庄村发展暨脱贫攻坚党员大讨论"活动。建党95周年前夕,原庄村被授予了"X市党建200强村(社区)"奖牌。②

在X市大学帮助原庄村三年规划中,要求派驻的第一书记"大力推进农村基层组织建设,完善村'两委'班子建设及工作运行机制,实现村级组织的党务、政务、财务全面公开制度,切实维护村民的选举权和村民代表议会制度,村民代表参与村内重大事务的决策,完善村民'一事一议'制度,完善村规民约和村民自治章程,实行民主管理、民主决策、民主监督。完善"四项基础制度",搞好便民、惠民服务,密切党群、干群关系,坚持群众路线,建设学习型、服务型党组织。开展'三联共建、双强双争一带、创先争优'等创建活动,增强村级班子的带头示范作用,提高党员干部的致富增收能力,掀起'群众创家业、能人创企业、干部创事业'的热潮。积极发展年轻党员和村级后备干部工作,规范党员信息管理。"③

原庄村集体经济能够逐渐发展,既有第一书记的监督和约束,也有建立的村级管理各项制度的约束,还有党员干部和群众的监督约束,村"双委"班子成员在集体经济经营过程中"搭便车"的可能性非常低,因为外在和内在的监督和约束机制效能,在精准扶贫政策实施背景下相对较高。在开发带动贫困人口脱贫致富的过程中,主要面对的对象是一般性贫困人口,这类贫困人口都具有劳动能力,只要提供稳定的就业机会,获得稳定的收入来源,就都能实现脱贫目标。要实现贫困人口致富的目标,单纯依

---

① 原庄村村长访谈记录 [N]. 2017-8-13.
② 原庄村党支部,原庄村村委会. 原庄村"抓党建、促扶贫"材料 [N]. 2017-5-17.
③ 中共××学院委员会. ××学院帮助原庄村三年规划 [N]. 2015-12-4.

靠贫困户获得稳定就业机会和就业稳定的收入只是其中一方面，因为就业机会的稳定对于贫困人口来说在长时段上也是不确定的。要保证贫困人口具有内生性的脱贫致富能力，还需要真正在贫困村建立主导性产业。而要实现产业开发对扶贫成效精准的保障，没有市场主体的参与和引领同样也是不现实的，无论是市场主体的扶贫对口帮扶、市场主体产业开发带动贫困人口脱贫致富，还是乡村集体经济的经营发展，都需要市场主体对于贫困人口的包容和助推。而市场主体对于贫困村和贫困人口的包容、接纳和扶助，主要在于要么是提升贫困人口的技术能力，要么是提升贫困人口的经营能力，要么是直接提升贫困人口的经营创收能力。在市场主体与贫困人口之间形成帮扶、救助、带动、引领的包容性互动关系格局。不过，在要求市场主体对于贫困人口包容的同时，不能要求市场主体完全放弃追求市场收益最大化的动机和目标导向，市场主体对于贫困人口的包容主要体现在对贫困人口脱贫致富能力的提升层面，而不是要求市场主体对贫困人口提供生存和发展的一切保障。如果对于市场主体参与扶贫有过高的期望，势必影响市场主体参与扶贫的可持续性；反之，如果对于市场主体参与扶贫提供无限度的政策支持，则势必造成扶贫资源被市场主体的"经营捕获"。最终市场主体对于贫困主体的包容和扶持还需要政府主体的监管和规制。

（三）政府主体对贫困主体的包容

精准扶贫的成效就是贫困村居民脱贫致富，脱贫致富的成效精准应该是长期或长效的脱贫，而不是暂时脱贫和阶段性脱贫。要使贫困保持长效脱贫致富的态势，必须保证市场生产要素资源在政策导向下能够形成回流农村的长效机制。这种回流包括资金、技术、人力资源和服务等要素的回流，如何才能保证这些现代生产要素资源长期稳定地回流农村呢？这不只是需要政策的导向功能，最主要是还要发挥农村社会尤其是贫困村的资源优势和特色功能。也就是说，扶贫项目和资金嵌入贫困村后，确实能够起到提升贫困人口脱贫致富能力效能，而不是说有项目和资金，贫困人口就能脱贫致富,没有项目和资金贫困人口依然贫困。或者说,扶贫从"输血"到"造血"需要何种条件才能实现?我国当下的发展态势与改革开放之初,存在根本性的差别,主要是在国家资源整合和动员层面存在根本不同。改革开放之初我国既缺资金又缺技术;既缺人才又缺设施;既缺供给市场又缺消费市场。当下,我国资金、技术、人才和市场并不紧缺,实际上处于产能严重过剩的状态。这就需要开辟新的需求市场,来缓解资源要素产能过剩的局面,农村精准扶贫采取政策导向下的生产要素资源回流农村,主要是贫困地区和贫困村,这种资源流动本身就为农村尤其是贫困乡村的发展提供了资源供给支撑。

扶贫政策实施中的产业拉动,首先是人力资源素质提升的拉动,比如说原庄村实施的乡村田园、食用菌种植、芦荟种植以及桑蚕养殖行业,在项目实施中,对村民尤其是贫困户劳动力进行技术培训是非常必要的。贫困人口没有技术,就不能有效与现代生产要素实现对接和融合,在访谈时一位村民这样说:

俺没文化,也没什么技术,只能出死力,有什么办法。如今好了,政策好了,搞种植能培训,学一下技术,心里就有数。过去没有技术谁管呢?如今世事变了,没技术公家教你技术,我种食用菌,就比光种地要好得多,一斤食用菌能卖好几块,小麦才能卖多少钱一斤?粮食都够吃了,主要是缺钱,想想这技术也不难,主要是过去不知道到哪里学,也没人主动上门教技术,多少有点技术比啥都强,如今我种食用菌都脱贫了。①

对农民的技术培训、合作社培训、现代农业培训等省级组织的"阳光培训"等,实际上都是推动农村技术人才发展的举措,但是,这种技术培训经常被种植大户和村干部占用了培训名额,具体到贫困农民一般没有这样的机会。一方面贫困村缺少人才,另一方面贫困人口没有技术,这就造成人才和技术双重缺陷,这种双重缺陷也是贫困村"低水平均衡"的主要根源。

对此,X市要求各县要不断完善创业平台,"每年组织开展创业孵化示

---

① 原庄村一个艾姓村民访谈记录 [N]. 2017-8-12.

范基地、农民工返乡创业示范园、农民工返乡创业示范项目评比活动,用于扶持返乡下乡创业园区,达到市级标准的,按规定给予一次性奖补。"① 这种政策出台,主要是为了激励外出农民工返乡创业,带动村里贫困人口收入的增长和劳动力就业面的拓宽。为了推动贫困人口就业和支持农民工返乡创业,X 市人力资源和社会保障局专门发布文件,规定:"对乡(镇)、村创办的实体吸纳贫困人口就业达到 30% 以上,发生在物管、卫生、房租、水电等费用,3 年内给予不超过当月实际费用 50% 的补贴,年补贴最高限额 10000 元。"②

回乡创业的农民工,一般都有在熟悉行业比较成熟的经营管理和创业经验,在带动贫困人口创业方面能够起到带头的作用。但是,贫困村归根到底还是人才的缺失,对此,X 市委组织部专门发布服务脱贫攻坚实施意见,要求"一是积极推进贫困村技能人才培养,确保 2 年举办培训班 12 期,其中集中培训不少于 2 次。二是发挥人才优势精准施策。依托专家服务团等高层次人才(团队)资源,继续开展'专家人才走基层'活动,选派相关领域专家和人才组成专业的专家服务团,深入贫困村或技术服务项目进行专项把脉问诊,实施精准服务。三是依托载体服务精准扶贫。依托省博士服务团和驻 X 市高校、科研机构的科技、人才和智力资源优势,开展产业、项目、技术、信息的合作,促进产学研成果的推广转化和贫困村致富带头人。产业项目的技术培训、产品推广和提档升级,促进贫困村经济社会发展。"③ 整体上精准扶贫攻坚实现资金下乡、企业下乡、人才下乡、技术下乡和组织下乡,对贫困村实施整体性改造和生产能力提升,其中,最主要的是对贫困人口自身的改造。对贫困人口智能水平提升的改造,要么是对这些人员进行培训,要么是对贫困村外在嵌入人才优势资源。

在精准扶贫政策导向下,贫困村的贫困人口讲究"一单位一贫困村一贫困户一施策",具体到人、责任到人,确保资金精准到户、项目精准到

---

① X 市人力资源和社会保障局. 2017 年脱贫攻坚工作方案 [N]. 2016 – 12 – 12.
② X 市人力资源和社会保障局. 关于转移就业支持脱贫攻坚实施意见 [N]. 2016 – 10 – 18.
③ 中共 X 市委组织部. 关于全市组织系统开展服务脱贫攻坚专项行动实施意见 [N]. 2016 – 5 – 19.

户、政策精准到户等六个精准。在精准扶贫中，是否会出现村"双委"干部和乡村干部"搭便车"现象呢？在访谈时原庄村村主任这样说：

这咋可能呢？贫困村申报扶贫项目，上级批准后采取招标方式确定施工单位，然后进行公示，项目实施过程到完工都要经过上级评估，然后扶贫项目资金直接打给施工单位，这笔款根本不经过乡政府和村"双委"，俺们咋能掌握呢？更不用说钻空子了，根本不可能。况且现在群众可不是过去，群众现在也上网、看电视、听新闻，政策、方针人家都知道，扶贫资金精准到户，保险得很，干部根本不可能沾边。①

对贫困村和贫困人口能够起到真正增加收入的主要是扶贫开发项目，无论是办工厂还是兴办集体经济。扶贫项目资金是省里拨款80%，市县各出10%，这批扶贫项目资金是国家直接对贫困村和贫困地区的扶贫开发专项资金。有些扶贫项目也可以采取扶贫贷款的方式解决，无论是资金来源是哪里，关键是扶贫项目的发展是否可持续，是否能成为贫困村和贫困人口脱贫致富的长期依靠，是否能成为贫困村和贫困人口长效脱贫致富的外在保障。项目资金的投入最多的是新厂建成和项目投产，但是，项目推进中的资金和人力投入应该是持续的过程，如何才能保证项目投产后的可持续发展呢？对于这个问题，JA区的电器集团负责人在访谈时这样说：

电器集团主要是从电器供销商转向电器生产制造商，目前我们集团已经有1000多项专利，主要是绿色环保节能的能源设施制造，如光伏发电、风力发电、景观照明、箱式变电站等设备，这种绿色环保设备是未来发展的主要方向，讲究智能化、无公害和环保化，目前我们的产品在三峡电站、小浪底水库、国家西气东输、国家电网、南水北调等都得到利用，产品还远销东南亚、美洲等国家。现在我们扶贫就是要扩大规模，国家有政策、有资金，我们产品有品牌有美誉度，当然可以为家乡做点事，这是双赢的，不只是贫困村受益，我们企业也受益。②

参与精准扶贫的对口帮扶企业中，企业还受到政府的政策支持和资金补贴，而扶贫项目在效益和经营上保证能够可持续发展，其中，最主要的

---

① 原庄村村主任访谈记录 [N]. 2017-6-25.
② JA区电器集团董事长访谈记录 [N]. 2017-8-29.

是市场主体的企业与政府政策导向之间具有相应的平衡点。那就是政府可以通过企业参与扶贫对口帮扶，落实精准扶贫政策，而企业则用精准扶贫的契机，扩大规模、社会美誉度以及影响力，并且最主要的是精准扶贫的项目开发与企业发展战略相辅相成，两者之间不存在具体的利害冲突。或者说，政府的政策目标实现与市场企业追求收益最大化在扶贫项目开发层面并行不悖，且具有一定的兼容性。

2017年5月，X市专门发布动员民营企业参与扶贫攻坚的通知指出："鼓励企业围绕贫困地区产业发展基础和发展定位，开发贫困地区的资源，通过投资兴办企业，提高生产力、提升附加值，带动贫困地区经济发展。"① 关键是项目的选择在市场主体参与的情况下，必须与市场主体的欲求和发展基础相一致，比如说让电器集团扶持原庄村现代农业项目开发，电器集团就未必会有如此巨大的动力驱动，因为农业开发对于电器公司来说又是一个全新领域。

那么，村集体经济发展的资金除了政府下拨专项扶贫资金外，资金的来源渠道有哪些呢？一是来源于社会捐赠；二是来源于贫困村民贷款；三是来源于社会融资；四是来源于土地入股。也就是说，在贫困村通过发展集体经济来实现项目开发，并带动贫困人口脱贫致富，主要是资金问题。而资金在生产要素层面上属于资本范畴，要使社会资本流向农村，没有农村集体组织灵活的政策把握和方式选择，是不可能解决贫困村资本缺少问题的。

对于扶贫攻坚中贫困村的资金供应问题，X市财政局就扶贫攻坚财政支持问题专门发布实施意见，指出："创新财政资金投入方式。积极探索开展产业扶贫、资产收益扶贫等机制创新，采取政府和社会资本合作、政府购买服务、先建后补、以奖代补、收益补偿、风险补偿、设立产业发展基金等多种有效方式，对带动贫困地区发展的农业产业化龙头企业进行贴息补助和资金支持"，"鼓励金融、社会资金帮扶。市、县财政部门要加强与金融机构、信贷担保、农业保险等部门的合作，拿出部分财政资金作为风

---

① X市工业和信息化委员会关于动员全市民营企业积极参与脱贫攻坚工作的通知 [N]. 2017 - 5 - 5.

险保证金，吸引银行、农业保险等金融机构加大对贫困地区特色产业、农民合作社等新型经济主体的扶持力度，有效发挥财政资金'四两拨千斤'的杠杆作用，撬动引导金融资本、社会资本支持贫困村种植业和花木、蔬菜、食用菌、豆制品等特色产业发展，为农业农村基础设施和产业扶贫项目建设提供金融和投资服务。"[①]

如果贫困村在脱贫攻坚中没有市场企业的对口帮扶，当然，这种帮扶是在双向互利共赢的基础上展开的，那么，贫困村依靠自身各种生产要素资源投入，在实现脱贫成效精准方面，必然要经历比较漫长的过程。因为产业拉动带来贫困人口收入增长，并不是单纯依靠资金输入就可以完全解决问题的。同样，对于贫困村贫困人口技能提升方面，单纯依靠贫困人口主动学技术，就需要贫困人口致富学技术的成本，而贫困人口正是无力致富学习技术成本才陷入"低水平均衡陷阱"。

扶贫攻坚把贫困人口学习技术当作是组织系统服务扶贫攻坚的帮扶行动，依托专家和博士服务团对口提供技术和人才支持。这就形成贫困村脱贫致富的生产要素资源之间联动效应，这种联动效应使资金、贫困人口和扶贫项目有效衔接，人才、贫困村村情和扶贫人口相衔接，贫困村特色资源、市场企业和扶贫开发相衔接，最后形成贫困村脱贫致富的整体合力，形成贫困人口创业就业有效平台，形成贫困村特色资源市场化和资本化。

扶贫攻坚的成效精准就是增强贫困村脱贫致富的"造血"能力，这种贫困村"造血"能力的提升，实际上就是贫困村资源优势在市场中地位的提升，无论是人力资源优势、特色资源优势，还是人力资源优势等，扶贫攻坚的成效精准最集中的体现，就是把贫困村各种生产要素资源最大限度地融入市场，贫困村的贫困在某种程度上是市场缺失的贫困，是市场要素资源难以流入乡村的政策导向性贫困，是贫困人口与市场资源相对隔离的贫困，而精准扶贫攻坚实质上就是填补贫困村的这类"贫困"，如政府政策导向、市场生产要素资源的嵌入、社会各界的对口帮扶、对贫困村基层组织建设的强化、对贫困居民的社会性关怀和重视、政府各部门的政策和

---

① X市财政局. 关于支持全市脱贫攻坚工作的实施意见 [N]. 2016 - 10 - 10.

制度协同。

在"反哺"农村和扶持贫困乡村的扶贫攻坚行动中,政府政策导向起着举足轻重的决定性作用。在我国政府与社会整体上处于"强国家—弱社会"格局中,国家对于社会资源的整合和动员能力是社会层面任何组织不能匹配的,这就赋予政府政策导向强大的政治动员和资源整合功能,政策导向是贫困村吸纳市场和社会资源回流乡村的主要因素。而贫困村面临的主要任务是如何运用政府政策导向的角色和功能,结合贫困村实际具有的各种特色乡村资源,实现乡村资源与市场生产要素资源的有机契合,并形成贫困村发展开发的平台,这是保证对贫困村扶贫成效精准的资源诉求和内在保障。具体地说,贫困地区和贫困人口处于落后贫困状态,主要是乡村各种资源没有被市场盘活,不能实现价值增值和交易扩展,资源处于静态而不是处于流动的动态。或者说,乡村资源与市场生产要素资源,没有实现资本增值导向下的有机衔接,而贫困村脱贫实现成效精准,就是要弥补这种隔离和衔接较弱的状态。而要弥补贫困主体与市场资源对接和交易中的弱势地位,需要政府主体的政策导向和政策扶持提供助推功能,而这正是体现政府主体在精准扶贫中对贫困主体包容性的主要形式。因为单纯依赖市场机制作用,贫困村在资源配置方面处于弱势地位,只有依赖政策干预和政策扶持,市场生产要素资源才能向贫困村实现倾斜流动和配置。

三、反哺利益包容:政策推动下资源外在嵌入

精准扶贫是政府政策主导下从财政到市场大规模反哺农业、农村和农民的过程,在精准扶贫攻坚过程中,政策导向始终是决定性推动因素,其他社会资源和市场主体以及政府主体等广泛参与精准扶贫,都属于政策氛围和舆论导向作用下的结果。从国家农业税费改革到每年出台的中央一号文件,都着重于"三农"问题的解决和农业现代化的推进。在社会层面,从建设社会主义新农村到城乡公共服务的一体化建构,都是着力于农村和农业的全方位发展,当然,其中的核心问题是农民收入的持续提高。不过,

从农业和农村"多予少取"的结果是在农村和农业获得长足发展的同时，农村社会的贫困村和贫困人口依然是现实问题，因此，从中央到地方均开始实施大规模反哺农业和农村的举措，即实施精准扶贫政策。一般意义上，"反哺农村"就是对农村没有生产劳动能力或者说处于贫困线以下生活水平的人口给予完全救济和帮扶，这种救济和帮扶完全是出于道义上的责任和给予，不能用市场收益最大化的伦理和诉求来衡量。但是，精准扶贫的本质要求是扶贫成效精准，就赋予这种"反哺"以更丰富的内涵，那就是不只是给予性的"输血"于农村和农民，更重要的是要使贫困农民和农村具有增加收入和提高生活水平的"造血"能力。这种从"反哺输血"到"培育造血能力"的双重任务，又赋予精准扶贫政策实施以社会主义共同富裕性质的实践品格。

（一）财政包容：完善贫困村基础设施建设

贫困村因为经济贫困，在沿街道路、村庄绿化、环境卫生方面都处于"脏、乱、差"状态，精准扶贫首先要改变贫困村整体面貌，增强贫困村农民致富奔小康的信心。因此，2016年，X市要求：每个行政村建成一条路基宽度不低于5米、路面宽度不低于4.5米通村公路的路面，产业路、梓园路、旅游路建设不低于乡道四级标准。山区20户以上、平原区50户以上具备条件的自然村，建成一条路基宽度3.5~5.5米，路面宽度3~4.5米的硬化路。所有贫困村硬化路通畅率达到100%，2016年列入农村公路三年行动计划贫困村29个，建设里程64.5公里，完成投资3225万元，10月底全部建成。建设公路的融资模式主要是积极利用PSL（抵押补充贷款），推广PPP（政府与社会资本合作）模式，引导和鼓励社会资本参与交通基础设施，缺口资金由县（市、区）配套或采取"政府购买服务"模式，申请农发行发行长期、稳定、低成本贷款解决。然后是千方百计提高补助标准，按照河南省"十三五"对农村公路建设项目补助标准和省对贫困村道路资金补助政策进行补助。

行政村道路改造由30万元/公里提高到35万元/公里；行政村村道路

面 3.5 米加宽至 4.5 米的由 8 万元/公里提高到 11 万元/公里；自然村村道由 20 万元/公里提高到 25 万元/公里；危桥改造由 3000/平方米提高到 3500 元/平方米；县乡道安全生命防护工程 15 万元/公里，村道安全生命防火工程 11 万元/公里；县乡道二级由 120 万元/公里提高到 160 万元/公里，三级由 90 万元/公里提高到 130 万元/公里。基础道路交通建设目标是：到 2017 年，全市实现"外通内联、通村畅乡、客车到村、安全便捷"，所有行政村通硬化路、通客车、通邮政，运输服务水平显著提升，区域交通运输发展接近或达到全市平均水平。①

在原庄村对口帮扶单位 X 市省管大学的扶贫三年规划中，对原庄村的帮扶计划是："计划利用三年时间，集中力量重点壮大新农村产业建设，千方百计增加农民收入，力争 2018 年底所有贫困人口（2014 年建档立卡 313 户，1088 人，2015 年复核后剩余 80 户，189 人）脱贫；完善村级基础设施配套建设，打造亮化绿化带，建好公共设施区，美化村民生活区，改造老年人活动场所。加强文明村风建设，积极普及科学文化知识，倾力培养新型高素质农民。健全村民自治机制，坚持和完善党务、村务公开，实行民主管理，关注特殊群体，维护农村稳定，把原庄村建设成为物质、文化、精神生活丰富的社会主义新农村。"在原庄村基础设施建设方面，第一书记提出三个方面任务：

（1）道路与农田水利建设。争取扶贫专项资金，整修村内所有道路（约 10 公里），做好"户户通"工程，方便村民出行。做好科学规划、严格宅基地审批及危房改造工作，保证街道整齐有序、通畅便捷。加强田间道路（约 11 公里）及农田水利建设，协调市县水务局及扶贫办新打机井 20 余眼，实现农田灌溉全敷设。

（2）美丽乡村建设。按照美丽乡村建设"村容整洁"要求，对农村道路设置绿化带，修建排水沟，放置垃圾桶，安排保洁员（负责生产生活垃圾收集、储运）等。积极打造生态宜居、温馨休闲、文明和谐的新型、美丽乡村家园。

---

① X 市交通运输局. 关于印发 X 市交通运输扶贫方案的通知 [N]. 2016-9-22.

(3) 精神文化生活设施建设。完善农村精神文化活动服务体系建设，加快落实各项活动场地建设，开展健康有益的农村文化娱乐健身活动（如传统戏曲茶座、舞龙舞狮、秧歌队演出及现代健身舞、广场舞等）。计划在2017年底建成一个以文化、娱乐、休闲、健身为一体的多功能新农村活动场所（初步打算把村东头3组大坑填平、改造），搞好体育健身及娱乐休闲活动，丰富群众的精神文化生活。[①]

据原庄村第一书记在各年度工作总结报告，对该村基础设施建设说法是：

截至2016年底我们统筹到各类资金900余万元，用于新建教学楼（3层）、道路建设（村内6.7公里+村外6.09公里）、新打机井（8眼）、集体经济发展（160万元）等方面；学校每年拿出20万元，用于村室修缮、安装牌坊、立石、路灯等；购置了电脑、打印机、会议桌椅等设备；积极协调争取建安区2017年扶贫资金52万元，用于修建村内约3000米排水沟，2017年，省派第一书记"扶贫专项资金"55万元，用于村内坑塘整治、沟渠疏浚及文化广场建设。[②]

到2017年10月，原庄村已经统筹到各类资金约1200万元，用于新建教学楼（3层）、道路建设（村内6.7公里+村外6.09公里）、新打机井（8眼）、集体经济发展（160万元）、"世纪香"食用菌大棚（10个）、修建文化广场、排水沟等方面。不过，原庄村在基础设施建设方面还存在诸多问题，据原庄村第一书记总结报告指出：

村庄整体规划不统一，背街小巷不顺畅，部分房屋坐落不能照排照线，整齐划一；村民生活垃圾没有全部集中存放、储运，背街小巷无统一排水沟。虽然，前期在基础设施方面投入了很多，村庄面貌有了很大改观和变化，但是，村庄"脏乱差"现象时有发生，随处可见；同时，大部分党员群众多关注修路、打井、美化环境等基础设施建设，项目带动、到户增收、产业发展类"造血"项目还未得到高度重视，这也是定点帮扶、精准扶贫工作的重点和难点。幸好现在各级政府已经把"不让一个贫困群众掉队为

---

① 中共××学院委员会. ××学院帮扶原庄村三年规划［N］. 2015-12-4.
② 原庄村第一书记. 驻村以来主要工作成绩［N］. 2017-5-12.

目的"的"稳定增收计划"当作脱贫攻坚的重中之重,并持续推进,且已经取得初步成效,比如我们 JA 区的"世纪香"食用菌产业扶贫项目,原庄村也是受益者。①

原庄村作为贫困村筹措资金 1200 多万元从事乡村道路和村庄基础设施建设,并且有些基建项目还在筹备之中,无疑,这对原庄村的村容面貌带来了较大变化。村民生活在美好洁净的环境中,同样有发自内心对精准扶贫政策的拥护。据原庄村一位袁姓村民在接受访谈时说:

政府的扶贫政策就是好,俺村现在看起来就不像个贫困村,道路修得这样好,出门就是干干净净,过去一下雨,水里来泥里去,现在村里小车也多了,要有个一百多辆小汽车,道路好车就多起来了。有路灯晚上也热闹,跟城里也差不了多少。村里哪有这么多钱,还不是扶贫资金弄的路。过去哪有绿化,现在道路都有绿化。哎呀,现在政策真是不错!②

但是,并不是所有村民都认为能从村容村貌改造中受益,就积极支持村道路建设改造。尤其是村庄原有建设缺乏整齐划一的规划,村道建设改造,需要拆迁一些农户围墙等建筑,这就带来不可避免的利益冲突。有些农户在村道改造施工时,就出来阻挡,有的甚至诉诸司法渠道来解决,村道建设有扶贫专项资金、有完工验收、有工程结算等环节,村民公开阻挡施工,必然影响工程收益和资金到位。因此,村"双委"干部和第一书记以及驻村工作队,就直接采取拆除建筑物措施,以保证施工进度。由此,直接带来被拆除建筑物村民诉诸司法渠道来解决。对此,原庄村支部书记在访谈时这样说:

村道改造不是没有事,过去村里建设盖房、垒墙都是自己家的事,村里也没有直接过问,有宅基地就自家建。因此,村里道路不直,村道改造就是要街道平直整齐,看起来也好看。有家院墙需要拆除一部分,本来就是违规超占,没有村道改造,这事就算了。现在村里要修路,需要这家让一让,也就是把院墙往里面稍微挪一挪,哎呀,这就不得了。最后村里硬是强拆了,得罪人那是肯定的,但不能耽误村里扶贫的大事。谁知道这家

---

① 原庄村第一书记. ××学院 Y 书记到村调研汇报材料 [N]. 2017-10-17.
② 原庄村一位袁姓村民访谈记录 [N]. 2017-10-24.

把官司打到县里法院了，我们是被告，法庭上我们实话实说，要求赔偿，法庭也不支持，扶贫修路谁能阻挡？这家多占土地，我们有证据，这家最后撤诉了，但是，见面还是不好看。①

一般来说，地处于城市郊区的村庄社会分层比较多元而分明，尤其是贫困村庄社会分层更是复杂多元，从职业划分也比较多元，因此，群众利益诉求也多元化和差异化。原庄村本来就民风彪悍，这就意味着出任该村村"双委"领导，必须由人望、德行和能力以及与村民黏合度较高的人员来担任，原庄村主任和村支部书记都是能力和人望较高的人员，村集体组织相对来说必须具有一定的威望和权威。所谓权威是最高程度有效权力，是自觉认同和接受的价值和权力，"依附于对更强烈的价值观的控制就更加接近最高权威"，"就单一形式的权力而言，最高权威是由对某个特定领域权力的权重即决策的参与程度而直接决定的"②。

权威的本质是具有强迫别人服从的能力和属性，否则就不能称为权威。在乡村社会成员之间的联系是相当紧密的，无论是公共事务和私人事务，村民参与公共事务的广度和深度决定着在乡村社会中的角色、地位和功能，正如美国社会学家埃里克森所说："在一个紧密联系的社会，社会规范，而不是法律规则，才是权利的根本来源，之所以是社会规范而不是正式法律在起着决定性的作用，原因在于'邻人间的账都记在心里'，农村居民相互交往的方面很多，并且大多数居民都逾期这些互动会持续到未来。用社会学的术语来说，他们的关系是'复合的'，而不是'单纯的'。用博弈论的话来说就是，他们进行的是多次博弈，而不是一次性博弈。他们在水源供应、受控烧荒、栅栏修补、社会事件等诸如此类的问题上都有来有往。"③

同时，这位农户利益诉求受到司法渠道的驳回，并没有上诉和上访等事件的发生，因为这家农户意识到这是村道改造的公共事务，而不是邻人

---

① 原庄村支部书记访谈记录［N］. 2017-10-14.
② ［英］M. J. C. 维尔. 宪政与分权［M］. 苏力译. 北京：生活·读书·新知三联书店，1997：143.
③ ［美］埃里克森. 无需法律的秩序［M］. 苏力译. 北京：中国政法大学出版社，2003：63，66.

私人事务，自身面对的是全体或者说大部分村民的利益，这也意味着即使有点理由，也不足以用得罪大部分为代价来实现自身的利益诉求。但是，如果村集体组织没有特定的权威和精准扶贫政策氛围，那么，这件拆除村民建筑物行为至少出现应有的民事纠纷。在精准扶贫政策推进条件下，政策本身就具有相当大的权威，正如美国政治学家罗兹曼所说："在中国，政治的统帅，政府被其他成员认为是驱动社会其他部门——经济的、教育的，等等——走向现代化的主要决策来源。"①

精准扶贫本身就是惠农政策的规模化实施过程，这一点贫困村村民都有较深的体验，因此，农户因为乡村整体利益诉求实现，带来个体农户利益稍微受损的现象，实际上并不能得到大多数村民的支持。原庄村村"双委"干部以及第一书记和驻村工作组，也正是出于正当性和公共性的决策考虑，没有过多关注个别村民不正当的利益诉求。对于贫困村的公共服务产品的供给，主要是政府对于贫困村的政策性资金扶持，国家在"三农"问题上提出的"以城带乡、以工哺农"主要是政府通过财政资金支持农村、农业和农民。而改善乡村基础设施建设和各种公共服务供给状况则是政府反哺农业、农村和农民的主要方式和途径。没有政府对于贫困村的政策包容和支持，贫困村依靠自身积累要实现村容村貌的改造，事实上要面临更大的困难和障碍。而个别村民在乡村改造中出现特殊的个体利益诉求，相对于贫困村整体利益来说是相互冲突的态势，势必得不到村民和村干部以及上级政府的支持。

尽管在法律层面上，个体村民的利益诉求可能具有一定的合理性和合法性，但是，精准扶贫本身就是具有对处于农村边缘性地位的贫困群体的包容和扶持，在宏观上是政府对于贫困村的包容和扶持。而个体村民在社会关系和乡村治理关系层面上，对于乡村干部的权威角色和地位还是具有一定的敬畏倾向。政府对于贫困村的包容，并不意味着贫困村村民的利益诉求都能得到满足；同时，政府对于贫困村的包容，也并不意味着政府部门，可以忽视贫困村个体村民的合理性利益诉求。具体到原庄村的乡村改

---

① ［美］杰尔伯特·罗兹曼. 中国的现代化［M］. 南京：江苏人民出版社，2003：405.

造与个体村民特定利益诉求之间，出现个体村民利益诉求不被贫困村多数村民认同的情况，个体村民出于特殊的利益诉求实现必然会受到排斥和否定。

（二）医疗包容：强化贫困主体生存保障

X 市针对贫困村人口健康需求问题，专门开展贫困人口家庭医生签约服务活动，并发布专门实施意见，提出到 2017 年 5 月底以前，全市 124 个贫困村，8.57 万贫困人口全部完成家庭签约服务，每个贫困人口家庭均有一名责任医生。首先是组建家庭医生服务团队，责任医生 + 团队 + 平台：乡镇卫生院（社区卫生服务中心）、医生依托团队（护士、公共卫生服务人员和二级以上医院专科指导医生、包村医院的医生等组成）和服务平台（乡、县、市医疗卫生计购、区域诊断治疗中心），积极引导贫困人口与家庭医生服务团队建立签约关系，逐步提高签约人口的依从性，引导贫困人口有限利用家庭医生诊疗服务，使家庭医生切实成为贫困人口健康守门人。其次是配强家庭医生队伍，各贫困村要合理确定每个责任医生签约家庭和居民服务数量，一般以签 50 户，200 人为宜。再次在平台建设上有市级平台、县级平台和乡级平台，家庭医生的签约服务内容主要是建立补偿机制，即签约服务费由基本公共卫生服务经费、贫困人口医保门诊统筹资金和家庭医生签约服务补助资金构成；建立"签约服务包"，即提供家庭控烟指导、家庭就诊咨询、家庭药箱服务、家庭常见病。多发病防治指导宣传、家庭康复指导、家庭健康教育、家庭护理指导、儿童成长档案等十项健康管理服务，同时，按照自愿的原则，以双方约定的形式增加个性化服务。在家提供签约医生服务的长效机制建构方面，全市要求加强督导检查，定期不定期开展督导检查，做到每月有排名、每季有通报、半年有督导、年终有考核，工作好的表彰，工作不能及时完成任务的进行通报批评。[①]

对于贫困村人口大病救治方面，X 市卫生计生委、民政局、人力资源

---

① X 市卫生和计划生育委员会. X 市卫生计生委关于开展贫困人口家庭医生签约服务的实施意见[N]．2017-4-28．

和社会保障局以及 X 市脱贫攻坚领导小组办公室联合发布通知，针对贫困村建档立卡的贫困人口，罹患儿童急性淋巴细胞白血病、儿童急性早幼粒细胞白血病、儿童先心病房间隔缺损、儿童先心病室间隔缺损、食道癌、胃癌、结肠癌、直肠癌、终末期肾病等九种重大疾病的患者，救治对象根据国家和河南省要求及时调整，有条件的地方，可以结合实际扩大专项救治的人群及病种范围。建立专项救治台账，实施精准医疗救治，包括定点救治、制订诊疗方案、组织医疗救治、加强质量控制费用。探索完善支付政策，患者在非定点救治治疗机构接受治疗，不享受相关补偿优惠政策；对于罹患 9 种重大疾病的农村贫困人口，可享受城乡居民重特大疾病医疗保障待遇，不设立起付线，县级、市级、省级定点医疗机构的支付比例分别为 80%、70%、65%。贫苦患者在享受重特大疾病医疗保障补偿后，按照大病保险、大病补充保险等有关规定享受相应补偿待遇。当然，对于自费治疗费用仍有困难的患者，积极引导社会慈善资源予以帮助。①

那么，贫困居民大病的报销比例有多少呢？按照 X 市制定的行业扶贫清单规定：对患病且无力支付医疗费用的城乡"低保"对象、特困救助供养人员，各县（区、市）可根据医疗救助资金筹集情况逐步将低收入家庭老年人、未成年人、重度残疾人、重病患者等困难群众及县级以上政府规定的特殊困难人员纳入医疗救助，其中包括新农合作医疗报销的比例，对于特困供养人员的个人缴费部分全额资助，对于"低保"对象的个人缴费部分，按照不低于每人每年 30 元进行定额资助；对于特殊病种的门诊救助比例为年度限额内医疗费用的 10%，年度最高限额为 5000 元；对于重大疾病住院医疗救助，对于与"低保"对象按照年度救助限额内不低于 70% 的比例给予救助，最高 1 万元；对于分散供养的特困供养人员，按照年度救助限额内不低于 80% 的比例给予救助，对于集中供养的特困供养人员，按照不低于 90% 的比例救助，最高 1 万元；患重大疾病的重点救助对象的救助比例，为最高救助限额内不低于 70% 的比例救助，最高为 2 万元。②

---

① X 市卫生计生委、民政局、人力资源和社会保障局以及 X 市脱贫攻坚领导小组办公室. X 市农村贫困人口大病专项救治实施方案 [N]. 2017-5-4.
② X 市脱贫攻坚领导小组办公室. X 市行业扶贫政策清单 [N]. 2017-5.

原庄村属于贫困村，村民全部享受新农合作医疗保障，对于贫困人口主要是建档立卡贫困人口、特困供养人口和"低保"人口。2016年11月，原庄村基本实现脱贫，建档立卡贫困户脱贫摘帽30家81人，2017年底，剩余17户39人①。这最后的17户39人主要是特困户和"低保"户，即没有劳动能力的有病、残疾老年人，这些人不能通过提高劳动技能超越生存线达到脱贫致富。在访谈时，一位原庄经历过大病的老太太这样说：

今年我胆管结石，病发起来后背疼得不行，心口窝子更疼，头次检查医生说要做手术，七八天不让吃饭，光输液，到时做手术时，医生说不疼了，不是做手术的最好时候。回家后又过了七八天还是疼得不行，最后到医院还是做了手术，总共有两回，上回花的是8000多元，这次花了14000多元，合起来有23000多元，在医院里就报销了15000多元。还有民政局"低保"人也有报销，就是数有点少，两回有2000多元，算下来报销了17000多元，本身花了6000多元。要不是现在公家有新农合、搞扶贫，这事谁管呢？如今政策真是不赖！②

相对于以往医疗费用，贫困户医疗支出6000多元并不是个小数字，相比较花费的医疗费用23000多元，这位"低保"贫困户感觉还是不错。这就有个问题，国家医院90%的床位是公立医院，医院的各项费用确实较高，医院诊疗费用与农村新农合报销比例同步提升，实际上，乡村居民受益程度还是有限的。不能报销的往往是诊断检查费用、查房费用和手术后的护理费用等，能够报销的主要是医药费用和手术费用等。这种收费无论是对于一般的城乡居民，还是对于贫困人口，都存在医疗费过高的认知和体验。社会医疗卫生保障存在严重的区域差别，在报销保障项目收费方面，医院在国家相关规定条件下经营，存在医院自主选择的较大空间。按照原庄村"低保"人口人均"低保"费用为2400元计算，贫困户支付6000多元的医疗费用，实际上有点勉为其难，但是，对于贫困人口来说，这件事情就这样发生了。

按照X市的规定，贫困人口"低保"户是可以享受政府救助的，大病

---

① 原庄村第一书记. 怀真情、用真力、使真劲做好第一书记［N］. 2017-4.
② 原庄村一位"低保"贫困老太太访谈记录［N］. 2017-10-15.

可以救助1万元以下，这名贫困"低保"户为何没有救助呢？在访谈时原庄村会计这样说：

> 这个老太太是贫困户，家里还有个精神病女儿，是因为婚姻问题造成的，还有个外甥女，正在上大学，家里三口人都享受"低保"，总共"低保"费用合起来近700元，这位老太太实际上不应该享受"低保"，他有个儿子在外地大学里是个教授，儿媳妇也有工作，收入应该不错，让她享受"低保"，主要是家庭负担较大，老太太没有人直接照顾。有人建议她到儿子那里，但是，家里的精神病患者怎么办？享受"低保"，这是特殊情况，按照规定只能是精神病女儿和外甥女有"低保"，老太太有"低保"也是照顾的。所以说这次有病，我们也知道，但是没有给她救助。①

俗话说"家家有本难念的经"，就是贫困户也是各家有各家的情况。如这位原庄村患病老太太的家庭，就显得比较特殊。原庄村在界定贫困人口方面应该说是通过严格程序的，这位老太太的实际情况应该说是得到村民的理解和认同，否则就不可能被确定为贫困户。原庄村在界定贫困户方面显示出来的硬性规定与弹性管理相融合的特征，正如美国政治学家亨廷顿所说的那样："一个复杂社会还需要在基本原则和道义职责上界定能够连接各社会集团的纽带，这种纽带所连接的共同体有别于其他共同体。在一个复杂社会里，维系共同体所需要的第三个因素就是建立起能包容并能反映道德和谐和互惠互利的行为性表现。"②

这就显示出精准识别贫困人口和扶贫施策中的包容性行为选择，即一方面照顾到贫困人口的现实情况，另一方面又考虑到贫困户现实中经济来源的现实状态。如果严格按照贫困村界定和贫困户界定的国家政策规定来推进精准扶贫工作，结果只能是无论是贫困村的数量还是贫困人口的数量都将大幅缩小。在精准扶贫中，必然会出现漏报和错报贫困人口的现象，精准扶贫也就无法做到扶贫的成效精准。因为精准扶贫本身，就是政府利用政策导向和财政资源大规模反哺农业、农村和农民的道义性和福利性工

---

① 原庄村王会计访谈记录 [N]. 2017-10-28.
② [美] 塞缪尔·亨廷顿. 变动社会中的政治秩序 [M]. 北京：中国社会科学出版社，1996：10.

程。从经济学和市场逻辑层面来说，精准扶贫是政府主体反哺农村的"输血"政策和行动，也正是这种包含着政府"输血"政策实施，才显示出精准扶贫政策本身，所隐含的道义和政治上的丰富内涵。

（三）教育包容：培育贫困村人力资源优势

文化教育相对落后，应该是贫困地区和贫困村庄共同的特征，原庄村教育发展水平与贫困村的贫困落后生态状况应该说直接关联。对于贫困地区和贫困村庄，实施教育文化扶贫应该说是标本兼治的有效途径。对于原庄村对口帮扶的单位中，就有 X 市的省管大学，派驻原庄村的第一书记也是省委组织部委派的正处级党员干部，同样出自这所大学。据原庄村第一书记在总结报告中，在谈到这所高校到原庄村"送温暖"行动时说：

对于原庄村的教育扶贫，××大学对口帮扶力度相当大，2015 年经过××大学多方协调，筹集资金，添置了电脑、打印机、会议桌椅等设备，改善了村委会办公条件；利用学校闲置资产，捐赠 A 庄乡中学及原庄村小学床具 120 套，课桌椅 100 套，文件柜 30 套等，用以改善办学条件。2016 年 5 月 30 日下午，校纪委书记师生一行 20 余人，到原庄村开展"六一"慰问捐赠暨小书虫公益书屋建立仪式，为原庄村全体小学生捐赠书包、文具盒等学习用品及图书资料等，价值 1 万余元。

6 月 28 日晚，××学院"心声交融"大学生艺术团赴原庄村暑期慰问演出，15 个精挑细选的精彩文艺节目给盛夏里的原庄村群众，带来了一丝凉风和轻松愉快。6 月 28 日至 7 月 10 日，××学院暑期大学生社会实践活动服务队 60 余人，到村开展义务支教、贫困户调研、家电维修、法律咨询、医疗服务、关心留守儿童、空巢老人等活动，得到原庄村广大老百姓的欢迎和好评。

××学院对原庄村扶贫帮扶行动中发挥科技、文化、教育优势，帮助村小学完成"薄改"项目工程，包括新建教学楼、添置设备、图书资料，师资培训等；培养与时代相适应的新型农民，开展专业技术培训，培育有文化、有技术的新型农民，两天时间里完成雨露、蓝领计划等培训 100 余人次；加强精神文明建设，引导农民崇尚科学、抵制迷信、破除陋习、移风易俗，不断提高农民素质和乡风文明程度；开展健康有益的农村文化娱乐健身活动，原庄村"妇女舞蹈队"继 2015 年 10 月份在全县广场舞比赛中荣获"一等奖"后，今年 5 月 10 日在全县广场舞比赛中再创"佳绩"。①

在对贫困村教育脱贫方面，X 市专门制订实施方案，基本原则是全面覆盖、聚焦精准、统筹兼顾和标本兼治，总体目标是扎实推进教育扶贫攻坚，精准实施教育精准帮扶计划，实现建档立卡贫困户学生全程帮扶、全程资助，对贫困人口家庭子女上学实行动态管理，建构到村、到户、到人的教育脱贫精准帮扶机制，对贫困家庭子女上学"应助尽助"，阻断贫困代际传递。在贫困家庭学生资助方面，完善家庭经济困难学生助学体系，实施学前教育资助政策，落实义务教育"两免一补"政策，实施普通高中资助政策，实施中等职业教育资助政策，完善国家助学贷款工作机制；在对贫困村教育设施和硬件建设方面，X 市全面改善贫困村所在地学校办学条件，有限改善贫困村地区办学条件，并加快贫困村学校信息化教育建设步伐，加强贫困村教师队伍建设计划。②

在 X 市精准攻坚行业责任清单中，扶贫政策主要针对建档立卡的贫困学生，包括义务教育阶段的"两免一补"，中等职业技术教育的"一免一助"发放助学金等优惠政策，具体规定是对于学前教育（3~6 岁儿童），按照年生均 600 元补助保教费，按年生均 400 元发放生活补助费；对于义务教育贫困学生，免除学杂费、教科书费，并按照年生均小学生 1000 元、初中生 1250 元对寄宿生发放生活补助费；对于高中教育学生，免除学费、住宿费并按照每年 2000 元发放国家助学金；对于中等职业教育免除学费并按照每生每年 2000 元发放国家助学金。③

对于贫困学生的补贴，据原庄村支部书记在访谈时说："贫困户子弟上高中每年能补贴 1700 元，大学生 2800 元"④。据原庄村一户贫困家庭学

---

① 原庄村第一书记. 驻村帮扶以来工作总结 [N]. 2016 - 7.
② X 市教育局. X 市教育脱贫攻坚专项方案 [N]. 2016 - 9 - 12.
③ X 市脱贫攻坚领导小组办公室. X 市行业扶贫政策清单 [N]. 2017 - 5.
④ 原庄村党支部书记访谈记录 [N]. 2017 - 10 - 25.

生在访谈中说：

我家是贫困户，属于"低保"贫困户，主要是家里没有劳动力，单亲家庭，父亲过世了。我现在在××大学读书，每年能得到助学金2000元，其他学费、教材费全免，有老师和院领导直接救助现金，每年有2000元，生活费有这2000元就够了。我诚挚感谢党和国家，感谢××学院领导和老师，感谢老师和同学的关怀。我必须努力学习，将来成为对社会有用的人。①

从中央到地方，从社会到高校，对贫困地区和贫困人口的教育扶贫是长效扶贫和成效精准的措施，当全社会都来关注贫困人口，当全社会各阶层都投身于贫困地区的发展，投资教育和文化发展的扶贫措施应该是长效政策和持续发展的措施。原庄村第一书记在工作总结报告中说：

"学校每年拿出20万元，用于村室修缮、安装牌坊、立石、路灯、修建垃圾池、爱心桥栏等改善村容村貌；购置了电脑、打印机、会议桌椅等设备，捐赠课桌椅、床具、文件柜等改善办公、办学条件；免除在校就读的4名原庄村在校大学生的学费和住宿费2万元；今年8月开展"金秋助学"活动，为今年考上大学的8名高中生每人捐助1500元，并通过'第一书记绿色通道'为他们筹措学费每人5000元左右。安排各类培训、演出、捐赠、慰问、社会实践等活动近30次，中央电视台（央视）新闻联播、河南新闻联播、××电视台、JA区电视台、××日报、晨报等给予了多次报道，深受群众好评。"②

只有实施教育扶贫的精准施策，才能隔断贫困的代际传递和延伸；只有教育的精准扶贫，才能改变贫困地区和贫困人口原有或旧有的视野和能力局限；只有教育精准扶贫，才能改变贫困家庭和人口与市场资源处于相对阻隔的状态；只有实施教育精准扶贫，才能通过改变贫困地区和贫困村人本身，来达到扶贫成效精准的目标。消除愚昧、落后、狭隘和偏见的方式和途径只有教育，教育是改变贫困地区和贫困人口精神地理上，从"文化荒漠"变成"文化绿洲"的阳光雨露。

---

① 原庄村一名袁姓大学生访谈记录［N］. 2017 – 10 – 21.
② 原庄村第一书记. ××学院党委书记书记到村调研汇报材料［N］. 2017 – 10 – 17.

因为贫困地区和贫困村的贫困,根本上是人的精神和文化智能上的贫困,是对摆脱贫困走上脱贫致富手段选择和能力自觉提升上的贫困。能够推进贫困地区和贫困人口摆脱贫困的有效手段和武器,就是让贫困地区的人口,尤其是新生代的人口资源通过教育才能转变成为人力资源。否则,没有接受过专业教育的人口只能是人口资源,而不是劳动力资源。正如瑞典经济学家缪尔达尔指出的那样:"一方面不发达国家的大部分实际计划和经济著作,以物质投资是发展的动力的观点为基础;另一方面今天越来越多的经济学家谴责这种观点,并把不发达国家的发展看作根本上是一个教育过程。"① 无论是落后国家还是落后地区,经济上的贫困与文化教育的贫困相互伴生,贫困村和贫困人口要从根本上摆脱贫困,只能是遵循脱贫过程与教育扶贫过程并行不悖的轨迹。

四、本章小结

精准扶贫中既存在处于生存紧张状态中的特困群体,又存在处于暂时性贫困的一般贫困群体,还存在贫困村处于落后地区造成村民贫困的贫困村。对于不同的贫困村和贫困人口,政策要求因地、因人和因原因实施扶贫政策。在同一村庄中同样存在不同的贫困人口,这就要求在政策实施中要分类实施,即使是依据不同贫困人口施策,还是存在对各类贫困人口的扶贫包容。在政策层面,精准扶贫实际上是利益的输送、嵌入和大规模"反哺"行动。精准扶贫承载的扶贫资源既包括政策支撑下的公共利益和资源,又包括社会市场主体支撑下的市场生产要素资源,既要保证对贫困人口的包容性支持和扶助,又要保障市场主体利益的包容性要求。由此,精准扶贫的包容性利益格局建构,就分别呈现为生存性利益包容、发展性利益包容和反哺性利益包容。生存性利益的保障和包容主要是针对贫困村的特困人群,发展性利益主要针对贫困村处于暂时性贫困的群体,反哺性

---

① [瑞典]冈纳·缪尔达尔. 世界贫困的挑战——世界反贫困大纲[M]. 顾朝阳等译. 北京:北京经济学院出版社,1991:148.

利益的包容主要针对落后地区的贫困村，整体具有脱贫致富基础和条件的保障和包容。

对于贫困村特困人口，主要是指因病、因残和因学等原因导致的贫困人口，这类贫困人口往往没有劳动能力或者劳动能力较为低下，不能保证稳定的家庭收入来源。对于这类贫困户首先采取保证"两不愁三保障"，在衣食住行方面提供扶贫保障。当然，对于特困家庭没有足够劳动力的状况，采取增加就业保障以获得稳定收入，以及采取项目带动就业的政策。特困人口家庭一般都存在妇女劳动力，如果没有精准扶贫政策的实施，这类特困家庭就会处于生存无法保障的状态。精准扶贫政策不单纯是保障特困家庭人员的衣食住行，主要是要培育特困家庭脱贫致富的能力。其中，对于疾病、教育和住房以及项目开发带来的就业保障，作为对特困人口实施扶贫的主要举措。当然，特困人口存在没有劳动能力的情况，对于这类特困人口只能是政府采取"兜底"措施予以保障。特困人口的吃穿住和子女教育、医疗保障能够使特困人口摆脱特困局面，无论是政府财政扶贫资金带来的"低保"和特困补助、扶贫主体的送温暖和送服务，还是对口帮扶人员的"一户一策一项目"帮扶，主要是为了保障特困人口的生存需要得到满足，特困户子女的教育就业保障是要保障特困户的发展问题和诉求得到满足。精准扶贫的包容性首先是社会和政府政策层面对于农村特困人群生存问题的保障和包容，包容体现出共享发展和扶持救助弱势群体的理念和价值。精准扶贫如果不能首先保障农村特困人口的生存问题，就不能显示出精准扶贫的包容性品格。

对于处于暂时性贫困的人口，主要采取发展性利益包容的扶贫方式来应对。这些暂时性贫困人口往往是具有劳动能力的人员，之所以处于贫困状态主要是没有稳定的就业收入来维系生存。这类贫困人口属于一般性贫困户，扶贫对策重点不在于保证这类贫困户解决脱贫问题，主要是解决这类户的发展致富问题。最直接的方式是保证这类贫困人口的就业和创业。但是，这类贫困户往往多是缺乏市场经营能力的人口，采取发展性扶贫措施还不能单纯依靠这类贫困户的独立经营，需要产业开发项目带动就业和创业，吸收这类贫困户广泛深度参与，来保障这类贫困既能解决生存问题，又能解决发展问题。例如，原庄村扶贫项目中采取的菌类作物种植、桑蚕养殖、芦荟种植、乡村田园以及扶贫企业开发带来的就业项目等，扩大了一般贫困户的就业人口数量，直接提高了一般贫困户的家庭收入。同时，还能培育贫困人口的生产技术能力，使贫困人口的数量优势转化为人力资源的就业优势。这种精准扶贫措施的包容性主要体现在不只是增加了一般贫困户的就业收入，还直接提升了一般贫困户人口的生产创业能力。如果说对于失去劳动能力的贫困人口采取的是生存性利益包容和特困人口的能力包容，那么对于一般贫困户来说，发展性利益包容不只是对贫困人口的能力包容，还存在对一般贫困户的创业就业环境和条件的包容。产业开发的发展性利益包容最主要的表现就是改变贫困人口的生存发展环境和条件，发展性利益包容也可以理解为环境包容和提升能力的条件包容。

贫困村之所以成为贫困村主要是贫困村所拥有的区域条件和资源禀赋不足以支撑贫困村居民发展致富的利益诉求。依托市场机制作用根本无法保障社会生产要素资源向贫困村倾斜流动，市场机制作用下贫困村的各种生产要素资源只能是向城市和非农产业倾斜的逆向流动。精准扶贫要实现成效精准的目标诉求，必须在政府政策导向下推动社会生产要素资源向贫困村流动和配置。首先就要求政府政策性的财政资金向贫困村配置。在精准扶贫中，政府财政资金分类分批配置贫困村，改变了贫困村庄的村容村貌。中央又适时提出乡村振兴战略，要求农村成为产业兴旺、生活富裕、生态宜居、乡风文明、治理有效的新型农村。农村要实现产业兴旺，单纯依赖市场机制作用是不可能实现的，必须实施"以工哺农"政策才能带来市场资源向乡村流动。精准扶贫政策就是实施大规模"以工哺农"的重大举措，主要特征就是不依赖于市场的资源自发流动和配置，几乎全是取决于政府政策的导向和强力推动。这就保障了贫困村改变以往与市场资源处于相对隔离的局面，贫困村不像贫困村，主要是政策资源的外在嵌入和市场资源的项目产业开发带来的结果。

政府政策的"反哺性"包容，直接推动市场主体对于贫困村的发展性利益包容，而发展性利益包容最直接的体现就是实现乡村尤其是贫困村的产业兴旺。具体到生态宜居、乡风文明，主要是在精准扶贫中政策下乡、组织下乡带来的乡村集体组织和自治组织权威角色和地位的大幅度提升。其中政策层面对于贫困村教育和医疗的保障直接助推贫困人口生存问题的解决。生存性利益、发展性利益和政策反哺性利益的交叉联动，呈现出精准扶贫推动贫困村和贫困人口包容性发展的政治格局。

第四章

路径差异与机制包容

在精准扶贫实施中，政策设计和制度安排都蕴含道义上和价值指向上的内涵和判断标准，两者服从于扶贫主体行为追求的整体性目标和方向。精准扶贫政策实施过程中，在地方政府层面所形成的各种制度内容，对于精准扶贫政策实施与目标预期本身，起到了充分的保障功能。一项政策的实施隐含包容、共享和发展的理念，那么伴随着这项政策实施的相关制度安排，不可能缺失包容性的价值和功能。精准扶贫政策和制度生成及完善，正是包容性增长和扶贫治理展开后生成的包容性治理的具体形式，其根本性的角色和功能，即，保证精准扶贫的成效在时间段上能够保持可持续的长效精准。

依据精准扶贫的制度场域中扶贫主体的类型，可以把精准扶贫的制度内容划分为反哺机制、市场机制和组织机制。反哺机制是从贫困村的既有生产要素资源视角进行分析，对于农村社会整体发展起到根本性改造和推动作用的制度设计和安排；市场机制是从政府与市场关系视角分析，对于市场主体在参与精准扶贫政策实施过程中，推进政府主体政策导向下市场主体的行为协同，最后实现贫困村特色资源融入市场的制度安排；组织机制是从乡村集体组织与村民关系视角进行分析，最后实现村集体组织权威角色和地位以及功能的重塑，推进贫困村和贫困人口脱贫致富成效精准长效化的制度安排。

这三类机制从政府主体到市场主体，再到村集体组织和村民主体，在精准扶贫政策实施中，如何实现多元主体从意识到行为以及关系层面，建构起扶贫成效精准的组织体系,并消除多元主体差异性的利益诉求,最后实现精准扶贫的包容性治理目标,本质上,都是在精准扶贫政策实施中,所生成的相应制度体系角色和功能得到完美实现的必然结果。

一、反哺机制包容:助推贫困村要素资源增值

精准扶贫政策的内涵意味着本次扶贫不再是单纯向贫困地区和人口"输血"式的"漫灌式"扶贫,而是通过扶贫资源嵌入贫困地区和贫困村后形成贫困地区和人口具有脱贫致富"造血"能力的政策设计。这就意味着精准扶贫政策实施,必须改变贫困地区和贫困人口束缚发展的内在"瓶颈",突破贫困地区和贫困人口落后贫穷的内外硬性约束,打破贫困地区和贫困村生产资源与外部市场资源相对隔离的"藩篱",调整以往在市场机制作用下农村生产要素资源向非农产业以及城市"逆向"流动和配置的原有态势,实现政策导向与市场生产要素资源以及市场机制,对农村社会和农村资源的整合和改造,重塑农村社会从人力、土地到资金等要素,从处于相对弱势地位到全方位融入市场场域的发展平台和动力架构,最后推动我国乡村社会和农村生产要素资源体系的现代化崛起,使农村贫困地区和贫困村以及贫困人口伴随着我国小康社会的建成成为永久的历史。

(一)就业机制包容:保证贫困人口稳定就业

反哺农民进而改变农民在市场资源配置和市场交易中的不利地位,这是"以工哺农"形式之一,而精准扶贫政策直接指向落后地区和落后乡村贫困人口,则是反哺农民最主要的政策突破口。自2004年以来,全国范围开始推进农村税费改革、减轻农民负担等,实际上都是在逐渐加强和完善农民的市场主体地位。但是,处于个体经营状态下的农民不具有完全的市场主体地位,农民对产品的市场定价权和谈判权限都较弱较小,其根本原因是农民个体进入市场,不只是对接市场资源的能力不足,最关键的是农

民缺乏市场交易和竞争中的核心竞争力。这种核心竞争力最主要的表现是农民经营和技术能力严重不足，具体体现在农民没有现代农业发展所必需的经营管理能力和经营相关技术能力，对于贫困地区的贫困村和贫困人口这种特点尤其明显。因此，反哺农民最主要的方式和途径就是提高农民的生产经营和技术能力。农民只有掌握相应的农业生产经营技术，才能真正具备市场竞争中对接市场生产要素资源的能力。从整体上看，在贫困村同样存在相对比较富有的农民，而这些农民要么是具有一定的从事农业和非农产业的经营管理和市场交易能力，要么是具有相应的农业生产技术能力，能够生产市场需要的农产品，从而达到提高收入的目标。而贫困居民由于缺乏相应技术伴随着素质低下，因而不只是货币收入严重不足，同时，进入市场获得收入能力也非常微弱，贫困居民变相被隔离于市场资源配置和流动场域之外，这就必然造成贫困居民在生存层面上的低水平均衡和徘徊。

因此，精准扶贫对贫困农民的政策反哺，着重于农民技术能力的提升和素质的全面提高，只有提高贫困农民的素质和技术能力，才能在农业和非农产业领域，使贫困农民具有参与市场的基本条件，要么是获得稳定的非农产业就业，要么是在农业领域从事农业经营获得较高收入，只有这样，精准扶贫对农民来说才算得上获得了扶贫成效的精准。政策制定之后关键在于落实贯彻执行，并且精准扶贫还要求对贫困人口的识别精准、施策精准、成效精准、项目精准、资金精准和派人帮扶精准。如何保护这种扶贫的六大精准呢？对贫困农民自身的反哺机制决定着精准扶贫的反哺农民不是县乡政府的日常性行政工作，而是真正深入贫困农村贫困户真扶贫和扶真贫的系统工程，上级扶贫主管部门以及各级政府主要负责人承担着精准扶贫的直接责任，驻村工作组、对口帮扶单位、贫困户帮扶对口责任人、第一书记以及村集体组织负责人等，都要在接受上级扶贫主管部门定期和不定期检查考核以及暗访调查的同时，每天做汇报，每月有总结，村档、户档随时更新，扶贫资金审计审查，贫困人口对扶贫政策内容和具体要求以及扶贫成效情况都要具体知晓、清晰了解。扶贫成效来自贫困人口的切身体验，而不是政策落实者的单纯书面和口头汇报，扶贫效果一切以群众满意不满意为唯一标准，贫困人口脱贫不脱贫为唯一依据。这种反哺农民的制度设计意味着贫困人口的生存发展状态是扶贫政策推进是否具有成效精准的有效驱动和检测机制。

2016年5月，X市发布关于迁移就业支持脱贫攻坚实施意见，对于贫困人口就业扶贫专门作出规定，提出完善基层服务平台、加强信息宣传对接、鼓励贫困子女就读技工院校、支持企业到贫困地区开展培训、开展多层次分类职业培训等方式推进贫困人口就业；同时，鼓励贫困人口劳动力创业脱贫，包括鼓励贫困劳动力自主就业、支持农民工返乡创业、加大创业担保贷款支持力度；并围绕各项措施建立提升贫困人口能力和素质的保障机制，包括加强组织领导、建立脱贫台账、强化资金保障、加强政策宣传等。①

原庄村作为X市一个贫困村，在扶持贫困人口就业方面依据X市文件指示精神，开辟多种渠道实施推进扶贫就业计划。对贫困人口有劳动能力人口的扶持就业和创业，原庄村从精准识别人口、精准扶持方式、精准资金投入、精准项目选择、精准救助主体、精准扶持成效六个方面展开，其中每个方面的实施，单纯在保障贫困人口就业方面就形成了目标、主体、对象、方式、考核、成效等方面的有效保障机制。

其一，精准识别贫困户。精准识别作为精准扶贫首要环节，在原庄村扶贫行动中不只是识别界定贫困户就结束了，而是要求贫困户档、贫困村档、贫困户脱贫明白卡、贫困村贫困人口进入和退出明白卡都要随时填写和更新，作为驻村工作队负责人、第一书记、对口帮扶工作人员不仅要对贫困村和贫困户各种情况详尽知晓，还要求贫困村和贫困户人口贫困、扶贫和脱贫明细表信息网上录入，从中央到地方随时可以从精准扶贫信息网上登录查看，网上信息要随时或定期更新。上级考核审查贫困村扶贫脱贫信息时，依据网上登录信息随时定期不定期派人员到贫困村暗访贫困村民或一般村民。调查贫困人口贫困信息、脱贫信息、扶贫信息、对口帮扶人员各种情况、扶贫资金是否到户、扶贫项目是否落实、年家庭人均收入来源及数量等各种情况。然后根据调查群众获得信息数据进行量化考评，并把考核检查结果通报市县主要负责人，市县负责人根据上级考察审核扶贫

---

① X市人力资源和社会保障局. 关于转移就业支持脱贫攻坚实施意见［N］. 2016-5-17.

成效以及扶贫主体工作情况,对贫困村扶贫工作队、对口帮扶单位和人员以及第一书记等扶贫主体进行整体评定,该奖励的给予奖励、该处分的不留情面。由此形成精准扶贫工作的联动机制,各级扶贫单位和个人都有工作职责,并随时接受检查和汇报,市县政府专门制订精准扶贫实施计划,明确精准扶贫主体各项责任人和工作内容。

其二,精准扶贫方式。根据原庄村贫困户不同情况,驻村工作队和扶贫对口单位要针对不同贫困户进行扶贫施策,对于没有劳动能力的贫困户采取全面救助政策,对于有劳动能力的贫困户采取拓展就业门路的方式,这种贫困户一般属于暂时贫困户。对于原庄村贫困户就业门路拓展问题,驻村工作队负责人,系县教育局A庄乡中心校校长在访谈时说:

原庄村贫困户47户,其中22户属于没有劳动能力的"五保"和"低保"贫困户,其他25户属于一般贫困户。这25户贫困户县教育局和其他四个单位共同对口帮扶,××学院帮扶5户、县党校帮扶5户、教育局帮扶8户、县电器集团帮扶7户。我们帮扶的8户分别由A庄乡8所学校分别对口帮扶,由学校校长负责,有小学也有中学。8户中分别安排1个劳动力找企业单位就业,这些企业主要是原庄村周边小型企业,现在安排了4个,还有4户要求干养殖和种植脱贫。我们安排1户种植桑树,养蚕、养猪、养羊和养牛;1户安排种植食用菌,跟着带头人从事大棚种植;1户安排进入种植田园,参与农家乐小田园经营;1户从事传统陶器工艺制作,当手工工人。这8户贫困户如今都有稳定职业和收入,去年都已经完成脱贫。①

这位原庄村驻村工作队负责人必须对各个贫困户的情况了如指掌,并且还要随时负责填写和更新贫困户信息表和贫困户明白卡,在填写之后还必须要求贫困户根据各个事项信息签名确认,然后驻村工作队要签名、第一书记要签名、支部书记要签名、副乡长要签名、乡党委书记要签名,上级考核检查是根据网上登录信息直接到贫困村明察暗访贫困人口或一般村民,根据访谈调查和问卷调研情况对扶贫工作进行评价鉴定,这种督导检

---

① 原庄村驻村工作队队长A庄乡中心校校长访谈记录[N]. 2017-3-16.

查力度是非常大的。对此，一位参与原庄村扶贫对口帮扶的小学校长在访谈时这样说：

> 上级不知道什么时候就下来检查，有明察还有暗访，主要是暗访，我们就不知道人家就已经暗访了。有些贫困户没文化，暗访人员问收入，这些家就说不清楚。问贫困户种植收入，光说一亩地每年收入800多元，不知道这里面还有种植投入，这个贫困户反应不过来，还问对口帮扶人姓名、如何对贫困户扶贫、有哪些措施、扶贫效果如何、年收入是多少、贫困线是多少等，这些数据，有些贫困户就是弄不清楚。有些贫困户签名，有些不签名，我们还得做工作。人家院子我们帮助打扫，人家大门帮助修，到检查时我们又是送米、送面、送丝绵被。总算把贫困户感动了，这才配合我们。贫困户把这当成"占便宜"的大好机会。①

这些对口帮扶人员隶属于驻村工作队，必须与贫困户处理好关系，然后贫苦户在上级明察暗访时才能配合，尤其是在扶贫贫困户明白卡的填写和网上录入后，贫困户如果不签字或者说上级检查时没有按照明白卡的信息回答，这对于对口帮扶单位和人员都是重大考验。这种约束机制对于对口帮扶单位和人员来说根本不敢马虎应付，这是对贫困户脱贫致富的有效保障机制。

其三，精准投入资金。精准扶贫资金投入分类和数量非常多，如"五保"资金、"低保"资金、教育补贴资金、医疗补助资金、不同贫困户救济资金、残疾人救助资金、贫困户创业补助资金、贫困项目配套资金、贫困村集体经济投入资金、贫困人口培训资金、项目开发资金、扶贫单位投入资金、扶贫人员补助资金、第一书记配套资金等。资金项目的类别和数量众多，对于扶贫单位和对口帮扶人员来说能够说清楚，对于贫困户来说因为文化素质的限制，这些贫困户根本说不清楚，说不清楚不行，主要是对口帮扶单位和人员要承担相应责任，必须保证贫困户把得到的各种优惠政策一定要求说清楚。这不是对贫困户有压力，而是对扶贫主体造成各种压力。最后解决的办法是说服贫困户一定要把扶贫明白卡保存好，如果遇

---

① 原庄村对口帮扶人员一位小学校长访谈记录［N］．2017-10-23．

到检查时把明白卡拿出来，逐项就能说清楚。问题贫困户的明白卡事项众多，各种事项信息需要随时更新，对扶贫人员来说又增添了工作压力。对口帮扶的人员尤其是长期驻村人员必须保证贫困人员档案的信息准确无误，并且保证贫困户对信息烂熟于胸。原庄村扶贫脱贫明白卡由河南省扶贫开发办公室统一印制，包括基本信息明白卡、帮扶措施明白卡、收入明白卡、脱贫和查明白卡、政策明白卡五个部分。其中贫困户帮扶措施明白卡格式如表4.1所示。

表4.1　　　　贫困户精准扶贫明白卡——帮扶措施明白卡

编号：_____

责任人	姓名	单位	职务（签字）	手机号码
包村责任小组组长	刘××	A庄乡	乡党委书记	
驻村第一书记	刘××	××学院	总支书记	
驻村工作队队长	李××	区党校	主任科员	
村支部书记	袁××	原庄村	村支部书记	
村委主任	袁××	原庄村	村主任	
帮扶负责人	郭××	教育局	股长	
帮扶时间	帮扶项目	帮扶成效	贫困户签字	签字时间
2017年5月	协调置换宅基地，包含房屋，资金帮其解决住房问题	5月8日，××学院4000元到位，激发其自身发展能力	签字盖手印	2017年5月8日

注：本明白卡根据中共河南省委、河南省人民政府《关于打赢脱贫攻坚战实施意见》（豫发〔2016〕5号），中共河南省委办公厅、河南省人民政府办公厅《关于印发〈河南省扶贫对象精准识别及管理办法〉等5个办法的通知》（豫发〔2016〕28号）等有关文件制定。

同时，还有贫困户各年度收入明白卡，分季度逐项填写，其中收入情况分为务工收入、生产经营性收入、财产性收入、各项补贴、亲友社会馈赠或捐赠、子女赡养费、生产经营性支出、季度收入；签字栏分为贫困户签字及时间、帮扶责任人签字及时间、村支部书记及主任签字及时间、包村责任小组组长签字及时间，还有贫困户脱贫核查明白卡，具体事项与上述事项基本一致，实际上就是按照贫困户扶贫脱贫情况逐项检查验收，然后贫困户等都要逐项签字确认。

其他如项目精准、派人精准和成效精准主要取决于这三项精准，如果这三项不精准,那么扶贫成效就不可能精准。表格并不是唯一标准,能够检查成效精准的是上级随时随机到村明察暗访核查检查,直接面对贫困户逐项核查验收,这就对帮扶责任人和乡镇党委书记和镇长形成直接压力。这种政策实施来自上级的压力传导,经过市、县、乡政府,最后直接传递给原庄村第一书记和村党支部书记和村主任,最主要的责任人就是驻村工作组组长和帮扶责任人。扶贫成效直接的保障就是贫困户人员的季度收入,每个季度都要填写,还不能弄虚作假,如果强迫或者是弄虚作假,贫困户必定不会签字按手印,即使强迫或者说勉强答应签字按手印,还有上级核查人员的明察暗访,这不是扶贫责任人能够预料到的结果和敢于冒处分危险的。X市专门发布督导检查实施意见,规定:"对落实扶贫攻坚责任到位、工作成效显著的单位和个人,按照有关规定予以表彰和奖励。对履职不到位、脱贫攻坚工作走过场、作风不扎实、不办实事、弄虚作假,没有完成脱贫帮扶任务的干部,依规进行责任追究。"[1]

贫困人口因为个人素质较为低下,如贫困人口记忆能力就存在较大差异,有些贫困户对于个人收入、帮扶措施和对口帮扶人员等具体情况,根本说不清楚。有些帮扶人员和单位在扶贫考核中往往面对的不仅是帮扶措施是否有效和精准度问题,而是贫困人口在上级领导暗访、调查和考核中是否能够实事求是说清楚问题。有些贫困人口在访谈时答非所问,甚至是一家人在回答问题时也会出现较大争议等现象。这种情况完全是贫困人口的个人素质和能力问题,而不是对口帮扶中措施和成效问题。上级政府对于地方基层扶贫工作制定的激励机制和监管督导措施,实际上已经对扶贫人员形成较大的压力,但是如果没有这些政治责任压力和监督机制,精准扶贫工作成效就无法保障。但如果单纯依靠暗访调查贫困户来作为评价和考核标准,也未必能够准确反映精准扶贫的成效。不过,为什么上级政府在对扶贫成效考核中如此重视贫困户的反应呢?这种措施和导向实际上为了强化扶贫主体对于贫困主体的包容,其中主要是扶贫主体对于贫困主体在能力上的包容和接纳。

---

[1] X市人力资源和社会保障局.2017年脱贫攻坚实施方案[N].2017-2-23.

（二）收益机制包容：推动贫困村土地流转

贫困村要真正脱贫致富，单纯依靠贫困户脱贫并不能完全彻底地保障贫困户脱贫后再返贫的低水平循环，贫困户要真正摆脱贫困走上脱贫致富的道路，还有赖于生存和发展环境的改变。原庄村在改变乡村基础设施建设的同时，如何通过产业开发拉动扶贫攻坚取得成效问题，其主要从农村土地资源上找到突破口。作为贫困村没有市场主体的企业带动，想要保证村民收入持续增长以及贫困户长期增收脱贫，事实上是存在较大的不确定的，但是，在土地资源非常有限的条件下，要改变原庄村土地用途，就不是原庄村村"双委"干部能够解决的问题。这种局面随着原庄村隶属的 JA 区撤县改区行动的推进，原庄村成为撤县改区的行政"城中村"，以后会随着城市化的扩张逐渐演变成城市街道办甚至是城镇居委会，这就为原庄村土地资源的开发提供了有利的契机。

但是，原庄村既是贫困村又是农业村庄，在一般贫困户脱贫之后还存在 22 户特困户，这些特困户实际上无法脱贫，同时还要避免已经脱贫的贫困户再次返贫。这就需要产业开发支撑扶贫成果。在不改变土地用途条件下的合理合法流转在原庄村就成为改变贫困村原有经济和收入结构的主要出路。那么从政府到村庄，从扶贫主体到一般村民，推进土地流转的主要动力驱使的着力点在哪里？不同主体的利益诉求存在差异情况，如何获得利益诉求和实现层面上的共同点或者是契合点呢？对此，X 市在精准扶贫攻坚的实施意见方面提出诸多合理化的建议。

首先，要着力推进企业下乡，如果企业不下乡就无法重新整合农村生产要素资源，发挥贫困村既有的特色资源优势，为此，在河南省确定"千企帮千村"方案后，X 市专门制定"百企帮百村"实施方案，总体要求是做好既有经验的转化应用，因为从 2006 年开始，X 市就已经广泛开展"百企帮百村"的救助帮扶活动。其次，推进企业帮扶对象的转型，过去没有强调帮扶救助贫困村，如今要求重点是帮助救助贫困村；再次，最好救助帮扶的精准结合，在企业与贫困村结对帮扶的同时，大力推进企业与贫困户结对帮扶到户到人；最后，做好企业帮扶的教育引导形成凝聚合力。坚持政府引导、部门联动、民企帮扶、社会参与相统一的扶贫帮扶局面。①

与此同时，X市畜牧局发布畜牧产业扶贫实施方案，工作目标是通过畜牧产业帮扶，确保全市畜牧产业每年助农人均增收200元以上；到2017年贫困村畜禽良种覆盖率达到90%以上，养殖使用技术推广率达到90%以上，努力实现全市贫困村、贫困人口全部脱贫；工作重点包括大力发展畜禽养殖、抓好良种繁育推广、强化技术服务指导、积极推进生态循环畜牧、大力培育新型经营主体、推动三产融合发展。②

原庄村在X市政府各局委扶贫攻坚各种实施意见的指导下，结合本村实际情况开始着力推进产业扶贫的项目开发行动。其中X电器集团在村里建立分厂，流转土地600多亩，每亩地每年租金500元，并且按照土地种植收入增长每五年调整土地租金一次；食用菌种植流转土地50亩，每亩土地租金1000元/年；农家乐田园流转土地200亩，每亩土地租金每年600元；桑蚕养殖业占用公共土地30亩，每年租金700元。共计土地880亩。涉及的农户300多户，土地租金直接受益农户，签订土地租赁合同，租金直接打入农户账户。农民直接受益并且还可以参与各种产业经营，对于电器集团来说，如果企业出面要求土地指标建立分厂，手续烦杂还未必成功，但是，随着参与精准扶贫行动，长久以来的建厂夙愿最终成为现实，这家企业的产品具有市场竞争力，产品远销东南亚和拉美等地，扶贫建厂拉动贫困村致富既符合政策需要，又能够顺利轻松解决建厂增产问题，这种政策对于市场企业来说完全符合其利益诉求。

对于农民来说，与其外出打工，老人无人照顾、孩子成为留守儿童，还不如在家乡创业得到稳定收益更划算。同时X市在精准扶贫政策实施中，积极鼓励外出农民工回乡创业，并提出打造"新农人"实施计划和方案。原庄村一位刘姓村民在访谈时说出了自己的想法：

> 没有扶贫谁来这办企业，企业占了地，就有租金，一亩地600元也好，

---

① 中共X市委统战部，X市工商联合会，X市扶贫开发办公室. 关于"百企帮百村"精准扶贫实施意见 [N]. 2016-1-25.
② X市畜牧局办公室. X市畜牧产业扶贫实施方案 [N]. 2016-4-25.

1000元也好，这是年年都有的，比种地还要省力气。就是种地加上化肥、浇地、种子和劳力，实际上也就是这么多钱。随便种植点其他的，都比种粮食收入高点。现在我种菌，比种粮食收入要高得多，土地弄出去还有钱，种大棚还有收入，现在政策真是不赖，我还能贷款搞经营。现在村里风风火火的，干部今天来看看问问有没有困难，菌还能回收，捞本没问题。往常光靠种地种粮食真是不行。①

农民的角色和功能实际上是随着土地用途的变迁而出现根本性的变化，如果没有改变原有的土地用途，农民在进行农业经营同时只能是外出打工在非农产业就业获得货币收入，在农村土地经营用途发生调整后，农民在家里就能够达到提高收益的目标。土地用途变迁伴随着农民角色变迁，实际上是农民与市场的联系更加紧密，或者说农民参与市场交易和竞争的方式不再是单纯通过外出打工的方式，而是以新型农业生产经营主体的方式逐渐完成身份的转变。但是，原庄村对于粮食耕地并不是说不再加大投入，而是在推进土地流转的同时，加大农田水利设施建设，X水利局在精准扶贫攻坚期间专门制订专项方案，重点任务是大力举办防洪防涝工程、农田水利工程、农村饮水安全工程、水土保持工程。确保水利工程施工安全、资金安全、干部安全和生产安全。②

X市本来是河南省主要缺水城市，自从南水北调以来，X市专门拨出用水指标，重点打造生态园林城市，如今全市范围除山区一个县级市以外，其他县市都有充分的水资源。水资源问题的解决不只是解决了农业生产经营用水问题，主要是为贫困村产业结构的变迁提供了有利条件。贫困村要进行产业开发带动扶贫土地资源的流转必须伴随着水资源的充分供给，没有水资源的支撑任何产业发展都会面临现实障碍。以往X市曾经在2009～2012年推进过农村社区建设，当时的主要问题是社区化后农民生活和收入面临较大问题，主要是农村社区化后没有足够的产业开发，来保证社区化后的农民生活和生产保障问题。因为社区化后的农民生活和生产成本，都面临较大提升问题。如今，精准扶贫实施的产业开发带动贫困村脱贫致富，

---

① 原庄村刘姓村民访谈记录 [N]. 2017-6-21.
② X市水利局. X市水利脱贫专项方案 [N]. 2016-10-18.

推进土地流转，保证贫困村居民收入稳定增加，这就为土地进一步流转增加农民收益提供了有利的条件。

以往政府推动土地流转，包括"城中村"和"城边村"的改造拆迁，主要是通过置换土地发展商业服务和房地产行业，政府由此获得土地转让收益和财税收益，但是，这种"土地财政"不可持续。在精准扶贫政策的推动下，随着贫困村土地流转带来的产业开发和贫困村居民的大量就业，无论是从事非农产业还是从事农业产业化和规模化经营，这在转变政府"土地财政"模式的同时，实际上，也为农村产业结构调整和农民身份转变提供了丰厚的物质基础。因此，贫困村的土地流转不只是惠及贫困村贫困居民，同时还为政府财政收益开辟丰富的来源和渠道。这也是政府着力推进农村尤其是贫困村土地流转的主要动因之一。对于市场企业来说，激活贫困村土地资源和劳动力资源的同时，同样也激活了市场企业的资本和技术以及人力资源，这对于市场企业获得可持续发展也提供了有利条件。

当然，在全市发动"百企帮百村"的精准扶贫行动中，有些个体私营小型服务型行业和流通性服务型行业也参与精准扶贫行动，这些服务性行业被工商联和商业部门赋予扶贫对口帮扶的责任，应该说是对小型企业主体社会服务意识的强化，但是，对于这些小型服务行业企业来说，根本没有足够的人力资源去从事对口帮扶工作，更不能脱离企业经营从事专门帮扶工作。唯一能够从事的就是送温暖和对贫困人口劳动力进行职业技术的培训和实践操作的指导，以此带动贫困人口掌握一定的行业技能，达到就业并提高收益的目标。市场主体参与扶贫进入贫困村，带动生产要素资源进入贫困村和贫困村土地生产要求资源的流转，贫困人口在获得和扩大就业机会的同时，还能获得土地流转的收益，当然，土地流转收益并不单纯是贫困居民获得的收益，贫困村非贫困居民同样可以获得土地流转收益。但是，市场企业主体帮扶救助和扶持的主要是贫困居民，不只是市场主体要对贫困居民的能力实现包容，就是对贫困居民的土地流转收益同样需要包容。而村民土地流转收益直接打入村民银行账户就是保证村民收益的主要方式。同时，还有些土地流转收益属于集体经济收益，从土地流转获得的集体经济收益，这类收益主要用来改善贫困村基础设施建设，如贫困村的农田水利改造和集体经济开发投入等事项，能够保证贫困村整体享有集体经济收益。

（三）市场机制包容：市场主体扶贫的利益兼容

精准扶贫既然是政府从中央到地方大规模的反哺政策和行动，必然伴随着财政上的大力投入和支持，直接对贫困地区和贫困的资金扶持是精准扶贫的主要方式之一，与以往扶贫方式不同的是要求对象精准、方式精准、资金精准、派人精准、项目精准和成效精准，这种精准要求本质上是要求扶贫资金提高使用的效能，不再重复以往的"水洒地皮湿"的老路。在中央文件精神的指示下，X市财政部门专门发布脱贫攻坚实施意见，首先提出加大财政投入力度，支持实施脱贫攻坚工程，这是当前和今后财政工作的重中之重，要求在已经争取到第一批扶贫开发资金3901万元和新增债券转型扶贫资金12208万元的基础上，积极争取上级政府拨付的第二批扶贫专项资金。其次，主动调整扶贫资金支出结构，保证资金及时足额到位，2016年决定本市扶贫资金共计7700万元，重点支持全市124个贫困村的脱贫攻坚工作，以上7700万元已经有1600万元拨付给各个市县。最后，积极盘活财政存量资金，加大结余资金的统筹力度，优先支持贫困村脱贫攻坚工程，重点支持市委市政府确定的脱贫攻坚示范村建设。①

原庄村隶属于X市下属的JA区，该区2015~2016年获得的财政扶贫资金总量居X市下属县市的第二位，这两年该区获得扶贫资金以及结余情况如表4.2所示。

表4.2　　　　X市JA区扶贫项目资金使用情况汇总　　　　单位：万元

县、区	年度	终审	市	县、区	合计	已拨付	结余
JA区	2015	567.25	—	241.00	808.25	627.25	181.00
JA区	2016	905.00	771.00	409.00	2085.00	589.50	1495.50

资料来源：《河南省县（市、区）扶贫项目资金使用情况汇总表》2017年3月25日。

---

① X市财政局. 关于支持全市脱贫攻坚工作的实施意见 [N]. 2016-10-10.

从表 4.2 可以看出，该区这两年扶贫资金的结余数量较大，也就是说，扶贫资金并没有下拨到贫困村，对此，JA 区扶贫办姚主任的解释是：

由于中央和河南省第二批专项资金 691 万元、市级第二批专项资金 300 万元、市级盘活存量资金 3284 万元、2016 年新增扶贫资金 67 万元下达较晚，加上一些项目还没有进行结算，造成部分资金的结余。具体到我区，中省第一批扶贫资金中 510 万元，市级评审价 444.6 万元，拨付比率为 91.28%；第二批资金 98 万元，项目正在进行招投标，县级资金 409 万元，实际评审价 345 万元，目前已经拨付 300 万元，市财政盘活资金 527 万元，于 2016 年年底已经下达，目前项目正在招投标，保证金 92.05 万元。①

从该区扶贫办主任的解释可以看出，扶贫资金的投放，作为市县政府还是比较谨慎的，因为精准扶贫实际上伴随着法律扶贫和党纪扶贫，扶贫专项资金严格按照《河南省扶贫资金管理办法》和《X 市财政转型扶贫资金管理暂行办法》使用，X 市财政局要求各级县乡财政部门要加强对扶贫资金预算安排、资金下达、资金拨付、投资评审、政府采购、招标投标、项目实施、审计监督等各环节的监督管理，严禁资金用于脱贫攻坚工程以外的建设。同时严格资金报账管理，对于滞留资金和违规使用资金等不作为和乱作为问题严肃追责。②

原庄村在扶贫资金的投入和使用方面实际上已经居于比较超前的地位，据原庄村第一书记在 2017 年 10 月的汇报材料中说：截至目前，我们统筹到各类资金约 1200 万元，用于新建教学楼（3 层）、道路建设（村内 6.7km + 村外 6.09km）、新打机井（8 眼）、集体经济发展（160 万）、"世纪香"食用菌大棚（10 个）、修建文化广场、排水沟等方面③。实际上，原庄村扶贫资金的支用额度还不是上述数量，因为无论是建设田园农家乐工程，还是桑蚕养殖，单纯只是种植食用菌就已经投入扶贫资金 160 万元以上，其他基础设施建设还处于持续建设之中，就是电气集团投资建厂的

---

① X 市 JA 区扶贫办主任访谈记录［N］. 2017 - 4 - 19.
② X 市财政局. 关于支持全市脱贫攻坚工作的实施意见（X 市财办〔2016〕44 号）［N］. 2016 - 10 - 10.
③ 原庄村第一书记. ××学院党委书记到原庄村的汇报发言［N］. 2017 - 10 - 17.

资金额度也高达几千万元,第一书记汇报的材料应该说只是村"双委"筹措到的资金数量。这些资金最多属于上级政府的扶贫资金划拨部分,还不包括社会层面的捐助和贫困户的贷款资金。按照河南省扶贫资金投入规定,村里兴办扶贫项目,省级政府按照150%的比例给予配套补贴。也就是说,如果原庄村里贫困户筹措到50万元项目发展资金,政府补贴的扶贫配套资金就达到75万元。而村里筹措资金可以采取扶贫互助贷款的方式来解决,每五户贫困户可以申请互助贷款,在有扶贫项目支撑的条件下可以贷款最高数额为25万元,而上级政府按照150%的比例配套,扶贫资金可以达到62.5万元,而贷款利息由政府给予补贴,实际上是贫困户的免息贷款。X市金融扶贫主办银行制度和任务如表4.3所示。

表4.3　　　　X市金融扶贫主办银行制度和任务一览表

金融扶贫类别	主办银行	重点措施	联系方式
贫困地区农业基础设施建设	农发银行X市分行 中原银行X市分行	创新投资融资机制,着力解决贫困地区农业基础设施建设的中长期资金不足问题。重点支持农村危房改造、农民集中住房建设以及水利建设、农村公路、农村学校、医疗卫生和乡村宜居环境建设等基础设施建设	信贷部(0374)2958033
进城农民市民化	农业银行X市分行 中原银行X市分行	积极做好"农民安家贷"试点工作,大力推广创业担保贷款、风险补偿基金(或政策性担保公司)+农户等信贷产品,为进城农民市民化提供全程金融扶持	信贷部(0374)2151572
产业项目带动脱贫	工商银行X市分行 建设银行X市分行	树立贫困地区特色产业类型,建立扶持档案;积极对接贫困地区产业改造项目;为贫困地区生态种养业、休闲农业、乡村旅游业等产业发展提供信贷资金支持	信贷部2669791
公司+建档立卡贫困户	中国银行X市分行 中原银行X市分行	重点扶持与贫困户收入相关的项目、中小型扶贫企业、新型农业经营主体等中间载体的发展;开展扶贫金融创新,定制个性化产品和服务	信贷部(0374)2696706
对建档立卡贫困户进行直接帮扶	邮政银行X市分行 农村信用社系统村镇银行	加强与扶贫部门沟通,对有融资需求的建档立卡贫困户提供信贷支持;开展金融扶贫创新,推广扶贫贴息贷款、创业担保贷款等信贷产品;积极参与与农村承包土地经营权抵押贷款试点工作	信贷部(0374)2627036

资料来源:中国人民银行X市中心支行.中国人民银行X市中心支行金融助推脱贫攻坚工作实施方案.2016.

尽管金融部门在实际操作中出现贫困户贷款难的问题，其原因是扶贫贷款要求是无担保贷款，但是，金融部门作为金融企业事实上执行的是贷款责任终身制，这对于发放贷款的信贷部门人员来说，承载放款责任是终身的责任，这种情况就直接影响到贫困户的贷款信用担保问题。因为贫困户基本上没有什么信用担保，能够担保的就是扶贫项目。但贫困户是最需要扶贫贷款给予支撑的对象，对此，2016 年，国家进行省际间考核反馈中，曾提到这种问题，指出："县政府搭台增信措施力度不够，担保基金和风险补偿基金规模较小，未能充分发挥信贷资金扶贫作用，扶贫小额信贷工作整体上处于起步阶段，2016 年河南省全省扶贫信贷规模只有 20.2 亿元，贫困群众对于金融扶贫支持的获得感较低。"① 为此，河南省加大信贷扶贫力度，要求各市县加大贫困户信贷保障措施，政府部门按照国家文件政策直接对金融机构施以政策执行压力，金融部门要求政府提供信用担保，政府就建立扶贫贷款担保基金，到 2017 年 5 月 30 日前，全市产业扶贫贷款已经到位 9541 万元，比 2017 年年初，直接增加了 5186 万元②。

以往在金融体制改革后，金融机构成为商业化市场主体，存在投资逐渐加大的市场风险，因为在金融投资方面强化信用担保，信用担保的强化在保障金融信贷业务降低市场风险的同时，也为农民经营贷款增加了困难。随后，随着农村税费改革和农业新型经营主体的培育，农业贷款受到政府信用担保，这种政策为农业种植大户和家庭农场兴起提供了资金支撑条件。但农民个体经营要贷款还是面临诸多障碍，因此，党的十九大提出，农民的土地承包权、宅基地使用权和集体资产收益权的保障，实际上为农民贷款从事经营提供了政策突破口，无论是土地、宅基地还是集体资产经营都处于相对静态的态势，没有充分参与市场资源配置和流动体系之中，因而农民尤其是贫困农民从事金融贷款依然面临金融企业所要求的质押担保问题。精准扶贫提供对贫困户的政府贴息贷款，实际上，农民贷款由政府融资平台提供担保，这就意味着为贫困农民提供脱贫发展的经营资本提供了"绿色通道"。在访谈中，原庄村一位贫困户这样说：

---

①② X 市脱贫攻坚重点问题清单与整改台账：（一）国家 2016 年度扶贫成效省际间交叉考核反馈问题［N］．2017–5．

俺村台账上贫困户有200多户都有机会贷款，主要是有项目，有项目什么都好说，公家不是说每家可以贷款5万元，需要五户联合互助，总共可以贷25万元，最高也就是这么多。这比过去强多了，过去银行谁给你贷款哩？俺们搞项目，5万元能搞个什么项目？一家一户看来不容易搞，几家联合起来就可以。俺们搞陶瓷行业，属于小作坊，卫生陶瓷，有技术，就需要厂房、烧窑，投资需要100多万元，几家联合起来贷款25万元，公家再补贴三四十万元，先干起来再说，从小到大，没有贷款和公家补贴，俺们定是搞不起来。看看收入比过去强多了，缺的是钱，只要有钱就能干点事。①

贫困农户之间的生产合作，主要是由于资源不足情况下，整合资源的动力驱动下的合作，也是在解决生存问题后致力于发展层面的合作，如果农户生存问题不能解决，也就没有能力从事生产合作来解决发展问题。而要解决发展问题，对于农民来说最缺少的资源就是发展所需要的货币资本。发展资本的供给对农户在社会资源、生产要素资源以及发展思路拓展层面，有了更大的回转空间和资源交流条件。对于原庄村贫困村民来说，无论是从事食用菌种植，还是从事绿色田园经营；无论是从事陶瓷烧制行业，还是从事家庭养殖业等，都需要前期资本的大量投入，然后才是技术能力的提升和经营管理的逐渐习得。没有货币资本，农民就失去创业发展的驱动力。应该说，货币资本供给的发力对于贫困农民来说，首先就是政策导向，要保证农民能够获得脱贫致富所需要的资本，"钱是人的胆"早已成为农民的共识，"一分钱难倒英雄汉"。对于贫困农民来说，长期的货币压力已经严重束缚了实现脱贫致富的冲动和勇气。

贫困居民的金融贷款扶持政策实际上隐含着对贫困居民的信用包容，金融机构发放贷款既有对担保要求，也有信用要求；既有对发放贷款的责任人终身责任要求，也有对贷款审批程序中的审批人责任要求等。但是，在贫困居民实施项目开发的贷款扶贫中，这种程序和责任要求被大大弱化，其中主要原因就是政策导向下对于贫困居民贷款信用要求的弱化。这种对

---

① 原庄村一位贫困户访谈记录 [N]. 2017-11-15.

于贫困人口的信用要求弱化本身就是一种包容，因为对于贫困人口来说，从事金融贷款本身就直接面临没有或缺失有效担保的情形。如果强制要求必须有担保才能贷款，实际上又面临金融体制改革后金融机构变相从年初区域退出的趋势。贫困从事贷款能够提供担保的自能是政府主体，或者是政府主导下建立的信贷担保基金等。政府政策性担保对于金融机构来说并不具有稳定性和约束力。

不过，金融机构还是发放了大量的扶贫贷款，这就体现出市场主体对于贫困主体的包容；如果是政策干预下的金融贷款，主要体现出政府主体和市场主体对于贫困主体的双重包容。但问题是市场主体如金融机构对于贫困村的包容并不足以投放大量贷款，以满足贫困村基础设施建设中出现的资金不足需求，这不符合市场主体收益最大化的基本要求。这种问题本质上涉及市场主体收益与参与扶贫的利益兼容问题。市场主体获得收益最大化是经营责任，而参与扶贫发放贷款是社会责任，在政策导向下，市场主体兼顾经营责任与社会责任的可选择方式，只能是顺应政策导向要求，积极参与精准扶贫，实现对贫困主体的最大程度的包容。

二、激励机制包容：政策与市场主体互动

政府与市场关系主要是围绕生产要素资源的配置与流动展开，党的十八大报告指出要发挥市场机制对市场资源配置的决定性和基础性作用，更好地发挥政府的监管职能。政府主体与市场主体有着完全不同的角色、地位和功能，政府主要主导和支配公共资源的配置和流动，以实现社会公共资源公平配置为主要目标；市场主要发挥对生产要素资源的配置功能，市场主体的行为逻辑主要遵从市场机制和价值规律，以追求市场收益最大化为最终归宿。政府主体追求的目标和行为逻辑本身，与市场主体追求的目标和行为逻辑完全不同。政府是规则的制定者和制度履行的监管者，市场主体依据市场规则和机制在制度化的轨道上选择行为和运行方式，其价值取向和行为伦理主要是实现市场主体本身的收益最大化，而政府依照公平、

公正原则履行其公共资源"守夜人"的代理者角色和功能，追求的目标是公共利益最大化和公共资源配置的公平化。政府主体和市场主体的角色、地位和功能完全不能相互替代或者模糊其界限，但是，在国家推进的精准扶贫政策实施中，政府主体与市场主体却呈现出互动合作以及协同发力的格局和态势，其内在的根本原因是政府财政反哺农业、农村和农民的政府扶持和救助特征，与市场主体顺应政府政策导向积极参与精准扶贫，以获得精准扶贫政策实施中外在嵌入农村社会的各种生产要素资源配置份额，在利益诉求层面并行不悖的结果。其具体表现为政府精准扶贫政策导向是通过政策支持和资源扶持，推动贫困乡村和贫困人口脱贫致富；市场主体通过积极参与精准扶贫获得市场竞争中对接扶贫资源的机会和条件。政府推进贫困人口脱贫致富的目标、市场主体追求市场收益最大化的目标，以及贫困村贫困人口脱贫致富所需要的农村产业兴旺的目标出现高度一致的局面，就必然形成政府主体、市场主体与贫困村贫困人口主体在利益和目标上的耦合状态，进而形成各种主体在行为逻辑和目标导向上的联动局面。

（一）政策包容：政府主体扶贫激励机制

从反哺农业、农民和农村的政策导向角度来看，当前精准扶贫政策实施带动的对"三农"的政策反哺规模远不是以往各种反哺政策所能够比拟的。以往每年中共中央出台涉农的"一号文件"，尽管指明对"三农"推进发展的政策导向，但是在地方具体执行层面显示不出来社会各行业各阶层共同参与扶持农业和农村发展的态势，而当前的精准扶贫政策则涵盖了政府各职能部门、社会各行业和团体、农村和农业发展的各个方面，从政府主体到市场主体，从社会主体到村民主体，从发展理念到扶贫方式，从新农村建设到乡村振兴战略，从城乡一体化到生态宜居乡村等，都体现出全方位、大格局和大型模式的总体规划和发展思路。应该说，乡村精准扶贫是新时代处理城乡关系、工农关系和大规模反哺"三农"的政策突破口和发展着力点。精准扶贫政策实施带来的从乡村产业发展到乡村产业兴旺转变、从乡村村容整洁到乡村生态宜居的演进、从农民生活宽裕到农民生活富裕的转化、从乡村管理民主到乡村治理有效的转型等方面，都呈现出乡村社会根本性变迁的趋势。在乡村整体性根本变迁的过程中，最关键的是把贫困村和贫困人口的转型发展和脱贫致富作为关键抓手，以贫困人口走向生活富裕作为乡村社会变迁的主要标志。严格地说，精准扶贫政策的实施推进是通过推动乡村贫困人口的发展进步和脱贫致富，以此来推动我国乡村社会在政治、经济、文化、社会和生态治理的整体性变迁。政策设计的精准扶贫政策预期目标在打赢精准扶贫攻坚战的同时，也要保证乡村社会完成全方位的进步和变迁。由此，在社会各个层面和各个主体之间形成联动、合作和协同并进的格局和态势，完全是政府精准扶贫政策所承载的目标导向、价值关怀和内在逻辑作用下的必然结果。

政府的精准扶贫政策导向与预期目标实现，必须有赖于社会多元主体参与精准扶贫行动。如果没有市场主体参与精准扶贫，就意味着政策主导下的各种资源嵌入贫困乡村，只能是"输血"救助扶持行为，而不能打造贫困村和贫困人口走上脱贫致富的"造血"之路。因为无论是贫困村还是贫困人口，之所以贫困主要是这些村庄和村民与外部市场生产要素资源的配置和流动，几乎完全处于相互隔离的状态，精准扶贫政策实施主要是帮助贫困村和贫困人口有能力、有动力、有条件进入市场，展开资源的互动交易和推动资源的资本化增值。对于一般贫困户即具有劳动能力的贫困户来说，贫困的原因是多方面的，但贫困的共同点几乎与市场隔离的程度较高。在问卷调研中，对于一般贫困户贫困原因的调查结果如表 4.4 所示。

表 4.4　　原庄村一般贫困户贫困原因问卷调研情况一览表

一般贫困户贫困原因类别	一般贫困户贫困原因类别份额	对贫困户贫困原因的分析
劳动力少，负担大，收入少	17.8%	劳动力因素，主要是收入低
没文化，找不到高收入工作	23.6%	劳动力因素，主要是素质低
投资经营亏本，债务量较大	14.9%	经营经验市场风险预期不足
打工收入不稳定，找不到活	19.1%	劳动力因素，技术严重不足
丧偶，子女多，家庭负担非常大	15.6%	社会救助不足和货币压力大
家庭有病人，医疗费用过大	9.0%	社会救助体系保障供给不足

资料来源：本调查问卷主要针对原庄村 297 户贫困中的 231 户一般贫困户，调查问卷发放 228 份，回收 223 份，合格问卷 198 份。

从表4-4可以看出，原庄村贫苦户贫困的原因主要是劳动力因素，尽管存在有丧偶、因病致贫的原因，但是这些原因不是主要因素，主要因素还是劳动力、技术和资本因素，而劳动力素质与技术能力和资本拥有之间存在"低水平均衡陷阱"，因为劳动力素质低，所以没有技术，因为没有技术所以收入水平低，因为收入水平低造成贫困，从而出现代际传承的劳动力素质低的局面。因为文化和素质问题，贫困人口即使从事各种经营活动同样面临诸多现实困境，投资经营出现入不敷出的可能性较大，由此带来的贫困情况主要是债务压力导致长期贫困。但是，这种因为经营带来贫困的因素同样不占主导地位。从中可以看出贫困人口与市场关系上只能是被动和消极地参与市场竞争活动，在市场生产要素资源的流动中农村贫困人口始终处于市场边缘化地位。这些人口作为劳动力并不占有市场要素的主要份额，而是市场劳动力要素中的少数份额，或者说这些人被市场主体选择的可能性较小并不能真正参与到市场资源流动体系的核心范围。贫困村贫困人口与市场相对隔离的情况下，只能是依靠农业劳动获得一定收入，而农业生产收入主要来自种植，在原庄村人均一亩地的农业经营中，每亩经营收入每年生产成本只有600~800元的收入，即使加上家庭副业养殖业的收入，一般情况下这些贫困户也没有养殖业的资本支撑，家庭副业收入非常微薄。外出打工同样收入较低和收入不稳定，这就决定了贫困人口长期贫困，缺失外在生产性资源支撑，完全处于无力脱贫的状态。

精准扶贫政策就是要弥补贫困村贫困人口这种资源严重缺失的情况，对于原庄村来说，按照上级X市政府制定的精准扶贫攻坚实施意见和方案，扶贫措施共有10项：（1）开展驻村帮扶，每个贫困村建立一个驻村帮扶工作队，按照"一村一策一单位、一户一法一干部"的原则，科学制订并实施贫困村发展规划和贫困户脱贫计划，引导贫困村群众大力发展符合自身资源优势的产业，拓宽农民持续增收渠道；（2）完善基础设施，重点搞好村内道路、安全饮水、小型农田水利等设施和文化广场、幼儿园、村级卫生室等公共服务设施建设，改变贫困村生活生产条件；（3）促进转移就业，扎实开展贫困农民转移就业培训和就业创业工作，增加农民的劳务性收入，加大培训就业力度，参加职业技能和实用技术培训，促进贫困家庭劳动力转移就业和脱贫增收；（4）培育特色产业，因地制宜发展特色产业，使每个贫困村形成"一村一品"，着力打造一批特色产业脱贫富裕村；（5）强化信贷支持，政府设立扶贫小额信贷担保基金，发放扶贫贴息小额担保贷款和小额信用贷款，联合实施贫困户无担保贷款项目，对贫困户从事特色产业预先提供信贷支持，不断拓展贫困村融资通道；（6）开展电子商务扶贫，每个贫困村选择3~5人进行电子商务培训，掌握网上销售技能；（7）发展乡村旅游业；（8）实施光伏扶贫；（9）建设美丽乡村；（10）实行社会保障兜底。[①]

然后，从省、市、县、乡各级政府建立精准扶贫攻坚政策清单和台账来看，各级政府的扶贫办公室负责扶贫对象认定和贫困人口退出、贫困互助资金、"雨露"计划、到户增收补贴；住建局负责贫困村危房改造；教育局负责教育扶贫政策的实施、传统村落保护发展；民政局负责农村"低保"、民政医疗救助制度、临时救助制度、特困人员救助供养、困难残疾人生活补贴和重度残疾人护理补贴、重度残疾人生活救助；人社局负责贫困家庭劳动力免费培训、鼓励贫困劳动力自主创业、创建农民工返乡创业园、创业担保贷款政策、城乡居民基本养老保险、城乡居民基本医疗保险、大病保险、困难群众大病补充医疗保险；卫生和计划生育局负责医疗卫生扶贫、全面实施县域内农村贫困人口先诊疗后付费和"一站式"即时结算、计划生育利益导向政策；残联负责残疾人扶贫基地创建活动、贫困残疾人大学生就学资助与奖励、残疾人康复扶贫；财政局和农业局负责农业支持保护补贴、农机购置补贴；农业信用社负责"支农示范园区"平台、扶贫小额信贷；林业局负责商品森林保险、林权抵押贷款、林业补贴；供电公司负责电费减免政策；交通局负责交通运输行业脱贫政策；水务局负责农村饮食安全巩固工程。[②]

那么，政策制定后如何保证各个职能部门严格履行责任呢？X市推进精准扶贫专门制定保障措施，首先，坚强领导、健全机构，实行"一把

[①] 中共X市委、X市人民政府. 关于打赢脱贫攻坚战的实施意见（X发［2016］8号）［N］. 2016-4-21.

[②] X市扶贫攻坚开发领导小组办公室. X市行业扶贫政策清单［N］. 2017-5.

手"负责制,各级政府主要领导必须亲自研究分析、安排部署、督促推动,要求每个市级领导联系1~2个贫困村,调整和充实扶贫机构人员,解决扶贫工作人员不足的问题。其次,加大投入、强化表彰,要求市、县财政每年安排不低于上级投入财政资金40%的专项扶贫基金,用于贫困村基础建设、贫困农民能力提升和支持产业发展;各行业部门要积极争取中央和省对口项目资金,优先安排到贫困村,引导贫困群众转变观念,主动参与实施两年脱贫攻坚行动,成为扶贫开发投资人和受益人。再次,明确责任凝聚合力,要求各行业部门按照扶贫职责统筹协调和推进涉及本行业项目,组织部门负责贫困村干部队伍建设,宣传部门做好宣传工作,文化部门做好文化项目建设,工信部门负责通讯工程建设,教育部门落实教育扶贫,民政部门落实扶贫救助工作,财政部门负责扶贫资金安排统筹,人社部门负责贫困人口保障制度落实,交通部门负责道路建设,农林畜牧部门负责高效农业发展,商业供销部门负责农业服务部建设,卫生计生部门负责贫困村医疗卫生设施和保障落实,扶贫部门负责扶贫开发工作的统筹,组织、发改、财政、审计、统计等部门负责督察审计和考核工作等。① 最后,强化考核管理。X市对精准扶贫工作的考核实行量化考核方式,具体考核规定时实地考核由市脱贫攻坚实地考核组具体考核负责,占70分;实地考核主要分为6个方面,领导重视程度5分,工作落实情况10分,精准识别情况15分,精准退出情况15分,帮扶履职情况10分,群众满意度15分;资金管理15分,由市财政局负责考核;综合认定15分,由市扶贫办负责实施考核,结合日常督查和暗访等工作展开。具体考核方式是每个村随机选取5户贫困户和5户脱贫户进行核查,脱贫户数不足的,可在总数10户中进行调剂,适当增加贫困户调查数量。②

每个职能单位在一个乡要对口帮扶一个贫困村,每个贫困户要有一人帮扶救助负责到底,并且要有具体的帮扶救助措施和发展项目,政策实施到最后,县级政府的各个局委都把工作人员全部派驻贫困村,各局委的日

---

① 中共X市委、X市人民政府.关于打赢脱贫攻坚战的实施意见(X发[2016]8号)[N]. 2016-4-21.
② X市脱贫攻坚工作领导小组.X市2016年脱贫工作成效考核实施方案[N]. 2017-3-13.

常行政管理工作几乎完全让位于扶贫工作。对此，JA 区扶贫办姚主任在访谈时这样说：

> 现在区里各局委几乎没啥人，都下乡扶贫去了，上级明察暗访随时检查，有些贫困户文化低不知道，也说不清楚政策，而上级直接暗访村民，不知道村民说什么，如果说什么都不知道，那就是扶贫人员的责任，如果说得丢三落四，还是干部责任。因此各单位包的村包的贫困户，要保证在检查时不出事，必须人盯人。有个交警队长听说已经两个月没回家了，这些人在村里与贫困户长期相处，又是扫地，又是垒墙，又是给大门板刷漆，又是帮助垒猪圈盖牛棚，什么事都干，目的就是与贫困户搞好关系，不要胡说乱说，上级检查考核，评定依据不是汇报，贫困村的村档和户档都在网上，上级是根据网上资料下来检查，贫困户如果说得有出入，就是干部责任。太严了，有些干部真是受不了，但是也得撑着。①

原庄村有派驻的教育局股长、民政局科长、区党校副校长、××学院正处长出任第一书记，还有 A 庄乡党委书记和乡长等，应该说，这些干部下乡不只是联系群众、搞好与贫困户的关系，主要是针对贫困人口进行扶贫开发保证贫困人口脱贫致富，原庄村实施的扶贫开发项目与下乡干部的工作直接关联，严格地说，原庄村扶贫政策实施的过程和成效还是非常明显的。对原庄村村民随机问卷调查结果如表 4.5 所示。

表 4.5　　　　原庄村村民对扶贫救助、开发和攻坚过程和效果评价情况调查问卷表

类别 比例 事项	村民问卷调查各项占有份额	类别 比例 事项	村民问卷调查各项占有份额	类别 比例 事项	村民问卷调查各项占有份额
知道具体帮扶人员	100%	对村"双委"很满意	71%	扶贫人员很认真	80%
知道帮扶救助项目	87%	对第一书记很满意	86%	扶贫政策很有效	77%
扶贫资金到达农户	100%	对驻村队长很满意	74%	脱贫效果非常好	69%
知道驻村工作队长	78%	对帮扶项目很满意	78%	干部作风很民主	76%
知道年度增收数目	97%	对帮扶效果很满意	73%	村里变化非常大	75%
知道"两不愁三保障"	100%	对救助政策很满意	69%	收入提高非常快	63%

---

① JA 区扶贫班主任访谈记录 [N]．2017 - 11 - 19．

本次问卷调查主要是为了调查精准扶贫政策的实施效果,其中,在群众满意度事项里分别设计为很满意、满意、基本满意和不满意,因此从表4.5可以看出,很满意比例没有达到100%,原因是问卷选择里有多种选择。从表4.5可以看出,原庄村村民对于上级派出的驻村人员相对非常熟悉,但是对于驻村队长的人选不是太清楚,这种结果并不意味着该区教育局的股长扶贫工作没有做到位,而是这位股长做工作介绍时往往不介绍名字,结果是村民也不知道谁是驻村工作队队长。这种结果在原则上是上级检查时必须注意的问题。但是,村民对于具体帮扶人员、具体帮扶的"两不愁三保障"要求和扶贫资金是否到户情况回答都是100%,这意味着原庄村在精准扶贫的政策把握和落实方面还是比较认真的。至于说群众对精准帮扶政策实施和执行的满意度以及对于各级干部的满意度,从问卷可以看出,很满意的份额已经超过70%,说明扶贫干部在村民心理上还是比较认可的。原庄村之所以在问卷调查中有如此高的满意率,主要是原庄村已经经历了上级明察暗访的多轮检查,村民似乎对于填写调查问卷有一定的经验,在满意度栏里竟然没有村民直接选择"不满意"的选择项。这种情况一方面是扶贫干部真抓实干的效应,另一方面村民似乎认识到如果选择"不满意"事项,既不符合原庄村扶贫工作实际情况,又对村里下一步扶贫工作带来不利影响。因此,竟然没有人在"满意度"调查方面选择"不满意"事项。这种结果应该说是原庄村扶贫干部工作的结果,这就不奇怪为什么原庄村能够在上级考核检查中被评为"示范村",同样,也不奇怪原庄村第一书记被评为全省的第一书记典型和模范。群众的满意度调查涵盖多方面,既涵盖驻村干部的工作成效,又涵盖扶贫项目的脱贫成效,同时也包含从市到县再到乡政府,各级局委职能部门在原庄村精准扶贫推进中,各项扶贫工作已经具有相当的成效。

(二)利益包容:市场主体扶贫激励机制

市场主体是以追求市场收益最大化为主要目标,是典型的"经济人"。在精准扶贫政策导向下,市场主体也积极参与到对贫困村和贫困人口对口帮扶中。那么,精准扶贫对于市场主体来说存在利益向贫困人口的输送,对于市场主体来说,这种不计收益的资源输送,并不符合市场主体所遵循的行为伦理,回报社会和救助贫困固然对市场主体来说属于社会责任的范畴,问题是如何才能使市场主体参与精准扶贫对口帮扶中真正实现政策导向与市场主体利益诉求之间的相互兼容,并提高市场主体扶贫对口帮扶的积极性,并使市场主体的帮扶行动成为对口扶贫的长效性行动,这有赖于市场主体对贫困村各种生产要素资源的整合,不只是在市场主体扶贫帮扶中实现贫困人口脱贫致富的目标,更重要的是还要实现市场主体通过对口帮扶贫困村,达到激活贫困村生产要素资源市场发展潜力,在推进贫困村各种资源融入市场并实现贫困人口脱贫致富的同时,市场主体本身同样也从贫困资源市场化的过程中获得市场收益最大化的经营预期。也就是说,市场主体对口扶贫存在政府主体与市场主体价值层面的冲突,要解决这种价值冲突,需要在利益层面实现政府主体与市场主体的利益兼容,否则政策导向下市场主体的扶贫对口帮扶行动,要么因为市场主体利益受到损害,造成扶贫帮扶行动不具有可持续发展的长效性;要么市场主体对贫困村和贫困人口的帮扶只能停留在单纯"输血"层面,并不能实现贫困村和贫困人口的脱贫成效精准。

X市充分利用该市民营企业经济活跃的优势,引导企业到贫困村投资办厂,以资金支持、就业帮扶、智力帮扶、公益帮扶等形式,扶持贫困村发展扶贫产业,通过村企共建实践互惠共赢。工商联牵头实施"百企帮百村"精准扶贫行动,全市66家民营企业与66个贫困村结对帮扶,开展村企共建,实现互惠双赢,2016年民营企业投资金额1.6亿元,实施帮扶项目185个,帮扶贫困人口3435人。[1]

X市着力推进的扶贫产业主要有七类:特色种植业、特色林业、优质高效畜牧业、休闲农业和乡村旅游、特色加工业、新兴产业、农村一二三产业融合发展,对于村企共建企业,能够吸纳10户以上贫困劳动力就业的,在税收减免、贷款支持等方面给予适当倾斜。[2]

---

[1] 王××.X市脱贫攻坚工作推进情况汇报 [N]. 2017-3-28.
[2] X市脱贫攻坚工作领导小组.X市关于大力发展扶贫产业实施意见 [N]. 2017-1-13.

X规定各县（市）将"百企帮百村"签约结对名单上报市工商联，上报数量原则上每个县（市、区）不少于8对，贫困村较多的县（市、区）数量可以适当增加；制订企业帮扶具体规划；示范带动，各县（市、区）都要建立1~2个"百企帮百村"精准扶贫示范点，示范点同时是同级工商联的精准扶贫联系点；制订规划要求各级党委统战部、工商联、扶贫办共同指导、协助签约企业针对结对村的实际情况，制订具体帮扶规划，明确政府工作任务、企业帮扶目标措施以及落实时间表；最后是调研推动和督导检查。X市要求各地扶贫办要对企业提供本地区贫困村（户）基本情况和脱贫计划；本级专项扶贫资金、行业扶贫项目，优先向结对村倾斜；本级统筹支配的扶贫贷款贴息项目，优先支持参与结对帮扶的民营企业；协调政府有关部门，确保企业在结对村的各类设施和捐赠，依法享有财税优惠政策；积极协调企业在帮扶中遇到的困难和问题；跟踪帮扶进度，做好统计工作，每年汇报总结民营企业结对帮扶投入情况，规划落实情况和主要成效。[①]

为保障"百企帮百村"精准扶贫工作顺利实施，市委统战部、市工商联、市扶贫办联合成立"百企帮百村"精准扶贫领导小组，组长由市委统战部分管副部长担任，副组长由市工商联、市扶贫办主管领导担任，领导小组下设办公室，成员由市委统战部、市工商联、市扶贫办有关人员组成[②]。领导小组一方面积极联系企业帮扶贫困村实现对口结对；另一方面该领导小组对于帮扶贫困村企业的扶贫项目贷款提供政策支持。X市在全市推进"支农惠贷通"，构建"支农再贷款+地方法人金融机构贷款+担保基金+财政贴息""四位一体"金融扶贫模式，引导农业信用社、村镇银行等法人金融机构为贫困户和扶贫企业提供低成本信贷资金，支持各县（市、区）统筹整合财政涉农资金，合理安排担保基金，由银行按照5~8倍比例放大发放扶贫贷款，发挥财政资金对金融资源的撬动作用，设立扶贫贷款风险补偿基金，推动实施"政府风险补偿+银行贷款+企业+贫困户"金融扶持模式，加大对建档立卡贫困户脱贫致富的

---

① 中共X市委统战部、X市工商业联合会、X市扶贫开发办公室. 关于"百企帮百村"精准扶贫实施意见 [N]. 2017-1-25.
② X市工商业联合会. 关于"百企帮百村"精准扶贫的实施方案 [N]. 2016-10-14.

信贷支持力度，利用政策性担保机构体系和政策保险机构体系，创新担保保险支持扶贫模式和产品，积极为产业扶贫提供担保品保险服务。[①]

市场主体与贫困村结对帮扶在政策上享有财税优惠支持、金融贷款支持和政府贴息担保支持，这就直接对帮扶企业进入贫困村产生较大的激励功效。企业发展本身最缺少的就是流动资本，对于 X 区电器集团来说，企业发展已经把业务拓展到海外市场，在资金需求上不只是利用国内资本市场的资源，同时还广泛利用海外资本，企业发展在资本需求上处于长时期水平上，而不是说短期内缺少资本，这种大型工业制造业集团实际上始终缺少发展资本。而企业扶贫为企业拓展规模提供了资本支撑条件，同时在出口退税和扶贫企业税收优惠等政策支持下，这类企业进入扶贫行动实际上对企业发展起到较大的推动功能。尤其是政府为企业提供扶贫企业的贷款利息担保，这就意味着企业可以无偿使用扶贫金融贷款，这也是降低企业生产经营成本的最有利的因素。因此，扶持原庄村的两个大型企业，电器集团和瑞康胜农业发展服务公司，在精准扶贫行动上乐此不疲。扶贫企业不只是受到县乡政府的大力支持，同时贫困村帮扶的驻村队长、乡镇党委书记和乡镇长、第一书记和对口帮扶各单位，扶贫行动的最终目标是达到贫困人口脱贫致富，有了企业直接帮扶建厂，这实际上大大减轻了这些扶贫工作队伍和人员的心理负担，因为 X 政府对于扶贫成效的监督和考核采取进村入户、调查访谈考核方式，一般来说，真扶贫还是假扶贫、扶真贫还是扶假贫、扶贫成效是否达到长期脱贫目标等，通过考核单位入户调查，一般都能比较精准地检测出精准扶贫的成效。

从表 4.6 可以看出，各级政府对于贫困村扶贫成效的保障可以说是细致入微，检查考核直接面对贫困村和贫困人口，各项指标完全量化，无论是对第一书记还是直接帮扶人，无论是对驻村工作队还是乡村政府以及村集体组织干部，都形成较大的政策实施和执行压力，不只是要求政策实施过程具有规范和严格的程序，还要看政策执行的成效，这是保证贫困村和贫困人口完成脱贫走上致富获得保证的关键环节。能够保障贫

---

① 中国人民银行 X 市中心支行. 金融助推脱贫攻坚工作实施方案 [N]. 2016 – 6 – 27.

困人口取得脱贫成效精准的渠道只能是让贫困人口获得稳定的就业机会，而在贫困村兴办扶贫的工业企业则是较为稳妥的扶贫渠道。当然，扶植贫困村创办各种特色产业、特色加工业和特色旅游行业以及特色种植业同样是扶贫办法，但农业本身是弱质性产业，农业种植和经营存在政府政策扶持和财政补贴的强大需求，即使是发达国家农业实现规模化和集约化经营，农场主收入的主要份额也是政策财政补贴，而不是来源于农业经营所得的收入。这就意味着农业本身要实现现代化，围绕农业发展的技术、管理、设施和信息化服务需要政府政策激励，农业经营者收入的保证更需要政府财政资金的注入和补贴，才能保证农业可持续发展。

表 4.6　　X 市 2016 年脱贫攻坚成效考核入村（户）评分表

核查项目		核查内容	得分	备注
贫困识别精准率（15分）	识别政策知晓率（2分）	是否清楚明白贫困识别的标准和程序	清楚2分，模糊1分，不清楚0分	
	贫困识别标准（4分）	年人均纯收入不足3000元，"两不愁三保障"不达标	收入算账清楚准确4分，识别准确但收入算账模糊3分，识别不准确且"两不愁三保障"不达标0分	
	贫困识别程序（4分）	贫困户申请、民主评议、两公示一公告	规范识别4分，缺少一项扣1分，扣完为止	
	贫困识别方法（1分）	是否按照"一进二看三算四比五评六议"的方法进行	是1分，否0分	
	贫困识别准确度（4分）	是否存在差评	不存在2分，存在0分	
		是否存在漏评	不存在2分，存在0分	
贫困退出准确率（10分）	退出政策知晓率（2分）	是否清楚脱贫的标准和程序	清楚2分，模糊1分，不知道0分	
	脱贫退出标准（3分）	年人均纯收入达到3150元，"两不愁三保障"达标	收入和"两不愁三保障"达标3分，不达标0分	
	脱贫退出程序（3分）	民主评议、村"双委"核实、"两公示一公告"	规范识别3分，缺少1项扣1分，扣完为止	
	脱贫退出准确度（2分）	是否存在错退	不存在2分，存在0分	

续表

	核查项目	核查内容		得分	备注
群众满意度（15分）	帮扶政策知晓度（2分）	对医疗教育民政危房改造	清楚2分，模糊1分，不知道0分		
	帮扶责任人知晓度（2分）	熟悉第一书记、帮扶人姓名、电话和单位	清楚2分，模糊1分，不知道0分		
	帮扶措施有效性（5分）	帮扶措施是否有效	措施针对性强，贫困户明显改善5分，措施不够强，改善不明显3分，无帮扶措施0分		
	入户次数（3分）	定期到贫困户走访慰问	10次以上3分，5~10次得2分，5次以下得1分，没有去过0分		
	帮扶满意度（3分）	群众对帮扶措施满意程度	满意3分，一般2分，不满意0分		
贫困退出（5分）	退出程序（1分）	贫困村退出程序是否规范	规范1分，不规范0分		
	贫困发生率（1分）	贫困发生率是否在2%以下	是1分，否0分		
	基础公共服务及产业发展情况（1分）	道路饮水安全、生活生产用电、文化中心、广播互通、宽带是否达标	全部达标2分，缺少一项扣0.3分，扣完为止		
		是否有脱贫产业和村集体经济收入	有1分，否0分		
第一书记和帮扶人履职（10分）	扶贫政策知晓率（1分）	全面了解和掌握扶贫政策	熟悉1分，一般了解0.5分，不了解0分		
	基本情况熟悉率（2分）	是否熟悉贫困村、贫困户基本情况	熟悉2分，一般了解1分，不了解0分		
	驻村时间（2分）	是否入住贫困村	21天以上2分，10~20天1分，10天以下0分		
	帮扶措施（3分）	第一书记和责任帮扶人对贫困村、贫困户制定针对性强操作性强的帮扶措施，解决产业发展、转移就业、市场销路、技术服务和政策落实等问题	好3分，较好2分，一般1分，不好0分		
	帮扶成效（2分）	贫困村、贫困户生产生活条件改善情况和帮扶成效情况	好2分，一般1分，无变化0分		

资料来源：X市扶贫攻坚领导小组.X市2016年脱贫成效考核计分表.2017-1-13。

对贫困村来说，企业下乡扶贫对口帮扶，贫困村与企业共建扶贫企业，实际上对于贫困村是勉为其难，如果说入股经营，企业电气集团是上市企业，村民只能是通过购买股票获得分红机会和条件。如果是土地入股，现实中电气集团付给村民的土地租金是每年每亩600元，600亩土地每年租金为36万元，即使参股企业接受企业分红，相对于企业几千万元的投资，分到的红利也非常有限。工业企业下乡在通过安置原庄村村民就业的同时，不只是保证贫困村贫困人口有了稳定的收入，关键是改善了原庄村周边的市场环境，企业发展带来的原庄村饮食业、消费性非物业、修理行业和商品物流行业的变化，这对原庄村村民来说存在着大量的商业投资和收益提高的机会和条件。实际上，变相改变原庄村原来与市场资源相对隔离的状态，形成了市场要素资源在原庄村内外充分流动的局面，这才是工业企业下乡带来的原庄村民最大的收益条件和机会。

三、组织机制包容：村民与集体组织关系嬗变

精准扶贫推动乡村社会尤其是贫困地区和贫困村社会的深度变迁，其中村集体组织与村民关系在精准扶贫政策实施中经历了根本性的变迁。这种乡村社会变迁背后最主要的推动力，是我国乡村建设因为精准扶贫政策的实施，而出现的从政治、经济、文化、社会和生态层面的全方位变迁。乡村社会变迁主要表现形式就是精准扶贫政策实施无形或有形地增加了乡村集体组织的实务性工作，乡村干部正是通过事务性工作的增加加强了与村民之间的联系，这种联系不是单纯私人感情的增加，而是着力于贫困人口从贫困转向脱贫致富过程中的内在联系。当然，乡村集体组织在着力参与精准扶贫政策实施推动贫困人口脱贫的同时，也通过扶贫资金和项目的嵌入，实现了乡村社会从村容村貌、乡村产业发展和乡村治理的根本性改变。那么，精准扶贫政策实施如何实现乡村社会的整体性变迁，在乡村社会整体性变迁中起着内在决定性的因素是什么？这些内在因素遵从何种内在逻辑决定着精准扶贫政策实施能够带来乡村社会根本性变迁呢？本书认

为，乡村社会无论是从政治层面的治理还是到经济层面的产业兴旺；无论是从乡村建设层面的村容整洁还是到生态宜居；无论是从对居民的生活宽裕还是到精准扶贫导向下的村民生活富裕等方面的变迁，都离不开乡村集体组织与村民关系的根本性变迁。正是由于精准扶贫政策实施带来的乡村集体组织与村民关系的根本变化，才带来了乡村社会的整体性变化。村民福祉和扶贫政策实现成效精准的目标，同样也有赖于乡村集体组织与村民关系的概念，否则，精准扶贫政策实施只能停留在单向的"输血式"扶贫，而不可能实现扶贫产业开发带动集体经济和村民收入双重持续提高，并具有外在资源保证的成效精准目标。

（一）组织包容：干部与农民关系重塑

精准扶贫政策实施过程也是外在生产要素资源嵌入贫困乡村的过程，其间乡村集体组织作为承接外在生产要素资源的组织化主体本质上起着决定性的内外衔接功能。无论是对贫困人口的精准识别，还是对贫困户的精准施策，集体组织的组织效能发挥不只是乡村扶贫实务增加的缘故才得以强化，关键是上级县乡政府对于精准扶贫工作的强化管理，在赋予乡村集体组织政策执行功能强化的同时，对乡村集体组织的角色和地位也给予大幅度的提升和监管保障。也就是说，乡村集体组织的角色、地位和功能提升不只是精准扶贫强化的结果，同时还是乡村集体组织在精准扶贫实务中被大幅度激活的必然结果。在某种程度上可以说，精准扶贫是乡村集体组织角色和功能激活的有效推动机制。

首先，贫困村贫困人口的精准识别不只是村集体组织协同参与，同时，需要贫困人口签字认定，这就成为村集体组织角色和功能回归的机制保障。在精准扶贫的识别环节就已经开始实施对贫困村和贫困人口"送政策、送技术、送项目、送温暖"行动，实行"一村一策一单位，一户一法一项目"执行方案。从市县各单位、各大中型国有企业和各种事业团体等，都指定对口帮扶贫困村和贫困户，从县乡扶贫第一负责人、直接责任人、第一书记、乡镇书记和乡长和村"双委"领导干部等都被纳入精准扶贫主任责任体系，各司其职、各尽其责、定期考核、奖罚分明。村集体组织成为精准扶贫政策实施的主要执行单元和主体，无论是上级县乡扶贫干部，还是对口帮扶单位，无论是派驻的第一书记，还是对口帮扶责任人，都必须直接与乡村集体组织直接联系；同时，乡村集体组织也就是村"双委"干部必须深入群众、了解村民、登记造册、村民认定签字，这些诸多工作环节的强化实施和考核检查赋予村集体组织强大的上下衔接功能。同时贫困村民对于精准扶贫的各项工作必须签字认定，才能确定各项扶贫工作环节的合格。这种精准扶贫的政策执行和考核监控机制，极大强化了集体组织的角色和地位，精准扶贫期间即使是空转、倒转和反转的村集体组织在外派第一书记和县乡政府扶贫对口单位的直接参与下，角色和职能必须发生转变，否则根本就无法完成精准扶贫起始环节的精准识别工作。

在精准识别贫困户的环节中，村"双委"干部既认识到集体组织的角色和功能，又体会到以往对村民的工作方法已经严重不适应现实需要。以往村干部的强悍和命令作风在精准识别需要村民签字认定环节，无论是村干部还是第一书记都不能，也无法采取强迫命令方式强力推进。如果采取强迫命令或弄虚作假，从国家到省级干部对贫困村和人口的考核暗访，或者是市县组织的精准扶贫量化考核小组，都难以保证这些行为不被村民揭发、检举和申诉等。原庄村有位贫困村民在访谈中这样说：

如今干部不一样，过去村干部动辄大骂，稍不注意就是拳脚相加，现在可好了。村干部态度好得很，为啥咧？上头经常下来明察暗访，俺们是老百姓，有啥说啥，村干部有什么办法！他们又是问寒问暖，又是打扫院子。上头检查得厉害，干部对村民不好，说出来他们就要受罪。①

精准识别不是说对贫困人口识别完成后就没事了，而是说村干部、第一书记和对口帮扶责任人和帮扶单位，要时刻关注贫困户脱贫情况，贫困户档案要按季度精确填写，贫困户主、村干部、第一书记、帮扶责任人和乡镇党委书记等都要签字确认，谁不签字谁负责。另外，贫困户脱贫不脱政策，对于贫困脱贫后持续跟踪，对于这些贫困户属于脱贫后的脆弱户，

---

① 原庄村一名艾姓村民访谈记录 [N]. 2017-11-24.

政策要求在扶贫攻坚阶段，脱贫后的贫困户，依然享有精准扶贫的各项优惠政策，对于脱贫后的贫困户收入持续增长情况，也要根据建档立卡情况实行档案同步上网，档案中信息要求定期更新，上级明察暗访是依据上网档案信息进行核查验收，而不是根据基层干部书面和口头汇报。在这种政策实施的强力重压之下，县委和县级扶贫攻坚领导小组要求乡镇党委书记作为第一责任人，每天定时通过电话视频会议，认真汇报各贫困村扶贫工作情况，村"双委"要求随时有办公人员值班，上传下达各种扶贫政策和措施，第一书记根据驻村工作天数给予量化考核，驻村扶贫工作队要对贫困户逐个进行扶贫施策，每个月要进入贫困户家庭走访巡查，并根据贫困户调查回答对口帮扶人员入户访问次数进行量化考核。这种扶贫工作机制主要通过贫困户的暗访巡查进行，村"双委"干部对各个贫困户家庭非常了解，但是只有加强与贫困户的联系，使贫困户居民真切感受到政策温暖和干部态度诚恳，贫困户才能在各项扶贫工作中给予积极配合和较好评价，否则，单纯贫困户的评价就会给扶贫人员带来追责的风险。这就使包括村组织在内的所有扶贫主体把服务角色和功能发挥得非常充分，服务就是为其他组织和个人提供便利的过程，村集体组织在精准扶贫政策体系中，只能对贫困户提供周到的服务，否则，单纯来自各级政府对扶贫工作的核查监督，就不是村内集体组织能够承载的责任压力，还有来自网络、媒体、党纪、社会和村民的现实层面的舆论压力。

其次，村集体组织承接扶贫资源的外在嵌入，精准扶贫作为全方位扶贫，对于村集体组织来说因为精准扶贫政策实施因而拥有丰富的生产要素资源，至此村集体组织面临乡村振兴的重要职责。精准扶贫"一村一策一项目一单位"，从乡村基础设施建设到农业现代化的推进，从产业扶贫开发到集体经济的建构等，对于乡村集体组织来说迎来了政策扶持乡村全面建设和发展的契机。原庄村充分利用政策扶贫资金投入的契机，充分发挥企业主体兴建扶贫企业的积极性，充分激活贫困村的特色资源优势，充分打造新型农业经营主体，带动贫困村民提高收入水平。在推进市场资源进入贫困乡村的过程中，乡村集体组织实际上起着资源承载的组织化主体的角色和功能。乡村集体组织资源依托充分决定乡村组织化主体在治理层面的角色和责任功能的发挥程度是否充分,以往乡村集体组织除了计划生育和承接上级乡镇行政化组织的职能外,在乡村治理层面最多做到管理民主,管理主要是对乡村集体组织而言,无法纳入村民的民主化管理主体因素,在村级扶贫实务日益增加和市场生产要素资源持续进入乡村的条件下,单纯依赖乡村集体组织发挥民主管理的角色和职能则无法保证精准扶贫政策的顺利实施,因为外部资源大量嵌入乡村,没有村民的配合,就无法发挥资源嵌入后贫困乡村自我发展实现脱贫致富的"造血"机制的功能。或者说,没有村民积极参与精准扶贫,就无法保障贫困人口建构自我脱贫和自我发展致富的有效机制。

比如说各级政府的扶贫资金直接到达贫困户的手中,如果缺失乡村集体组织化角色和功能的发挥,贫困户就会把扶贫资金当作消费资金完全消耗掉,这也是以往"输血式"扶贫的主要薄弱之处。当下的精准扶贫,贫困户利用扶贫资金必须有合理的项目支撑,而这种扶持贫困户的项目安排必须获得村"双委"和乡镇政府以及第一书记和驻村工作队的统一支持才能实现,并且贫困户项目开发带动发展必须采取扶贫互助的方式或者采取"龙头企业+农户"的方式。精准扶贫不只是对贫困人口形成有效的外部约束,同时对于村"双委"、乡镇政府、驻村工作队、第一书记和市场企业主体等都形成外在约束和规制机制。如何检验贫困人口利用扶贫资金实现脱贫的效能呢?对扶贫成效的检查考核同样面对以村集体组织为核心主体的所有扶贫主体,上级或各级政府对扶贫的考核检查中,要涉及贫困资金是否到户、贫困户是否有具体项目、项目是否带来预期收益、贫困户每季度收入的增长、贫困户对扶贫项目的满意度、对口帮扶人员是否入户访贫、扶贫措施是否合理、扶贫是否有预期成效、贫困户是否对帮扶人员和单位认同等问题展开全方位的考核调查,然后进行扶贫工作的评价。扶贫资金一定不能通过村集体组织来发放,所有的扶贫项目投资和项目招标,村"双委"干部一定不能经手,对于扶贫资金的发放一定要直接到户,贫困户还要签字认定。这就规避了扶贫资金到户的中间环节,避免各级政府截留尤其是乡村集体组织干部"搭便车"的现象发生。有些乡村集体干部和扶贫干部在扶贫工作中弄虚作假和华而不实,经过上级暗访检查发现后,每个月由省级扶贫办等部门发布精准扶贫简报，直接发给市县政府"一把手"，市县政府主要负责领导干部可以随时对基层扶贫情况的检查考核情况首先了解，这就对扶贫工作人员造成强大的责任压力。这种扶贫工作体系实际上既能保证扶贫工作各个环节的安全，又能保障扶贫资金和资源投入贫困地区和贫困村的安全。从表面上看，精准扶贫的工作力度来自上级政府扶贫部门的检查督导，从乡村集体组织和村民关系视角来分析，主要是村集体组织与村民关系通过精准扶贫已经发生根本性的变迁。村集体组织和村民都被纳入乡村有效治理的体系场域之内，村集体组织化角色和功能的发挥有村民积极参与作为有效保障，而上级各级部门的核查督导又为村集体组织化角色和功能的转型提供了有效的外部保障机制和条件。

最后，精准扶贫政策实施激发了乡村集体组织的责任意识和创新意识。以往扶贫政策实施中，作为贫困村向上级政府申请扶贫项目和扶贫资金比较艰难，因为没有精准扶贫实施的强大的政策氛围和舆论氛围。当前精准扶贫形成全国范围和全社会参与扶贫的舆论氛围和政策氛围，就为贫困村集体组织加强与上级政府和市场企业主体的联系提供了政策导向和有利环境条件。因为此时是上级政府要求贫困村集体组织有效承接扶贫资源的嵌入，乡村集体组织必须理顺乡村治理关系和经济关系有效承接扶贫资源与乡村特色资源形成有机的统一体，没有村集体组织的协调配合，贫困人口无法通过组织化的渠道和方式接收到扶贫资源。同时，市场主体的行为逻辑的价值伦理导向与精准扶贫的道义化伦理和价值导向存在一定的距离，这就需要市场主体在政策导向下发挥社会责任的主体地位，而能够激发市场主体参加精准扶贫的推动主体就是乡村集体组织，村组织利用乡村的各种传统纽带，联络"故乡人"和贫困村周边市场企业主体，把市场主体的各种生产要素资源与乡村特色资源对接，在市场主体追求收益最大化价值取向与乡村脱贫致富的发展导向，实现价值和利益的相互兼容，既能发挥市场主体的优势和角色作用，又能激活贫困村原有的资源存量和资源优势，最后实现双赢的格局。这种格局只能是通过乡村集体组织角色和功能的回归才能实现，乡村集体组织整合资源功能的地位回归，同时也能提升乡村贫困人口就业和创业的积极性及发展空间，由此改变与市场要素资源相互隔离的状态，推动贫困村人力资源和特色资源融入市场，增加贫困村资源市场化带来的附加值，由此提高贫困村和贫困人口的集体收益和个人收益，最后实现精准扶贫成效精准的目标。

在精准扶贫政策实施背景下，贫困村中面临的现实问题就是留守人员的就业增收问题，在这些贫困村留守人员中，占有较大份额的就是妇女，增加贫困村妇女的就业安置提高其收入水平，这同样是提高贫困人口收入的主要途径。为此，X市创新发展了贫困"巧媳妇"创业就业示范工程基地，本项工程主要是为贫困村留守妇女和贫困妇女搭建居家灵活就业平台，考虑到贫困村留守妇女的分布状况，最后认定30家工程企业和项目点为2016年X市"巧媳妇"创业就业工程示范基地。X市要求，要跟踪掌握示范基地发展与建设，以及基地对就业妇女的技术培训、工资发放、安全防护等管理情况，加强对基地的考察评估，及时申请取消不再具备条件的示范基地资格；各示范基地要建立妇联基层组织，开展党的妇女工作，要通过妇女就业加强家庭建设，丰富妇女的精神文化生活。[①]

对于贫困村来说，能够组织和发动广大妇女群体就业、提高家庭收入的组织化主体，就是乡村集体组织，尽管X市建立了30家推动妇女就业创业的示范基地，但是，能够组织、引领和动员贫困妇女走出家庭就业创业，以提高收入的保障机制，就是组织化的推进和动员。尤其是有些丧偶或男性劳动力残疾没有劳动能力的贫困家庭，推进妇女就业创业是这些贫困户脱贫致富的有效途径。同时，解放贫困劳动力的有效方式是推进乡村的土地流转，土地资源的流转收入作为家庭收入的同时，还能解放农业劳动力从事非农业生产和就业创业的项目开发带动脱贫。对于原庄村来说，非农市场主体的建厂带动、贫困户从事"公司和农户"的扶贫项目经营、特色农业种植业的规模化种植以及村集体企业的发展和带动，由此，全方位的产业发展带动建构起保障精准扶贫成效精准的组织化长效机制。

---

① X市妇女联合会.关于命名X市"巧媳妇"创业就业工程示范基地的通知（X妇字〔2016〕47号）[N].2016-9-26.

（二）信用包容：贫困村新型经营主体生成

对于贫困地区和贫困村以及贫困人口来说，贫困的根本原因在于农民市场主体地位不足，由此带来贫困人口与市场生产要素资源处于相对隔离的状态。改变贫困状态的唯一途径和方式是市场生产要素资源能够与贫困地区和人口相对接，而推动市场资源嵌入贫困地区和贫困村的驱动机制，不能依赖市场机制的角色和功能，只能依赖政府的政策导向，来强力推动市场生产要素资源外在嵌入贫困村的方式来实现。而要实现市场生产要素资源与贫困人口的对接，并形成带动贫困人口走向脱贫致富之路的方式，是贫困地区和贫困人口必须以组织化的形式，才能承接外在市场资源的嵌入。这种组织化的方式，就是农民转化成组织化市场主体的方式，或者说，是在乡村集体组织引领下的组织化主体建构和打造的方式。无论是 X 市实施的"百企帮百村"，扶贫资金带来的贫困村项目开发，还是贫困村集体组织主导下集体经济的建设和发展等，实际上，采取的都是建构贫困村组织化经营主体的方式。贫困村特色资源进入市场、贫困人口融入市场和贫困村农业新型经营主体的建构等，都必须采取组织化的形式，只有组织化新主体的打造，才能建构农民完全的市场主体地位，贫困地区和贫困村的生产要素资源，才能在市场化的条件下实现资源增值和居民脱贫致富的目标。

与其说贫困村贫困人口缺少资本，不如说贫困人口缺失资源获得的组织化依托平台。而精准扶贫政策实施首先就是建构和搭建贫困人口的依托资源和平台。比如说贫困人口的资金资源依托平台，在精准扶贫政策体系中，从中央到县、乡各级政府都建立了贫困人口融资和投资的资金平台，这种融资平台主要是政府建立投资担保的信用保障平台，扶贫资金到市、县、乡各级政府层面，都必须有相应的配套扶贫资金，然后由各级政府保障扶贫资金到户并由项目依托。这种资金平台搭建不能缺失金融主体的参与，而金融企业主体参与精准扶贫主要是提供资金，而金融企业资金的到位有赖于政府搭建的扶贫资金平台来提供信用保证和政策兜底的保障。贫困村和贫困人口如果没有政府资金平台的保障,很难想象金融企业主体能够把资金嵌入乡村扶贫的政策实施体系。同样,企业主体参与扶贫政策的实施,没有政策导向的激励和驱动,在税收和融资层面提供企业所能接受的优惠和便利条件,作为市场经营主体也同样很难想象,这些追求收益最大化的市场主体能够积极参与精准扶贫行动之中。对于农业特色种植业来说,没有精准扶贫的政策分配和各种保障措施,市场主体与个体经营农民之间的信用就无法保障,以往"公司+农户"经营模式的主要问题就是双方的信用保障出现问题,不是公司失信就是农民信用不足带来诸多问题。在精准扶贫政策实施中,则不存在这种失信风险,因为无论是贫困人口的项目开发,还是市场主体与农户之间的合作开发经营,都存在政府对市场主体和农户的全方位监管和政策保障,在政府组织、市场组织和农户之间,都存在组织化主体的保障机制。其保障了农户在农业和非农产业,在经营层面把风险降低到最低限度。据对原庄村一位先进农户在访谈时,这样说:

我带贫困户搞食用菌种植,不是农户与瑞康胜农业发展公司签合同,我自己建立公司,公司与公司间签合同,瑞康胜提供种子、技术、回收,我负责大棚建设、种植和提供产品,价格、产量和质量在合同中注明,失约担保和赔偿也说到明处,谁也不能违约,违约了投资怎么办?农户也不能违约向外卖产品,瑞康胜有产量要求,达不到产量,人家收不到足够的蔬菜,那也不行,这点在合同中也要说清楚。政府担保资金投入,到时候还要还贷的,我与农户也要签合同,要不都把产品私自卖了怎么办?村里也要与我签合同,我自己的(收益)、村里(收益)、土地出租(收益)都要说清楚。①

可以看出,贫困户采取"公司+农户"的种植业开发经营,背后所能依靠就是组织保障,组织化的资金投入、组织化经营和组织化的角色和责任,为农民进入市场参与市场资源分配提供了有效的保障。对于农户经营也是如此的,对于集体经济的发展同样是如此,在访谈中原庄村村主任这样说:

---

① 原庄村一位袁姓带头人访谈记录[N]. 2017-11-16.

俺村搞乡村绿色田园，也是建立公司，搞公司式的经营。土地租用租金是公司与农户签合同，公司是合伙式经营，村民入股由公司与村民签合同，包括股民的权利和义务。公司利用扶贫资金，这是集体投入，收入归集体，集体收入用途由集体组织说了算，具体指村"双委"说了算。村集体经济吸收外部企业投资同样是公司与外部企业签合同，投资、股份、分红规定清楚。如果赔了，同样是按照投资股份承担责任，不过都是以公司名义，而不是以个人名义。村民入股同样是集体组织要担保投资，如果赔了，群众投资吗？没了，那不行。咋能赔呢？采取公司式经营，不是村集体组织经营，经营人员要聘任，还要签合同，要保证挣钱，不挣钱干那做啥？①

村民投资村集体组织要行使担保责任，保证村民投资不能没了，这就是新型的集体经济形式。具体说如果经营不善出现亏损状况，村集体组织又如何承载村民的利益不受损失，这里主要是存在政府政策兜底的问题。扶贫资金用来发展集体经济，从原有的社队企业到乡镇企业，都是由于乡村工业企业不能与城市工业企业在市场资源上进行竞争。但是当前的集体企业与以往的乡镇企业经营模式的资产结构完全不同，当前的集体经济是市场生产要素和政策导向直接扶持的市场主体，在经营管理、资金投入和技术要求以及市场风险评估上，改变了以往乡镇企业粗放式的经营方式，几乎完全是现代市场主体的运作方式，同时还存在政策支持和财政资金支持，应该说这又是政策导向下的计划性企业主体的打造，但当前扶贫中的集体经济主体的建构不同于以往产权不清晰的集体企业，扶贫企业产权高度清晰，权、责和利界限分明，政府官员"搭便车"和村"双委"干部"搭便车"的现象与可能性非常低。与其说是集体经济，不如说新型集体经济是多元主体参与由集体经济成分主导的混合式经济形式，或者说，在集体经济成分中，既有政府投资又有市场主体投资，还有扶贫对象投资，但本质上是产权清晰的现代市场企业主体，不再是以往产权不清晰和债权利模糊的乡镇企业主体。

---

① 原庄村村主任访谈记录［N］．2017－12－13．

对于原庄村来说，还存在现代市场企业直接投资兴办扶贫企业的方式参与扶贫情况，那么，原庄村在安排就业人员的同时，是否还存在投资扶贫企业的情况呢？这种情况必然存在，村民参与企业的方式主要是投入一定量的资金，有两种获益方式，村民投资本金由企业承担安全责任，一是可以每年获得投资本金的利息；二是可以按照投资股份每年分得红利。一般情况下，村民都是按照投资获利的方式，当然投资企业的本金利息要高于金融机构的利息，企业变相成为融资机构，但是，政策规定对于贫困村庄存在融资担保、分得利息的形式，对于外部村庄不能采取这种融资的方式展开经营。扶贫企业的投资资本主要来自扶贫贷款的政府贴息保障和税收优惠政策。这种政策支持对于市场企业主体来说，本身就面临较大的利润空间。对于参加企业投资获利的村民，在访谈时，这样说：

我在这家电器分厂入了5万元，月息一分五，一年下来就是9000元，这个比银行要好得多，村里人入股分利的户数不少，这一笔收入还不错。企业说了随时可以要回本金，这种政策真不赖。想想风险是有，但是企业担保俺们的本钱，听说这家企业几十个亿哩，俺们总共才有多钱，最多几十户几百万了不起了，我看这企业搞起来也不错，安排了1000多工人，听说货销得也不错。要不是扶贫，去哪里找这机会？①

可以看出，激活贫困村原庄村人力资源、土地资源、特色资源等主要方式是市场主体以公司下乡，其中，伴随着政府精准扶贫政策下乡、党的组织下乡、资金下乡、技术下乡和单位下乡，由此，在精准扶贫政策导向下形成各种生产性资源、社会性资源和政策性资源的整体下乡格局。政策导向的角色和功能主要是推动各种资源下乡，以达到整合和激活贫困地区和贫困村存量资源的目标，而乡村各种生产要素资源能够获得激活并有效融入市场，主要推动主体是各种组织主体，这些主体中包括政府主体、集体组织主体和市场主体。其中政府主体主要是采取政策支持和财政支持以及市场监管的职能，市场主体主要承载着把贫困村各种生产要素资源拉入市场的职能，而集体组织则承载着政府与村民、市场与村民之间

---

① 原庄村一位艾姓村民的访谈记录 [N]．2017 – 11 – 17．

的中介角色和功能。一方面显示出政策和市场资源要在乡村扶贫和变迁中起到预期的效能必须有赖于乡村集体组织角色和功能的发挥；另一方面显示出乡村尤其是贫困村生产资源和村民要消除于市场相互隔离的局面，还有赖于乡村集体组织政治和经济组织化主体角色和职能的回归。或者说，富裕的乡村可以不需要集体组织政治经济角色功能的发挥，而单纯依赖市场机制的作用就会走向富裕，如珠江三角洲和长江三角洲地区的乡村，应该说这些区域的乡村有些已经完全进入现代化发展的水平上。

但是，对于贫困地区和贫困乡村来说，无论是政治治理的有效、经济层面产业发展的兴旺、乡村面貌改变能够实现生态宜居的要求，还是居民从生活贫困转向生活富裕，都离不开乡村集体组织对来自政府和市场资源的承接，以及对乡村内部资源的整合。这应该是贫困村各种生产要素资源消除与市场关系相互隔离格局的主要组织依托和保障。组织之间的关系是联动的，无论是政府组织对乡村集体组织的检查考核和督导，市场主体组织对乡村集体组织的市场主体角色、地位和功能的激发，还是村民通过乡村集体组织形式进入市场参与资源的配置、流动和收益分配，乡村集体组织的治理主体角色和功能发挥，是为贫困村和贫困人口实现扶贫成效精准目标的组织化保障方式。

四、本章小结

精准扶贫要实现成效精准，即保障贫困村和贫困人口实现脱贫致富上要具有资源和制度的长效性保障，否则，精准扶贫就无法保障扶贫成效的精准。贫困村和贫困人口之所以贫困主要是处于贫困主体与市场资源相对隔离的态势，这种对接市场资源的不利态势决定着贫困人口没有资源依托，也没有能力优势利用市场资源并获得市场收益的最大化。因此，必须有赖于国家政策导向上实现先进发达地区对落后地区的包容和扶助，实现先进人口对贫困人口的包容和支持，实现现代市场产业开发对贫困村和贫困人口的包容和带动。如果说外在的政策财政资源和市场资源嵌入贫困村是直接推动贫困人口脱贫的话，那么，提升贫困人口生产技术能力和创业就业能力，就是推动贫困人口内生性脱贫致富资源凝聚的举措。反哺利益的包容性精准扶贫既要改变贫困村和贫困人口的生存环境，又要改变贫困村和贫困人口在发展能力和条件上的弱势和边缘化地位。因此，反哺机制的包容不只是要求政府包容贫困地区和贫困人口，更为关键的是要在全社会形成对贫困村和贫困人口包容、扶持和服务的政策导向和价值取向。政府政策导向下的反哺性利益包容既体现出对贫困村、贫困人口和农村农业发展的"多予、少取"，又体现出贫困村打造出"搞活"能力提升的资源依托条件。环境的改变包括生产生活条件的改变、乡风文明和理念的改变、社会公共服务产品供给格局的改变和贫困村治理格局趋向包容性治理治理的改变。反哺贫困村旨在建构新型乡村发展的秩序，而秩序是在权威维系下的一种稳定的状态。乡村扶贫治理的权威只能是乡村集体组织和自治机构，不能是县乡政府作为乡村扶贫治理的替代。但是，在精准扶贫引领的大规模反哺贫困农村之前，贫困村由于缺失资源依托，乡村治理实际上处于管理的状态，因为村民参与治理缺乏有效的利益驱动和资源支撑。精准扶贫支撑下的反哺利益包容，直接重塑和打造了乡村治理的权威，提升了集体组织和自治组织的权威角色和地位。由此，精准扶贫的利益包容成为乡村治理权威重塑的机制和助推因素。

  精准扶贫既然是政府政策导向下的反哺利益包容性行动，那么上级政府对于下级政府的监督和督导就成为保证利益包容的外在保障和驱动。这种上级对下级的督导和驱动机制直接演化为乡村干部与乡村居民关系的调适和建构。因为精准扶贫的主要责任主体是县级、乡级和村自治组织主体，同时还存在社会主体和市场主体以及村民主体的积极主动参与和监督。即使存在市场主体和社会主体以及村民主体的被动参与情况，在精准扶贫的政策实施场域中，由于乡村自治机构权威角色和地位的重塑和建构，村民参与精准扶贫的主要动力存在政府政策性利益和市场主体利益在贫困村的流动性配置。无论是在就业和项目开发，还是在金融扶贫层面的资金聚集，无论是美丽乡村建设，还是教育医疗的全面覆盖和保障，都对贫困村和居民带来较大的社会福祉和发展条件。也就是说，村民原来的消极被动参与乡村治理的态势在精准扶贫政策推动下逐渐改变，尤其是已实现致富的村民，对于扶贫中反哺性利益的利用和对接成为"经济人"的首要选择。与此同时，政府打造农民回乡创业平台和优惠政策，对于乡村尤其是贫困村产业发展和市场条件改变起着较大的推动作用。无论是对于政府主体、集体组织主体，还是对于市场主体，以及村民主体，制度层面形成和建构的激励机制呈现出对多元主体利益和动机的包容性功能。精准扶贫政策实施中带来的对于多元主体基于利益诉求差异的包容性角色和功能，集中体现为精准扶贫在贫困村和贫困人口层面带来从理念、行为和关系上的根本性变迁。

精准扶贫的政策实施行为主要是组织行为，而不是个体行为，这就意味着在精准扶贫中要彰显包容性治理的理念和价值，必须依托组织机制的包容才能实现。组织机制决定着精准扶贫主体和贫困主体的行为逻辑，尽管贫困主体呈现为个体和群体，但是扶贫主体更多地表现为组织形态。在扶贫治理中，上级政府对贫困村驻村工作队的委派，对第一书记的选拔和下放，对扶贫成效的明察暗访和督导评估，更多的是以政府和党组织主体实施和推进的。其主要表现为伴随着第一书记委派的组织下乡，上级对第一书记的考核督查直接推动第一书记的角色和功能发挥。而乡村党组织和自治组织角色和地位以及功能的强化有赖于第一书记的引领和规范，组织下乡伴随着反哺资源下乡，反哺资源下乡带动着市场资源下乡。其中既存在政策下乡、生产要素资源下乡、宣传下乡、干部下乡，还存在治理理念下乡、新农村发展战略下乡、产业下乡和服务下乡。任何资源的下乡都承载着利益的包容性和共享性，这就是精准扶贫政策实施中所具有的机制包容的主要特色。

// 第五章

理论回应和研究发现

精准扶贫政策的实施显示出贫困地区贫困村在治理层面的包容性治理鲜明特性,从宏观政策层面来分析,精准扶贫政策设计本身就隐含着政府主体、市场主体和其他社会主体对贫困地区和贫困村以及贫困人口的关怀和包容;在利益关系层面,无论是扶贫资金对贫困村和贫困人口的支持,还是市场主体和其他社会主体对贫困户和贫困人口的对口帮扶;在机制建构层面,无论是各级政府组织对扶贫工作的组织化考核督导和评价、市场主体对贫困村资源的组织化整合开发,还是政府主体对贫困村资源开发达到扶贫功能的组织化监管。这些都体现出主体包容、利益包容和机制包容的特性。

所谓包容的特性就是指在利益冲突和价值冲突以及主体角色相互冲突条件下形成共识和行为协调的格局和属性。这些在主体、利益和机制层面显示出来的包容性治理特征,怎样才能得到展示和实现?其中起着决定性作用的是政策导向因素,政策尤其是精准扶贫政策实施本身就包含着道义性、公平性以及正义性的包容性内涵。各种主体角色、地位和功能的发挥,也正是在弱化乃至消除价值冲突、利益冲突和关系冲突条件下,所能够实现的多元主体的兼容性行为选择。

主体包容集中体现在多元主体对贫困人口和贫困地区以及贫困村生存问题没有解决的不同对象关系层面的包容;利益包容是指在多元主体利益诉求和利益实现方式层面存在较大差别和冲突前提下,所能够实现的主体利益兼容和行为协同;机制包容是指多元主体利益和关系层面包容条件下,不同主体在行为层面激励和规制因素之间的包容，这种激励和规制约束之间的相互包容改善了乡村原有的治理体系和内在格局，改变了原有存在的贫困村民与市场、贫困村民与政府、贫困村民与乡村集体组织之间的关系格局，从而使政府、市场、乡村集体组织与村民之间形成"利益共同体"，这种政策导向下形成的"利益共同体"涵盖着我国在社会主义条件下城乡一体化的目标导向和发展诉求，涵盖着城乡发展从非均衡趋向均衡发展的内在要求和规定内涵，涵盖着社会多元主体对乡村弱势群体的政策关怀和人文关怀的价值追求和内在品格。

一、对研究问题域的理论回应

国家推进精准扶贫政策体现出主体包容、利益包容和机制包容。主体包容是指政府主体、市场主体、非贫困主体对于贫困主体的包容；利益包容是指对贫困主体在生存利益、发展利益和共享利益的包容；机制包容是指反哺机制、激励机制和组织机制的包容。主体包容既有政府主体对贫困主体的包容，也有市场主体对贫困主体的包容，还有贫困村和社会层面非贫困主体对于贫困主体的包容。其中政府主体对贫困主体的包容主要是体现政府要建构公平正义的社会关系、城乡关系和工农关系，实施的"以工哺农"政策导向带来的对贫困的边缘化主体的包容，没有政府主体对于贫困主体的包容，就无法充分展示社会主义建设的内在价值和本质特征。市场主体对于贫困主体的包容主要在于市场主体在政府政策导向下要兼顾市场收益最大化利益诉求与承载的社会责任诉求之间的相互兼容。社会非贫困主体对于贫困主体的包容，在贫困村内部非贫困主体对于贫困主体的包容在于贫困村获得的扶贫利益与贫困村所有居民收益并行不悖，或者说非贫困居民与贫困居民在精准扶贫政策导向下的收益并不冲突和矛盾。对于社会层面来说，社会中的非贫困主体参与精准扶贫，对贫困主体实现包容，主要是基于政策导向下的社会责任，在力所能及的条件下体现社会主体承载社会责任的行为选择和价值取向。因此，对于贫困主体来说，政府主体、市场主体、社会非贫困主体所表现出来的包容理念和行为以及价值，背后都有社会主义共同富裕的公平正义理念和价值驱动，以及社会层面市场机制作用下的收益最大化利益诉求与社会责任承载利益诉求之间的相互兼容的价值取向驱动。

多元扶贫主体对于贫困主体的利益包容，主要体现在生存利益包容、发展利益包容和共享利益包容。生存利益主要针对特困主体而言。而特困主体主要是失去劳动能力的贫困主体，这类贫困主体的利益诉求主要是生存性利益诉求，而生存性利益诉求的满足主要由政府主体兜底实现，当然，其他扶贫主体对于贫困主体的送温暖、送资金、送政策和送项目等扶贫措施，对于特困主体来说，最终的生存利益保障还有赖于政府政策兜底来实现。而政府主体对于特困主体实行"五保"扶贫政策，在保证特困主体生存利益满足方面没有问题，但是在实现特困主体致富目标上面临硬性条件的内在约束，因为特困主体没有最起码的劳动能力。

对于具有劳动能力的一般贫困主体，主要满足发展利益的诉求。这类贫困户具有劳动能力，主要是因为没有稳定的就业机会和收入，导致贫困出现。对于这类贫困户，无论是政府主体还是市场主体都是首先以提供稳定就业机会、获得稳定的就业收入为脱贫的主要途径。而提供就业机会的方式既有政府对贫困劳动力提供就业培训和提供就业岗位，还有市场主体参与和主导下的产业开发扶贫项目，来助推和保证一般贫困户脱贫致富。当然，在贫困村内部，能够切实提高贫困主体脱贫致富的内生性能力的措施，还在于贫困村先进户带动贫困户走上脱贫致富的道路。对于贫困村来说，已经脱贫的贫困户，在政策规定上"脱贫不脱政策"。因为这类已经脱贫的贫困户由于某种原因，可能还会重新陷入贫困状态。因此，对于贫困村而言，改变导致贫困的环境条件和生产要素逆向流动格局的主要方式，是在政策导向下实现市场生产要素资源向贫困村的倾斜流动。这种相对于贫困村而言的整体性贫困，需要共享性利益包容来实现贫困村整体脱贫的目标。所谓贫困村整体性和共享性利益诉求的满足，集中体现在政府财政资金和市场主体资源投入上，在贫困村基础设施建设、公共服务产品、文化扶贫产品、文化教育水平提升、就业能力既能培训等方面提供整体性政策支持，保证贫困村全体村民受益。这种利益包容，本书称为共享性利益包容，这种利益包容是相对于针对个体贫困人口而言，是实现贫困村全体居民享有扶贫收益的利益包容形式。

机制包容主要是在针对扶贫主体和贫困主体方面，旨在实现扶贫主体之间、扶贫主体与贫困主体之间利益兼容、行为兼容、价值兼容、关系兼容的制度设计和安排。机制包容的目标导向就是实现扶贫主体之间、扶贫主体与贫困主体之间的治理关系协调和和谐。相对于以往的乡村治理，精准扶贫中的包容性治理主要是为了避免贫困主体游离于乡村治理体系之外，同时也要规避政府主体与市场主体对贫困主体的无形忽视和排斥格局，还要避免乡村治理中非贫困主体对贫困主体的排斥以及贫困主体在身份认知和地位上处于边缘化的地位。对于政府主体来说，首先是反哺机制的包容，精准扶贫就是政府大规模反哺农村的现实政策和行动，而反哺农村的长效在于精准扶贫的成效精准，或者说政府政策实施反哺农村的成效，其主要在精准扶贫中的扶贫成效精准层面体现出来。

为了保证反哺成效，政府主体的反哺机制主要体现在上级政府对下级政府在精准扶贫中扶贫成效的考核、评比上。这种考核评比主要通过对贫困人口的暗访调查展开，就避免了扶贫主体包括政府主体、市场主体以及其他扶贫主体之间的"合谋"和"捆绑"的可能性。政府主体在政策层面对贫困村的大规模反哺行动体现在贫困村基础设施、农业新型经营主体的培育、贫困村医疗保障体系、文化教育设施、集体经济的发展等方面，政府需要投入大量扶贫资源，来助推贫困村实现脱贫致富的目标。

为了保证精准扶贫的成效精准，对于政府主体、市场主体、其他扶贫主体与贫困主体关系，需要建构激励机制。对于扶贫主体来说，建构激励机制意味着要保证政府主体、市场主体与其他贫困主体，发挥其积极性、主动性和能动性，以推进精准扶贫政策的实施。对于扶贫主体与贫困主体关系而言，激励机制建构要求既要推进扶贫主体与贫困主体治理关系的调整，趋向和谐和共享状态，同时还要注重培育贫困主体脱贫致富内生性能力的提升，这种内生性能力的提升主要在于提升贫困人口的素质和增收水平。

为了保证精准扶贫的包容性治理成效，必须注重组织机制的建构。组织机制的建构主要在于贫困村村"双委"组织机能的发挥和实现。而村"双委"组织机能的建构和健全主要体现在乡村干部和组织权威的角色和职能的发挥落到实处上。而乡村集体组织权威的建构必须有赖于乡村集体经济资源的增强，这就意味着乡村集体组织权威与集体经济资源两者之间的相互依存关系。从利益角度来分析，对于贫困村民来说追求的主要是生存性利益和发展性利益，对于贫困村整体来说追求是整体性的共享利益实现，无论何种利益诉求的实现和满足，都需要乡村集体经济的发展，进而支撑乡村组织权威的提升，才能重建乡村集体组织权威支配下的乡村全新利益秩序和包容性治理关系。

精准扶贫中三种不同的贫困对象，所表达不同的利益诉求，在精准扶贫中采取不同的包容方式，建构不同的包容性机制，在内在逻辑关系上呈现出不同的治理关系格局，如表5.1所示。

表5.1　　　　　　　　　　精准扶贫包容性机制表

贫困主体的类型	利益诉求类别	包容方式选择	包容性治理机制	精准扶贫的包容性治理关系
生存性扶贫对象	对生存利益诉求	生存利益包容	反哺机制包容	政府主体与贫困主体包容
发展性扶贫对象	生存和发展利益	发展利益包容	激励机制包容	扶贫主体与贫困主体包容
整体性扶贫对象	对共享利益诉求	共享利益包容	组织机制包容	集体组织与村民主体包容

精准扶贫之所以能够生成包容性治理的格局，最根本的原因在于政府政策导向下的对农村、农业和农民的大规模"以工哺农"政策的落地实施。这项政策实施的突破口就是对贫困村实行精准扶贫政策，精准扶贫政策本身就具有包容性治理的丰富内涵。尤其是针对农村贫困人口而言，正是精准扶贫政策的包容性内涵和特征才赋予不同贫困人口的利益诉求得到充分的满足。本书从主体、利益和机制角度分析和探讨精准扶贫政策实施中的包容性治理问题，就在于通过对精准扶贫政策施之于不同贫困人口过程中，呈现出来的在主体关系、利益关系和机制建构层面上所具有的普遍性和规律性的因素，最后所呈现出的全新的精准扶贫中的包容性治理关系。其所隐含的内在逻辑在于精准扶贫政策实施和推进过程中，多元主体关系、多元利益关系的嬗变，最终带来乡村治理组织关系的根本性变迁。

但是，这种包容是有条件的包容，任何情况下的包容性治理都不是无条件的包容。在精准扶贫推进中所呈现出来的包容性治理格局中，首先必须明确两个前提：一是政府不是全能型政府，是有限政府；二是精准扶贫的成效精准对于贫困主体是存在特定要求的，即贫困主体主要在于通过精准扶贫提升内生性脱贫致富的能力，而不是单纯依赖扶贫主体的施策来被动消极适应。当然，失去劳动能力的特困主体除外，这类贫困主体只能是通过整体性的共享性利益实现，来逐渐提升利益诉求的满足程度。对于具有劳动能力的贫困主体而言，精准扶贫中的包容性治理，其前提条件是这些贫困人口必须参与劳动，而不是消极等待扶贫资源的外在嵌入。从这个意义上来解读精准扶贫中的主体包容、利益包容和机制包容，就呈现以下状态：

1. 精准扶贫的主体包容

主体包容主要划分为生存性扶贫对象、发展性扶贫对象和整体性扶贫对象，主体包容不只是三种扶贫对象之间的包容，首先是政府主体对于贫困主体的包容，然后是市场主体对于贫困主体的包容，还有是非贫困主体对于贫困主体的包容。这种包容在主体包容层面显示出政府对于贫困村申报和界定识别的包容，对于贫困人口精准识别的包容，对于一般贫困户中还存在好吃懒做导致贫困的主体包容。包容针对不同的主体又呈现为不同贫困主体对于利益的差异性诉求，生存性扶贫对象主要诉求生存性利益，发展性贫困对象主要诉求发展性扶贫利益，整体性扶贫对象主要诉求共享性和反哺性扶贫利益。正是不同贫困对象和主体对于不同利益诉求的差异，才导引出具有差异性的主体关系和利益关系以及治理关系，从包容性治理进行分析，生存性扶贫对象利益诉求的满足，衍生出政府主体与贫困主体的治理关系；发展性扶贫对象的利益诉求衍生出多元扶贫主体与扶贫对象之间的治理关系；而整体性扶贫对象利益诉求衍生出反哺政策和扶贫政策导向下政府主体与贫困主体之间的治理关系。这种治理关系在乡村治理层面呈现为乡村集体组织权威地位的增强，权威角色功能的发挥决定着贫困村呈现出精准扶贫中的包容性治理关系格局。

2. 精准扶贫的利益包容

精准扶贫的关键在于消除贫困地区居民与市场资源相互隔离的态势。农民与市场关系状态决定着农民的市场主体地位和生存、生活和生产状态。所谓贫困是指居民收入水平难以达到社会层面可接受的程度，从而不能维持生存生活的状态。这种生存生活问题没有解决的状态之所以能够长久持续，主要原因是贫困居民无法充分利用市场资源，同时市场资源因为自然条件和社会条件以及市场机制的作用，无法实现各种生产要素资源向贫困地区的倾斜性流动，反而呈现出贫困地区各种生产要素资源向先进发达地区的"逆向"流动。这种资源流动格局无法通过市场机制作用得到缓解和改变，只能通过政策导向推动的方式才能有效改变贫困地区和贫困人口在市场资源配置和流动的不利局面和弱势地位。精准扶贫政策和实施正是国家改变贫困地区在市场资源配置中不利地位的政策举措，贫困地区和贫困人口实现脱贫致富的政策导向和目标预期正是改变市场地位不利地位和格局的外在表现和内在规定。尤其是对精准扶贫政策实施中各种资源精准投放的保障，包括识别精准、施策精准、资金精准、项目精准、派人精准和成效精准，就是要在政策实施层面保证贫困地区对贫困根源和造成贫困条件的"连根拔除"。

由此可以这样理解：精准扶贫政策实施是我国实施大规模"以工哺农"政策的现实表现形式，因为精准扶贫政策实施包含财政支农、工业哺农、以工助农、以工资农和全社会帮农的丰富内涵。精准扶贫政策实施中对农村、农业和农民的改变带动了贫苦地区和贫困村社会的全方位根本性变迁。这种全方位改变的根本着力点和突破口，在农村层面就是实现乡村与城市的一体化；在农业层面就是对农业经营嵌入现代生产要素资源，改变农业经营方式，打造现代农业经营主体的方式来实现转变；在农民层面，就是通过改变农民的社会身份，使农民不再依托单纯传统的农业经营获得收益，而是通过农民转变成现代农业新型经营主体，和从事非农产业增加收入的方式，来完成传统农民身份的转变，这些转变最本质的要求和特征，就是在农民与市场之间建构有机和有效的联系，保证农民不至于因为在市场资源配置中的弱势地位，而在市场机制作用下变相处于与市场资源相对隔离的状态。

3. 精准扶贫的机制包容

精准扶贫目标的实现关键是扶贫成效的精准，而精准扶贫成效的保障就是建构贫困人口脱贫致富的长效机制。从精准扶贫的对象识别到精准施策的推进，从扶贫资金的到位到扶贫项目的安排，从扶贫主体责任的界定到扶贫成效的达成等方面，都存在相应的机制保障，这种机制保障完全覆盖了精准扶贫政策实施中的各种主体，主体之间关系、利益和行为的协调和协同之所以能够实现，本质上是因为精准扶贫政策实施改变了农民与政府、农民与市场主体、农民与村集体组织之间的关系。其中乡村集体组织对精准扶贫政策实施和推进，在承接扶贫资源嵌入乡村和整合贫困村各种资源，最终实现脱贫致富目标层面，都起着决定性的纵向衔接和横向联系的角色和功能。从这个意义上说，农民与村集体组织关系的改变随着精准扶贫政策实施而逐渐展开，这种关系展开在强化集体组织地位和功能的同时，也为贫困村村民的市场主体地位完善提供了有效的组织保障和机制保障。乡村集体组织角色和功能的地位和作用回归不只是改变了农民的地位和身份，也改变了乡村政治治理的以往格局和态势，精准扶贫政策实施在增加乡村集体组织依托资源的同时，也为乡村集体组织成为农民进入市场的组织化主体提供了内在驱动和激励因素。从这个意义上说，贫困地区的贫困是以贫困村的大量存在为特征，而贫困村的贫困是以贫困人口和村集体组织的弱势地位互为表征，而保证扶贫成效精准的保障机制就是激活乡村集体组织的内在活力和治理主体地位和功能。富裕的乡村不只是美丽乡村，也是产业兴旺、村民富裕、治理有效的乡村，而治理有效必然是乡村集体组织地位和功能充分回归和发挥的结果。

二、对本书研究的理论发现

既然精准扶贫政策实施最为关键的因素是政策的政策导向作用和功能，

那么对于贫困村不同的贫困人口采取的不同的扶贫方式，背后所隐含的扶贫主体行为逻辑、价值导向和成效精准保障机制，同样也会表现出较大的差异性，政府同样是对这些具体差异性的区别对待和扶贫长效机制建构，才得以显示出精准扶贫治理中的包容性特征和丰富内涵。本书通过以 X 市原庄村精准扶贫政策实施的个案分析，发现有三种扶贫对象、体现为三种精准扶贫施策方式、建构起三种不同的激励和保障机制。

对于生存性扶贫对象或者说是贫困性对象，主要采取生存型扶贫方式，重点解决这些对象的"两不愁三保障"问题。因为生存性贫困人口和扶贫对象，因病、因残、因劳动力缺失生成的贫困问题，根本无法保障这些人口实现脱贫致富的目标，只能是政府兜底和政策兜底。而政府兜底和政策兜底同样不能解决这些贫困人口的生活安全问题。

对于发展性贫困人口或者是发展性扶贫对象，主要采取发展型的扶贫政策，这类贫困人口主要是暂时贫困，但是具有劳动能力，贫困原因主要是没有或者缺少稳定就业机会和条件，而没有稳定的就业收入，只要提供就业技能和就业机会就会取得脱贫效能。

对于整体性扶贫对象，主要是从贫困村的视角进行考察。贫困人口居多的村庄同样是贫困村，村民的贫困首先表现为村庄的贫困，没有充分资源依托的村庄不只是贫困村，同样是政治治理比较无力的村庄。对于贫困村庄应该采取共享性扶贫方式，建立长效扶贫机制，以此实现贫困村集体经济的建构和发展，保障贫困村庄具有强大的资源依托，才能从根本上在改变贫困村面貌的同时，也通过改变贫困村集体组织与村民的关系，从而达到贫困村脱贫致富和治理有效的目标。

（一）生存性贫困对象·生存保障层面的包容性治理·主体关系包容

原庄村经过三年的精准扶贫，还有 22 户属于特困户，这些特困户人口没有劳动能力。贫困人口的生活需要不只是物质层面，还需要社会关系层面的各方面关怀。对这类贫困人口来说，政府政策兜底只能解决物质层面的问题,即"两不愁三保障"。对于这类人口要实现脱贫致富的成效精准,由于贫困对象的特殊性,实际上根本无法在生活层面提供面面俱到的服务。政府政策兜底是要健全和落实特困户的养老政策和养老设施的建设,但是,养老设施的建设和维护以及投入是持续的长久过程。精准扶贫的成效精准对于这种贫困对象来说,目前处于基本生活和保障方面,还没有延伸到社会保障层面。当然,每个贫困村庄都存在这种特困户,如何解决这些特困户的生活护理保障问题?只能是依托乡村集体经济的发展带来乡村社会福利水平的提升。从普遍的层面上来说,这类特困户既然在每个村庄都不同程度存在,政府应该在建立兜底养老设施的建设层面加大投入,否则,这类特困户只能在自发状态中被动适应贫困政策的照顾和扶持。因为这类贫困对象从没有劳动能力到没有生活自理能力,必然是一个不可回避的过程。养老保障设施应该是精准扶贫政策实施中必然选择,单纯依赖政府投入必然加大财政负担,没有集体经济的持续发展和支撑,不只是无法保证精准扶贫后乡村治理的持续有效,这类特困户也同样难以规避长期处于因缺乏生活自理能力而陷入无法自拔的局面。

(二)发展性扶贫对象·发展层面的包容性治理·主体利益包容

贫困村出现一般贫困户,这类贫困户具有劳动能力,但是处于贫困状态。其主要原因是家庭没有稳定收入,由于劳动力缺乏相应的技术能力,因而导致收入能力的低下。外出打工从事非农产业可以提高农民收入,问题是有些贫困户家中有较大负担,如丧偶家庭,因为子女年龄小需要照顾,不能外出打工,只能依靠农业经营收入;还存在因病导致贫困、外债累累、入不敷出等。对于这类贫困户只能通过产业开发保证稳定就业方式以增加家庭收入。当然,产业开发可以采取多种方式,如企业与乡村共建企业方式、"公司+农户"方式、特色农业种植方式、家庭养殖业方式等。湖南省怀化地区曾采用"资金跟着贫困户走,贫困户跟着先进户走,先进户跟着项目走,项目跟着市场走"的"四跟四走"方式,以推进精准扶贫政策。实际上,本书的研究对象原庄村,并不缺乏乡村"经济能人",原庄村在从事产业开发，尤其是特色种植业和养殖业方面，主要采取先进户带动贫困户的方式，如原庄村进行食用菌项目的开发，就带动了二十多户贫困户完成脱贫的任务。这种模式实际上存在村外市场主体瑞康胜农业发展公司的直接参与的情况，如果没有市场主体的直接参与，就无法完成原庄村食用菌扶贫项目的开发和利用。问题是诸如这种扶贫项目的开展不可能是长期的项目，只能说是短期可以推进的扶贫项目。因为原庄村特色农业种植方面的项目开发还是停留在农产品的种植层面，并没有延伸农业生产经营的产业链条，带来高附加值的农业新型产业。

同样，原庄村在精准扶贫推进中也大幅推进农业土地的流转，除电气集团征用的600亩土地可以长期使用外，诸如其他项目开发带来的土地流转实际上都不能说是长期流转。在精准扶贫攻坚阶段，这些项目可以顺利推进实施，而随着市场的变化，这些单纯从事种植和养殖行业的扶贫项目开发实际上并不具有长效性的保障脱贫功能。不过，政府政策导向下市场主体参与扶贫项目的开发利用，直接解决了贫困村的贫困人口脱贫问题。在扶贫攻坚之后，这些发展性扶贫对象的脱贫成效精准问题还是缺失长效机制的保障。如果说扶贫项目带来贫困人口增收解决了贫困人口的货币资本问题，对于人均年收入低于3026元的贫困户来说，要形成支撑贫困户家庭发展所需要的资本积累数量，突破人均收入贫困县之上的收入水平不足以保证这种发展资本积累的完成。

同时市场主体在参与精准扶贫时受到政府政策的激励和保障，这种政策激励和保障主要体现在政府对市场主体从事扶贫项目开发的税收优惠和信用贷款担保政策优惠上。在扶贫攻坚阶段是这种政策优惠，那么，在攻坚扶贫取得阶段性成果后，是否依然存在这种政策优惠，决定着市场主体利益与政府导向利益之间的兼容程度。政府主体、市场主体与扶贫对象利益诉求之间的利益兼容是市场主体参与扶贫的重要动力驱动因素。当然，作为精准扶贫政策体系中的基础设施扶贫、教育扶贫、医疗扶贫和文化扶贫等，都属于政府大规模反哺性扶贫的政策内容，这种反哺"三农"的扶贫政策实质上在改善贫困村的外部和内部经济发展环境和条件。政府主体政策导向背后的内在逻辑是城乡与工农业发展必须趋向协调，在计划经济时期农业发展天然对非农业发展具有约束力，在市场经济条件下，农村发展对于城镇非农产业发展同样具有相当大的内在约束力。扩大内需和提高消费力的潜力就在还滞留着 6 亿多人口的农村区域，农村面貌的改变和农民收入的提升将对城市非农产业的发展提供持续的推动力。反之，必然影响到非农产业和城市化的发展和推进。政府政策反哺"三农"的同时，也在为市场主体把生产要素资源转向农村，以此推进城市市场主体非农产业的发展。相对于城市来说，无论是土地资源还是劳动力资源以及生态资源，农村有着比城市更大的优势。市场主体在政府政策推动和支持下获得政策性的优惠和支持，通过对贫困村嵌入市场生产要素资源，在盘活农村资源的同时，也为城市非农市场企业主体实现价值增值提供了有利的政策条件和资源环境。这就是在精准扶贫中市场主体积极参与对农村资源进行产业开发带动扶贫的内在动力机制。

（三）整体性贫困对象·共享层面的包容性治理·激励机制包容

本书认为，精准扶贫要求的成效精准不能仅限于贫困人口实现脱贫致富的精准化目标，更重要的是必须保障整个贫困村实现脱贫成效的精准。而检测贫困村脱贫成效精准的主要指标就是要看贫困村集体经济发展是否具有长效机制的保障。精准扶贫政策实施中，贫困村集体组织为何表现出以往少见的活力和治理能力，主要是政府政策导向带来的扶贫资源的大量嵌入乡村后村集体组织的实务增多，在精准扶贫的各个工作环节中，上级政府的督导检查考核环节，对于基层干部和乡村组织的角色和功能实际上起到重塑的作用。

改革开放后，乡村社会如何会出现村集体组织功能弱化的状态，有些贫困村集体组织事实上处于空转甚至倒转的状态，根本原因在于一方面集体组织干部缺乏应有的激励，另一方面村集体组织没有任何经济资源和政治资源作为维系乡村权威地位的资源依托。在贫困村多出现"五个党员三颗牙"的状态，村民对于党组织和自治组织处于相对隔离的状态，组织与村民相互缺失必要的充分的认同感、归属感，这既是村集体组织治理主体地位缺失的表现，又是乡村集体组织功能弱化的根本原因。精准扶贫政策实施后，政府出现组织下乡、人员下乡、资金下乡、项目下乡和理念下乡的全面推进格局。组织下乡是直接向贫困村派驻扶贫工作队和第一书记，对于驻村工作队和第一书记的定型和定量考核，在很大程度上屈居于贫困村民的现实反映的暗访明察，这就直接强化了驻村工作队的工作职责和第一书记的积极性。因为驻村工作队和第一书记是组织化的成员，个人利益与扶贫成效精准直接关联。而这些组织化成员的引领功能要通过集体组织来实现。缺失集体组织的角色和功能发挥，驻村工作队和第一书记实际上根本无法保障贫困村精准扶贫工作的顺利开展。因为，乡村集体组织领导干部对于本村人员和情况的熟悉了解，为扶贫对象识别提供了信息保障和强有力支持。精准识别包含着六个步骤，每个步骤都必须有村集体组织的直接参与和组织动员，单纯依靠工作队和第一书记肯定完不成如此之大的工作量，其中填表造册和建档立卡的材料不只是需要填写和上网登记大量资料，更重要的是还需要贫困户签字认定。而贫困户在没有得到实际利益情况下，必定不会予以积极配合；同时，贫困户在不能说清楚帮扶人、帮扶单位、收入水平等各种贫困信息的情况下，在考核时同样会受到检查部门的责任追究。因此，精准扶贫的过程是驻村人员和村集体组织干部深入群众、切实帮扶救助、联系群众、解决群众实际困难、获得群众认同和支持的过程。对于贫困村来说，以往组织与村民关系的疏离，意味着要改变这种疏离关系需要集体组织人员付出更多的劳动，同样也需要集体组织承载更大的责任和提供更多更有效的扶贫服务。

但是，单纯通过集体组织成员的行动、服务和态度改变，并不能保证扶贫成效的精准，在扶贫产业开发带动贫困户脱贫的过程中，贫困村集体组织成员在考虑扶贫开发长效机制保障问题的同时，也在考虑村集体组织激励机制长效化的问题。也就是说，在精准扶贫攻坚阶段存在大量扶贫资源的嵌入，村集体组织由于实务性事务的增加重塑集体组织的权威地位，那么在扶贫攻坚后贫困村没有这种持续性资源嵌入情况下，村集体组织的权威地位和成员积极性以及村民的广泛认同和支持如何保证持续性。这就直接凸显集体经济发展的紧迫性和必要性，集体经济发展的紧迫性主要解决集体组织的激励问题和权威地位问题；集体经济的必要性就是如何保障精准扶贫成效精准的问题。

尤其是第二个问题，集体经济在产权归属上属于集体所有，在受益对象上属于全体村民，在操作经营层面采取市场化经营方式，精准扶贫政策导向下的集体经济建设不需要存在政策扶持的顾虑。正如贫困户脱贫后不脱离扶贫政策一样，集体经济发展在国家大规模反哺"三农"、推进精准扶贫政策的条件和氛围中，即使贫困村脱贫致富后，贫困村集体经济发展不会脱离国家政策扶持和财政支持。因为贫困村还存在大量需要政府兜底的特困人员、贫困村开发扶贫存在可持续发展的风险问题、市场主体参与扶贫要规避市场主体对农村资源的占有和掠夺问题等。这些问题的解决正是扶贫成效精准化的具体体现，不解决这些问题，精准扶贫政策体系中的成效精准目标实现必然面临诸多的现实挑战。

参考文献

一、论文文献

[1] 曹典顺. 论差异性社会的社会逻辑 [J]. 江海学刊, 2011 (2).

[2] 黄刚. 论"无直接利益冲突"的包容性治理 [J]. 福州大学学报(哲学社会科学版), 2014 (4).

[3] 王建明. 差异性社会与和谐政治：当代中国政治哲学的基本向度 [J]. 马克思主义与现实, 2009 (4).

[4] 张天勇. 差异性社会与差异的正义：和谐社会的现实基础与价值维度 [J]. 江海学刊, 2009 (6).

[5] 邱耕田. 差异性原理与科学发展 [J]. 中国社会科学, 2013 (4).

[6] 任平. 论差异性社会的正义逻辑 [J]. 江海学刊, 2011 (2).

[7] 任平, 王建明. 论差异性社会与中国特色社会主义民主政治的未来 [J]. 马克思主义研究, 2010 (5).

[8] 徐倩. 包容性治理：社会治理的新思路 [J]. 江苏社会科学, 2015 (4).

[9] 刘述良. 中国"包容性治理"顶层政治制度设计——制度群的视角 [J]. 学海, 2013 (1).

[10] 单飞跃, 王泽群. 包容性发展：政治理念及其行动机 [J]. 理论探讨, 2014 (1).

[11] 陈翔. 包容性发展：政治理念及其行动机 [J]. 东南学术, 2012 (1).

[12] 胡洪斌. "包容性增长"的政治逻辑分析 [J]. 实事求是, 2011 (2).

[13] 李春城. 包容性治理：善治的一个重要向度 [J]. 领导科学, 2011

年7月（上）.

[14] 林琼. 包容性治理：生态公共治理变革新向度［J］. 江西社会科学，2013（12）.

[15] 吕方，梅琳. 精准扶贫不是什么［J］. 新视野，2017（2）.

[16] 范和生，唐惠敏. 农村贫困治理与精准扶贫的政策改进［J］. 中国特色社会主义，2017（1）.

[17] 乐章. 反贫困与社会发展：关于农村扶贫开发的一个实证分析［J］. 中南财经政法大学学报，2005（1）.

[18] 吕方，梅琳."精准扶贫"不是什么？——农村转型视阈下的中国农村贫困治理［J］. 新视野，2017（2）.

[19] 许源源，邹丽."行政国家"与"隐形社会"：农村扶贫中的国家与社会关系［J］. 社会主义研究，2010（3）.

[20] 许源源，邹丽. 非政府组织农村扶贫制度优势与运行逻辑［J］. 经济与管理研究，2009（1）.

[21] 孙文中. 创新中国农村扶贫模式的路径选择——基于新发展主义的视角［J］. 广东社会科学，2013（6）.

[22] 谭贤楚."输血"与"造血"的协同——中国农村扶贫模式的演进趋势［J］. 甘肃社会科学，2011（3）.

[23] 辛秋水. 建设新农村！改造贫困地区人文环境——文化扶贫之路是怎样开拓出来的［J］. 福建论坛·人文社会科学版，2006（6）.

[24] 丁军，陈标平. 构建可持续扶贫模式治理农村返贫顽疾［J］. 社会科学，2010（1）.

[25] 唐睿，肖唐镖. 农村扶贫中的政府行为分析［J］. 学术论坛，2009（3）.

[26] 张伟宾，汪三贵. 扶贫政策、收入分配与中国农村减贫［J］. 农业经济问题，2013（2）.

[27] 许源源，苏中英. 和谐理念的缺失：农村扶贫瞄准偏离的重要原因［J］. 贵州社会科学，2007（5）.

[28] 韩广富，李万荣. 当代中国农村扶贫开发瞄准目标的调整［J］. 社会科学战线，2012（10）.

[29] 翟彬，杨向飞. 基于灰色关联的我国农村扶贫资金投向分析——以 2002—2006 年农村扶贫资金为例 [J]. 贵州社会科学，2010（8）.

[30] 王丽华. 基于地缘性贫困的农村扶贫政策分析——以湘西八个贫困县为例 [J]. 农业经济问题，2011（6）.

[31] 张玉. 论"治理保障型"社会救助模式的构建依据与实现路径——以广东农村扶贫模式演进的历史逻辑为分析文本 [J]. 社会科学战线，2014（1）.

[32] 许汉泽，李小云. 精准扶贫背景下农村产业扶贫的实践困境——对华北李村产业扶贫项目的考察 [J]. 西北农林科技大学学报（社会科学版），2017（1）.

[33] 马良灿. 项目制背景下农村扶贫工作及其限度 [J]. 社会科学战线，2013（4）.

[34] [美] 塞缪尔·亨廷顿. 变动社会中的政治秩序 [M]. 中国社会科学出版社，1996：10.

[35] 韩广富，王丽君. 当代中国农村扶贫开发的历史经验 [J]. 东北师大学报（哲学社会科学版），2006（1）.

[36] 钱津. 开创现代农业生产新格局——基于对农村开发扶贫的审视 [J]. 中州学刊，2014（4）.

[37] 左停，徐小言. 农村"贫困—疾病"恶性循环与精准扶贫中链式健康保障体系建设 [J]. 西南民族大学学报（人文社会科学版），2017（1）.

[38] 韩嘉玲，孙若梅等. 社会发展视角下的中国农村扶贫政策改革30年 [J]. 贵州社会科学，2009（2）.

[39] 刘同德，郭振. 电子商务对农村扶贫开发工作的影响分析——以青海省民和县"农村淘宝"项目为例 [J]. 青海社会科学，2016（6）.

[40] 曹洪民. 扶贫互助社：农村扶贫的重要制度创新——四川省仪陇县"搞好扶贫开发，构建社会主义和谐社会"试点案例分析 [J]. 中国农村经济，2007（9）.

[41] 王鸾凤，朱小梅，吴秋实. 农村金融扶贫的困境与对策——以湖北省为例 [J]. 国家行政学院学报，2012（6）.

[42] 李文祥，郑树柏. 社会工作介入与农村扶贫模式创新——基于中国

村寨扶贫实践的研究［J］．社会科学战线，2013（4）．

［43］桂胜，赵淑红．农村文化扶贫的路径探索——户籍在外之"故乡人"的反哺［J］．西南民族大学学报（人文社会科学版），2017（1）．

［44］杨占国，于跃洋．当代中国农村扶贫30年（1979～2009）述评［J］．北京社会科学，2009（5）．

［45］杜国明，冯悦，杨园园．黑龙江省农村贫困地域特征与精准扶贫策略研究［J］．农业经济与管理，2016（6）．

［46］王亚华，舒全峰．第一书记扶贫与农村领导力供给［J］．国家行政学院学报，2017（1）．

［47］陈波涌，唐智彬．论精准扶贫背景下贫困农村地区人力资源开发内容与途径［J］．湖南大学学报（社会科学版），2017（1）．

［48］张立冬．中国农村贫困动态性与扶贫政策调整研究［J］．江海学刊，2013（2）．

［49］王小强，白南风著．走向未来丛书：富饶的贫困［M］．成都：四川人民出版社1986：56．

［50］罗绒战堆，陈健生．精准扶贫视阈下农村的脆弱性、贫困动态及其治理——基于西藏农村社区案例分析［J］．财经科学，2017（1）．

［51］贾晋，肖建．精准扶贫背景下农村普惠金融创新发展研究［J］．理论探讨，2017（1）．

［52］杨海燕，普荣．精准扶贫战略下农村金融服务模式创新研究——滇西北的探索［J］．经济论坛，2017（2）．

［53］范和生，唐惠敏．农村贫困治理与精准扶贫的政策改进［J］．中国特色社会主义研究，2017（1）．

［54］陈潇阳．我国农村扶贫对象动态甄别机制的构建路径［J］．河北大学学报（哲学社会科学版），2014（1）．

［55］杨宜勇，吴香雪．政策法律化视角下农村扶贫开发问题研究［J］．中共中央党校学报，2016（6）．

［56］李小云．我国农村扶贫战略实施的治理问题［J］．贵州社会科学，2013（7）．

［57］Paul Rosenstein – Rodan．"Problems of Industrialization of Eastern and

South – Eastern Europe", Economic Journalv 53, No. 210/211, (1943).

[58] 李玉. 中国食用菌产业发展趋势 [J]. 食药用菌, 2011 (1).

二、专著文献

[1] 张建明. 中国人民大学中国社会发展研究报告 2016——精准扶贫的战略任务与治理实践 [M]. 北京：中国人民大学出版社，2017.

[2] 高帅. 贫困识别、演进与精准扶贫研究 [M]. 北京：经济科学出版社，2016.

[3] 杨道田. 新时期我国精准扶贫机制创新路径 [M]. 北京：经济管理出版社，2017.

[4] 黄承伟. 脱贫攻坚省级样本：精准扶贫精准脱贫贵州模式研究 [M]. 北京：社会科学文献出版社，2016.

[5] 范鹏. 反贫困与精准扶贫：甘肃模式探索 [M]. 兰州：甘肃人民出版社，2017.

[6] 杨道田. 新时期我国精准扶贫机制创新路径 [M]. 北京：经济管理出版社，2017.

[7] 范鹏. 反贫困与精准扶贫：甘肃模式探索 [M]. 兰州：甘肃人民出版社，2017.

[8] 杨道田. 新时期我国精准扶贫机制创新路径 [M]. 北京：经济管理出版社，2017.

[9] 何得桂. 治理贫困——易地搬迁与精准扶贫 [M]. 北京：知识产权出版社，2017.

[10] 王晓毅. 生态移民与精准扶贫 [M]. 北京：社会科学文献出版社，2017.

[11] 刘雪琴. 互联网+精准扶贫模式与路径研究 [M]. 北京：中国海洋大学出版社，2017.

[12] 李佳. 少数民族连片特困区域旅游精准扶贫机制研究 [M]. 北京：经济科学出版社，2017.

[13] 刘小海. 旅游精准扶贫理论与实践 [M]. 北京：知识产权出版社，2016.

[14] 李宝庆. 精准扶贫背景下的金融扶贫及其绩效评价研究 [M]. 北

京：中国金融出版社，2017．

［15］熊娜．精准扶贫战略下贫困地区新型农业社会服务体系建设研究：以广西为例［M］．北京：经济管理出版社，2015．

［16］北京师范大学政府管理学院，北京师范大学政府管理研究院．2016中国民生发展报告：精准扶贫，共享民生发展［M］．北京：北京师范大学出版社，2017．

［17］鲁克荣等．精准扶贫与乡村再造：基于云南禄劝实践的反思［M］．北京：社会科学文献出版社，2017．

［18］胡应南．创新之路：湖南省怀化市"四跟四走"精准扶贫的实践与探索［M］．北京：人民出版社，2016．

［19］任宗哲，白宽犁．陕西精准脱贫研究报告（2017）［M］．北京：社会科学文献出版社，2017．

［20］王孔敬．民族地区特色资源产业精准扶贫研究——以湖北恩施州为例［M］．北京：科学出版社，2017．

［21］向德平，程玲．巾帼脱贫：农村贫困妇女扶持政策评估及建议［M］．北京：社会科学文献出版社，2015．

［22］赵铁军，曲涛．双联行动与精准扶贫发展研究［M］．北京：经济日报出版社，2016．

［23］王艳慧等．基于GIS的多维贫困精准识别与评价［M］．北京：科学出版社，2015．

［24］张澧生．社会资源禀赋视域下湘西教育精准扶贫路径研究［M］．北京：北京理工大学出版社，2017．

［25］侯波，林建新．精准扶贫背景下的科技对口支援研究［M］．北京：经济科学出版社，2016．

［26］唐丽霞，杨亮承．关爱春蕾：农村贫困儿童救助政策评估及建议［M］．北京：社会科学文献出版社，2015．

［27］杨立雄．残者有助：农村贫困残疾人群帮扶政策评估及建议［M］．北京：社会科学文献出版社，2015．

［28］［美］弗朗西斯·福山．国家构建：21世纪的国家治理与世界秩序［M］．北京：中国社会科学出版社，2007．

[29] 胡应南. 创新之路：湖南省怀化市"四跟四走"精准扶贫的实践与探索[M]. 北京：人民出版社，2016.

[30] [美] 施坚雅. 中国农村的市场和社会结构[M]. 史建云，徐秀丽译，北京：中国社会科学出版社，1998.

[31] [美] 詹姆斯·M.布坎南. 自由、市场与国家——80年代的政治经济学[M]. 上海：上海三联书店，1989.

[32] [荷] 何皮特. 谁是中国土地的拥有者——制度变迁、产权和社会冲突[M]. 林韵然译，北京：社会科学文献出版社，2008.

[33] [美] 埃莉诺·奥斯特罗姆. 公共事务的治理之道[M]. 余逊达，陈旭东译，上海：上海译文出版社，2012.

[34] [美] 曼瑟尔·奥尔森. 集体行动的逻辑[M]. 陈郁等译，上海：三联书店，1995.

[35] [法] 布迪厄. 实践与反思[M]. 李猛，李康译，北京：中央编译出版社，1998.

[36] [美] 施坚亚. 中国农村市场和社会结构[M]. 史建云，徐秀丽译，北京：中国社会科学出版社，1998.

[37] [美] 曼瑟·奥尔森. 集体行动的逻辑[M]. 陈郁，郭宇峰，李崇新译，上海：上海人民出版社，2012.

[38] [加] 朱爱岚. 中国北方村落的社会性别和权力[M]. 胡玉坤译，南京：江苏人民出版社，2004.

[39] [美] 弗里曼，毕克伟，塞尔登. 中国乡村：社会主义国家[M]. 陶鹤山译，北京：社会科学文献出版社，2002.

[40] [美] 弗兰克·费希尔. 公共政策评估[M]. 吴爱明，李平等译，北京：中国人民大学出版社，2003.

[41] [美] 杨懋春. 一个村庄的故事：山东台头[M]. 张雄等译，南京：江苏人民出版社，2001.

[42] 费孝通. 乡土中国[M]. 北京：人民出版社，2008.

[43] 费孝通. 江村经济：中国农民的生活[M]. 北京：商务印书馆，2000.

[44] 杨懋春. 近代中国农村社会之演变[M]. 台湾：巨流出版

社，1984.

［45］梁漱溟. 乡村建设理论［M］. 上海：上海人民出版社，2012.

［46］徐大同. 西方政治思想史第5卷［M］. 天津：天津人民出版社，2005.

［47］徐勇. 非均衡的中国政治——城市与乡村比较［M］. 北京：中国广播电视出版社，1992.

［48］徐勇. 中国农村村民自治［M］. 武汉：华中师范大学出版社，1997.

［49］［英］斯图亚特·霍尔，保罗·杜盖伊. 文化身份问题研究［M］. 庞璃译，开封：河南大学出版社，2010.

［50］罗锐韧. 组织行为学［M］. 北京：企业管理出版社，1997.

［51］马若孟. 中国农村经济：河北和山东的农业发展1890–1949［M］. 史建云译，南京：江苏人民出版社，1999.

［52］［美］詹姆斯·C. 斯科特. 农民的道义经济学：东南亚的反叛与生存［M］. 程立显，刘建等译，南京，译林出版社，2001.

［53］［美］亨利·乔治. 进步与贫困［M］. 吴良健，王骥龙译，北京：商务印书馆，1995.

［54］［美］戴维·S. 兰德斯（Landes. D. S）. 国富国穷［M］. 门洪华等译，北京：新华出版社，2010.

［55］［美］罗格纳·纳克斯. 不发达国家的资本形成问题［M］. 谨斋译，北京：商务印书馆，1966.

［56］［美］杰弗里·萨克斯. 贫穷的终结：我们时代的经济可能［M］. 邹光译，上海：上海人民出版社，2007

［57］［瑞典］冈纳·缪尔达尔. 世界贫困的挑战——世界反贫困大纲［M］. 顾朝阳等译，北京：北京经济学院出版社，1991.

［58］［美］塞缪尔·亨廷顿. 变动社会中的政治秩序［M］. 北京：中国社会科学出版社，1996.

［59］［美］杰尔伯特·罗兹曼. 中国的现代化［M］. 南京：江苏人民出版社，2003.

［60］［美］埃里克森. 无需法律的秩序［M］. 苏力译，北京：中国政法

大学出版社，2003.

[61] [英] M. J. C. 维尔. 宪政与分权 [M]. 苏力译，北京：生活·读书·新知三联书店，1997.

[62] 张亚泽. 利益秩序重构的政治逻辑——改革开放以来的社会利益分化和国家政治建设研究 [M]. 北京：中国社会科学出版社，2014.

[63] 费孝通. 乡土中国 [M]. 北京：人民出版社，2015.

[64] 马克思恩格斯选集第3卷 [M]. 北京：人民出版社，1995.

[65] 徐勇. 非均衡性的中国政治：城市与乡村比较 [M]. 北京：中国广播电视出版社，1992.

[66] [英] 保罗·科利尔. 最底层的10亿人：最贫困国家的衰败之谜 [M]. 北京：中信出版社，2008.

[67] 卢周来. 穷人经济学 [M]. 上海：上海文艺出版社，2002，第83-84页.

[68] [美] 西奥多·W. 约翰逊. 改造传统农业 [M]. 梁小民译，北京：商务印书馆，1987.

[69] [美] 阿瑟·刘易斯. 二元经济论 [M]. 施伟，谢冰，苏以宏译，北京：经济科学出版社，1989.

三、文件资料

[1] 中共X市委，X市人民政府. 关于打赢脱贫攻坚战的实施意见 [N]. 2016-4-21.

[2] 中共JA区县委组织部，JA区扶贫开发领导小组办公室. 关于选派第一书记及爱心企业开展驻村帮扶工作实施意见 [N]. 2015-8-28.

[3] 原庄村第一书记. A庄乡原庄村驻村帮扶工作主要事迹 [N]. 2017-5-17.

[4] 王××. X市脱贫攻坚工作推进情况汇报 [N]. 2017-3-28.

[5] X市脱贫攻坚重点问题清单（一）——国家2016年度扶贫成效省际间交叉考核反馈问题 [N]. 2017-5.

[6] 河南省驻村第一书记管理办法 [N]. 2015-12-21.

[7] 中共JA区委组织部. 关于组织选派单位党员干部与第一书记派驻村贫困户开展结对帮扶工作的意见 [N]. 2016-1-5.

[8] 国家2016年度扶贫成效省际间交叉考核反馈问题［N］．2016年12月31日，X市脱贫攻坚重点问题清单与整改台账［N］．2017-5.

[9] 原庄村第一书记．A庄乡原庄村驻村帮扶工作主要事迹［N］．2016-5-31.

[10] 原庄村第一书记．党委会扶贫工作汇报材料［N］．2016-6-7.

[11] X市民政局、扶贫办、市委农办、市财政局、国家统计局许昌调查队、市残联．X市农村最低生活保障制度与扶贫开发政策有效衔接实施方案（征求意见稿）［N］．2017-1-23.

[12] X市脱贫攻坚重点问题清单与整改台账（四）——X市2016年脱贫工作成效考核反馈问题［N］．2017-5.

[13] JA区A庄乡原庄村基本情况［N］．2016-10-26.

[14] 原庄村第一书记．怀真情、用真力、使真劲做好第一书记［N］．2016-10-26；JA区A庄乡原庄村基本情况［N］．2016-1-25.

[15] X市脱贫攻坚工作领导小组．X市脱贫攻坚重点问题清单与整改台账：（一）国家2016年扶扶贫成效省际间交叉考核反馈问题［N］．2017-5.

[16] 中共X市委X市人民政府关于打赢脱贫攻坚战的实施意见［N］．2016-4-21.

[17] X市脱贫攻坚工作领导小组．X市行业扶贫政策清单［N］．2016-2-1.

[18] 原庄村第一书记．××学院党委书记到原庄村调研汇报材料［N］．2017-10-17.

[19] 中共C县县委组织部，JA区扶贫开发领导小组办公室．关于选派第一书记及爱心企业开展驻村帮扶工作实施意见［N］．（JA区组文〔2015〕43号），2015-8-28.

[20] 中共X市纪委办公室．X市关于严明脱贫攻坚纪律强化责任追究暂行办法［N］．2017年4月25日印发．

[21] 中共JA区委组织部．关于组织选派单位党员干部与第一书记拍准贫困户开展结对帮扶工作的意见［N］．2016-1-5.

[22] 河南省扶贫开发办公室．关于统筹相关财政资金支持驻村第一书记开展帮扶工作的意见［N］．2015-11-14.

[23] 原庄村"双委"、驻村工作队.大棚种植项目具体实施方案[N]. 2016-8-30.

[24] X 市扶贫开发办公室.X 市脱贫攻坚重点问题清单与整改台账(三):河南省2017年度脱贫攻坚第一年度巡查反馈问题[N]. 2017-5.

[25] 原庄村企业帮扶小组.X 市烟草研究院对原庄村脱贫帮扶方案[N]. 2016-6-14.

[26] 原庄村党支部,原庄村村委会.原庄村"抓党建、促扶贫"材料[N]. 2017-5-17.

[27] 中共××学院委员会.××学院帮助原庄村三年规划[N]. 2015-12-4.

[28] X 市人力资源和社会保障局.2017年脱贫攻坚工作方案[N]. 2016-12-12.

[29] 中共 X 市委组织部.关于全市组织系统开展服务脱贫攻坚专项行动实施意见[N]. 2016-5-19.

[30] X 市工业和信息化委员会关于动员全市民营企业积极参与脱贫攻坚工作的通知[N]. 2017-5-5.

[31] X 市财政局.关于支持全市脱贫攻坚工作的实施意见[N]. 2016-10-10.

[32] X 市交通运输局.关于印发 X 市交通运输扶贫方案的通知[N]. 2016-9-22.

[33] 中共××学院委员会.××学院帮扶原庄村三年规划[N]. 2015-12-4.

[34] 原庄村第一书记.驻村以来主要工作成绩[N]. 2017-5-12.

[35] 原庄村第一书记.××学院 Y 书记到村调研汇报材料[N]. 2017-10-17.

[36] X 市卫生和计划生育委员会.X 市卫生计生委关于开展贫困人口家庭医生签约服务的实施意见[N]. 2017-4-28.

[37] X 市卫生计生委、民政局、人力资源和社会保障局以及 X 市脱贫攻坚领导小组办公室.X 市农村贫困人口大病专项救治实施方案[N]. 2017-5-4.

[38] 原庄村第一书记. 驻村帮扶以来工作总结 [N]. 2016-7.

[39] X 市教育局. X 市教育脱贫攻坚专项方案 [N]. 2016-9-12.

[40] X 市脱贫攻坚领导小组办公室. X 市行业扶贫政策清单 [N]. 2017-5.

[41] X 市人力资源和社会保障局. 关于转移就业支持脱贫攻坚实施意见 [N]. 2016-5-17.

[42] 中共河南省委、河南省人民政府《关于打赢脱贫攻坚战实施意见》[N]. (豫发 [2016] 5 号)、中共河南省委办公厅、河南省人民政府办公厅关于印发〈河南省扶贫对象精准识别及管理办法〉等 5 个办法的通知 [N]. (豫发 [2016] 28 号).

[43] 中共 X 市委统战部, X 市工商联合会, X 市扶贫开发办公室. 关于"百企帮百村"精准扶贫实施意见 [N]. 2016-1-25.

[44] X 市畜牧局办公室. X 市畜牧产业扶贫实施方案 [N]. 2016-4-25.

[45] X 市水利局. X 市水利脱贫专项方案 [N]. 2016-10-18.

[46] X 市财政局. 关于支持全市脱贫攻坚工作的实施意见 [N]. 2016-10-10.

[47] 河南省县(市、区)扶贫项目资金使用情况汇总表 [N]. 2017-3-25.

[48] X 市财政局. 关于支持全市脱贫攻坚工作的实施意见 (X 市财办 [2016] 44 号) [N]. 2016-10-10.

[49] 中国人民银行 X 市中心支行. 中国人民银行 X 市中心支行金融助推脱贫攻坚工作实施方案 [N]. 2016-27.

[50] X 市脱贫攻坚重点问题清单与整改台账:(一)国家 2016 年度扶贫成效省际间交叉考核反馈问题 [N]. 2017-5.

[51] 中共 X 市委、X 市人民政府. 关于打赢脱贫攻坚战的实施意见 (X 发 [2016] 8 号) [N]. 2016-4-21.

[52] 中共 X 市委、X 市人民政府. 关于打赢脱贫攻坚战的实施意见 (X 发 [2016] 8 号) [N]. 2016-4-21.

[53] X 市脱贫攻坚工作领导小组. X 市 2016 年脱贫工作成效考核实施方

案 [N]. 2017 -3 -13.

[54] 王××. X 市脱贫攻坚工作推进情况汇报 [N]. 2017 -3 -28.

[55] X 市脱贫攻坚工作领导小组. X 市关于大力发展扶贫产业实施意见 [N]. 2017 -1 -13.

[56] 中共 X 市委统战部、X 市工商业联合会、X 市扶贫开发办公室. 关于"百企帮百村"精准扶贫实施意见 [N]. 2017 -1 -25.

[57] X 市扶贫攻坚领导小组. X 市 2016 年脱贫成效考核计分表 [N]. 2017 -1 -13.

[58] X 市妇女联合会. 关于命名 X 市"巧媳妇"创业就业工程示范基地的通知（X 妇字 [2016] 47 号）[N]. 2016 -9 -26.

后　　记

光阴荏苒，转眼间博士生活即将结束，四年的学习生活使我受益匪浅。博士论文是四年学习成果的一个总结，而致谢又是对这段学习经历的一个总结，回首四年的学习生涯，我得到了老师、同学、家人的诸多关怀和帮忙，借此向他们表达我最诚挚的谢意。

首先，我要深深感谢我的导师吴理财教授。吴老师为人谦和，平易近人，在论文的选题确定、资料收集和写作等各个阶段，吴老师都倾注了极大的关怀和鼓励。在论文的写作过程中，每当我有所疑问，吴老师总会不厌其烦地给我指点；初稿完成后，吴老师又在百忙之中抽空来对我的论文认真的批改，字字句句把关，提出许多中肯的指导意见，使我在研究和写作过程中不致迷失方向。他严谨的治学之风和对事业的孜孜追求将影响和激励我的一生，他对我的关心和教诲我更将永远铭记。无数次都能看到他深夜回复的邮件，在此，我再一次表达深深的谢意。

其次，我还要感谢博士学习期间给我们传授知识的其他老师，正是有了他们严格、无私、高质量的教导，我才能在这几年的学习过程中汲取专业知识和迅速提升自我能力；我还要感谢我的班主任老师这几年来对我的关心、帮忙与支持。在此，向各位老师致以衷心的感谢和崇高的敬意。

同时我还要感谢我的父母和我的爱人，正是他们的无私的关爱和支持使我的学业得以走到现在。感谢这四年来与我互勉互励的诸位同学，在各位同学的共同努力之下，我们始终拥有一个良好的生活环境和一个用心向上的学习氛围。

最后，我要感谢参与我论文评审和答辩的各位老师，他们给了我一个审视几年来学习成果的机会，让我能够明确今后的发展方向，他们对我的帮忙是一笔无价的财富。我将在今后的工作、学习中加倍努力,以期能够取得更多成果回报他们、回报社会。再次感谢他们,祝他们一生幸福、安康!

作者
2023 年 1 月